PSICOLOGIA I
Avance hacia excepcionales metas personales

El Auto-Conocimiento Y El Desarrollo Holístico Psicológico-Espiritual-Practica

Eduard Schellhammer

1ª Edición 2017.
Traducción de la 1ª edición en alemán (revisada 2016)
Die evolutionäre Selbstbildung. Individuation 1.Stufe
© Copyright. Dr. Eduard Schellhammer.
Todos los derechos reservados.

ISBN-13: 978-1542614627
ISBN-10: 1542614627

www.EduardSchellhammer.com
www.EdwardSchellhammer.com
www.SchellhammerBusinessSchool.com
www.SchellhammerInstitute.com

Índice

Lista de los diagramas

Presentación: El inicio de la auto-educación

Sobre el Autor

Dr. Eduard Schellhammer es el fundador y presidente de 'Schellhammer Business School' y 'Schellhammer Institute'.

Es especialmente notable encontrar Dr. Eduard Schellhammer, aparte de su agradable y amable ser, es su disposición aparentemente joven de vista apasionada y honesta sobre la humanidad y el planeta, y su convicción firme que el mundo necesita una nueva educación pionera.

¿Pero quién es exactamente Dr. Eduard Schellhammer? ¿Es un filósofo, un experto de asuntos humanos, un psicólogo, un autor que ha editado más de 30 libros sobre Psicología, Política y Economía, un educador o visionario con una vista profunda y útil en las condiciones del ser humano?

La respuesta es que él es todo eso y más. En diversas épocas le hubieran nominado un sabio y erudito universal. Probablemente lo hubieran añadido a la lista de los 'grandes iluminados' del ciclo de las luces como por ejemplo el compatriota Jean Jacques Rousseau, o Thomas Payne, y probablemente también Thomas Jefferson.

Es exactamente ese regalo de iluminación que Dr. Schellhammer quiere dar a la humanidad.

Él revela: "Mis estudios, viajes globales, experiencias profesionales y amplias exploraciones desde 1970 me han dado una clara y única comprensión de la humanidad y de la evolución humana, la espiritualidad, la educación, las culturas, las necesidades, los valores, los estándares y nuestra meta de vida como nada más."

Haciendo una pausa Dr. Schellhammer continua: "La humanidad todavía no ha empezado a descubrir para qué el camino verdadero de la vida humana en esta tierra es fundamentalmente bueno y correcto."

Nacido y educado en Suiza, él vivió en Paris, Sur de la Francia, London, Kiel, Detroit y México; para luego en 1988 establecerse en Marbella (España).

Estudiaba la ciencia de educación, psicología, psicoanálisis y filosofía.

Fue Lector en la Universidad de Zúrich y Lector en otras instituciones académicas. Miembro de un club de científicos, se dedicaba con energía inmensa a la investigación sobre el futuro, las perspectivas futuras de la humanidad, de paz y desarme, la educación en Latinoamérica y los grandes problemas globales en general. Su foco era una nueva comprensión de la política y economía para el futuro. Los resultados de sus exploraciones son indispensables para todos que aman la vida, el amor y la justicia.

Él da mucha importancia a la teoría de la interpretación de los sueños; un tema que ha explorado extensamente durante décadas. Él está enteramente convencido de la importancia que tienen los sueños. Hace 35 años tuvo un sueño que decía que él tiene que buscar el misterio del ser humano y de la evolución humana.

Categóricamente dice: ¡Mi primera reacción fue que eso es una misión imposible! Pero continué con la misma convicción: "Pero hoy pienso no. He descubierto todos los componentes fundamentales que aclaran el misterio del ser humano y la evolución humana."

De su experiencia profesional él ha escrito muchos libros que incluyen un campo amplio: Individuación (el desarrollo personal holístico), la teoría de los sueños y su interpretación, soluciones para problemas, el inconsciente individual y colectivo, el amor y las relaciones de pareja, los arquetipos del ser humano, el futuro del ser humano, la educación global, una nueva filosofía antropológica, didáctica de enseñar, métodos de consejos y de coaching.

Los modos de encontrar todos los procesos - psíquicos, espirituales y prácticas - y los códigos arquetípicos de la evolución humana son bien documentados como nunca antes en la historia de la humanidad. Todo lo que un individual tiene que aprender está elaborado en sus libros.

Él tuvo durante los últimos 35 años alrededor de 14.000 sueños sobre el estado y desarrollo de la humanidad, del mundo y del planeta. Innumerables sueños le han enseñado lo que es fundamentalmente importante para el futuro de la humanidad y su evolución.

Durante las mismas décadas tuvo alrededor de 3,000 sueños sobre la evolución arquetípica de la humanidad (del ser humano), sobre el estado y los potenciales de la psique de la población global, y sobre el otro mundo y Dios. Estuvo en sus sueños en el más allá, en el paraíso divino; experimentó la "unión con Dios" y muchos más procesos arquetípicos. Él ha elaborado profundamente todo eso con alrededor de 80.000 horas de exploraciones e análisis.

Dr. Eduard Schellhammer dice: "El concepto psicológico, espiritual, arquetípico, educativo y practico más avanzado, hasta hoy nunca alcanzado - la antropología filosófica de la evolución humana arquetípica - está elaborado y puede guiar la humanidad hacia esperanza, justicia, equilibrio, verdad y cumplimiento."

Como el hombre mismo, sus libros no son para gente pusilánime: desafiante, pionero y vanguardia; nuevos caminos de pensar que incluyen la formación de la psique, el desarrollo personal, los valores humanos, la evolución humana, la vida, el mundo de los negocios, la política, la economía, la sociedad, la educación (publica) y la religión. Sus libros son para aquellos que buscan la verdad y un fundamental cumplimiento personal. Leer sus libros es aventura total para el espíritu (la razón, la psique).

Después de décadas extensas de exploraciones, investigaciones, análisis y escribir, a veces con un retiro personal, hoy Dr. Eduard Schellhammer está listo y a disposición para individuales e instituciones exigentes que quieren tener beneficio de sus programas de educación evolutivo y a medida

Todos sus libros (en alemán, inglés y español) se pueden pedir o comprar en Amazon o directamente en la recepción de Schellhammer Business School y Schellhammer Institute.

Introducción

Conocimientos básicos de la formación de la personalidad

La educación de la personalidad significa "educarse a sí mismo". Esto tiene mucho que ver con la vida psíquica. Sin embargo, no es sólo una formación psicológica. Se puede adquirir conocimientos de la ciencia de la psicología, de la filosofía y de la educación (la pedagogía) sin formarse efectivamente. Educar la personalidad es una experiencia sistemática y una elaboración de todas las fuerzas psíquicas. La educación es más que incorporar mentalmente algunos conocimientos sobre el ser humano. 'Educación' significa también: desplegar, crecer, transformar.

Unos piensan quizá: "¿Qué hay que educar en mí? Me conozco bien y estoy bastante educado." Es una situación difícil: Lo que alguien no sabe y no reconoce en sí mismo, no existe como realidad. Otros opinan sobre la vida interior como si fuese algo oscuro, una profundidad sin límites, y deciden que es mejor no entrar ahí. – Esto es una equivocación. Podemos identificar todas las fuerzas psíquicas, porque hay límites claros. La vida psíquica del ser humano es muy abundante. Hay mucho que descubrir, mucho más de lo que la mayoría de la gente pensaría. Estos descubrimientos dan un valor y un sentido profundo a la vida.

Todos ya estamos educados y formados muy amplia y profundamente desde los primeros días de nuestra vida. "¡Basta ya!" y "¡Ahora es el momento para vivir!"; Así puede pensar la mayoría. Mucho de lo que una persona aprende los primeros veinte años puede serle útil para toda la vida. Pero una gran parte de esto era para el niño, y no juega un buen papel en la vida de un adulto. Tenemos que aprender nuevas cosas, continuamente, depende de la etapa de la vida y de los desafíos. No se aprende mucho sobre sí mismo en la etapa escolar, ni en la casa de los padres. La vida psíquica queda como una realidad desconocida. Pero el mundo interior existe, eso lo experimentamos cada día, actúa difusamente, estorbando, molestando y no bajo control. Los efectos de la vida psíquica los podemos reconocer y a menudo experimentar dolorosamente.

En la etapa escolar los profesores enseñan mucho sobre las matemáticas, los idiomas, la geografía, la historia y otras materias más. ¿Por qué no pueden los niños aprender algo sobre la "geografía de la vida psíquica"? ¿Por qué no deben los jóvenes aprender a entender la vida psíquica, y a considerarla importante? ¿Por qué los jóvenes no aprenden mucho sobre el 'trato amplio de la vida psíquica', cuando terminan la educación escolar? Las mismas preguntas son importantes también para los adultos: ¿Por qué los adultos no tienen que aprender el autoconocimiento, los conocimientos humanos y la individuación?

Es inteligente conocer todas las fuerzas psíquicas propias, y formarlas, para que hagan un buen papel en la vida, en vez de causar daños. La vida es más fácil, cuando se conoce la vida interior y se puede controlarla como un capitán su barco. Se puede guiar sólo lo que se conoce y lo que está integrado en el 'control' del yo. Cada uno es lo que su vida ha hecho de él; y, además, cada uno lleva consigo su entera vida vivida. Cuando esta vida no está ni integrada, ni elaborada, ni clarificada, ni transformada, actúa como cadenas interiores. Esto, por otro lado, impide a la conciencia constatar sus propias posibilidades y vivirlas. Las facultades quedan improductivas y no pueden crecer. Así una persona queda prisionera de su educación y formación, sin experimentar su valor mayor: la libertad interior.

El autoconocimiento extenso es el inicio de todas las oportunidades. Comprehendemos todos los sistemas psíquicos del ser humano, podemos construir sistemáticamente una educación integradora de la personalidad. Cuando conocemos todos los métodos para reconocer y formar, tenemos las herramientas para elaborar la vida psíquica. Cuando sabemos cómo crecen las fuerzas psíquicas y que pueden ser transformadas, podemos determinar claramente el camino de los procesos educativos. El viaje del descubrimiento puede empezar: aquí tienes el plano, los instrumentos y las metas.

Quiero destacar algunos puntos sobre el concepto educacional integrador:

El descubrimiento de la auto-identidad, el crecimiento de la personalidad, los conocimientos profundos sobre el ser humano y el autoconocimiento sistemático son esenciales para el bienestar y el éxito profesional. Aquellas personas que no reprimen su vida interior ni exterior y que se dedican a su vida psíquica pueden desarrollar sus facultades. La formación de la personalidad es, hoy en nuestra época, muy importante; pues el hombre es esencialmente un ser psíquico.

A veces es importante distanciarse de la vida diaria, reducir estrés y concentrar fuerzas nuevas. Cada uno puede elaborar su libertad interior, ordenar sus sentimientos, sus pensamientos y sus experiencias. Una relación de pareja con una sexualidad satisfactoria es una felicidad que todo el mundo puede elaborar. El conocimiento sobre el ser humano empieza consigo mismo. Es sabio aprender cómo resolver conflictos consigo mismo y con la vida. La interacción en la vida laboral, en la relación de pareja y en el ocio incluye las habilidades de la comunicación y la personalidad entera en desarrollo. Por esto las competencias sociales y las técnicas de trabajo son imprescindibles para el éxito personal y laboral.

La 'Individuación' incluye además diversos trabajos: la integración de las sombras y del sexo opuesto, la elaboración completa del inconsciente (y de la biografía), el desarrollo de todas las facultades, y las transformaciones arquetípicas hasta la realización del "Mandala" superior. Estas transformaciones llevan al hombre a las preguntas básicas de su existencia que se clarifican con las experiencias arquetípicas de la individuación. La individuación transforma las fuerzas opositoras en una interacción constructiva de todas las fuerzas psíquicas. Esto es un proceso psico-espiritual, fundamentado y arraigado esencialmente en la inteligencia absoluta, el espíritu interior. La individuación es la realización de la vida con espíritu. La libertad del pensar y el estar libre de neurosis facilitan una autorrealización auténtica y creativa.

Por esa razón la *individuación* no significa lo mismo que la *individualización.* El término 'individualización' se refiere a un sistema filosófico que considera al individuo como fundamento y fin de todas las leyes y las relaciones morales y políticas. El término 'individuación' está mucho en uso dentro de la psicología analítica. Pero la individuación no es una técnica psicoterapeuta, no es apta para enfermedades psiquiátricas, sino que es un concepto altamente educativo.

Este libro de trabajo forma la fundamentación del concepto de la autoeducación evolutiva. El lector aprende los conocimientos amplios y la práctica necesaria para su autoeducación. Y se prepara para una vida afortunada, practicando el autocontrol integrador dentro de los ámbitos vitales de la vida humana.

Este programa forma *la primera etapa de la individuación*.

Las primeras cinco unidades tratan de temas generales de la vida psíquica y su educación (formación):

1) Una visión general de la vida psíquica del hombre.

2) El proceso de despliegue psico-espiritual, llamado 'individuación'.

3) Las metas de la autoeducación.

4) La importancia del autoconocimiento práctico.

5) Los métodos de trabajo de la autoeducación.

Las segundas cinco unidades tratan de los ámbitos de la vida más importantes y sensibles:

6) La autonomía basada en una biografía elaborada y clarificada.

7) La creación de la propia existencia, integrando todos los aspectos del autocontrol.

8) La creación del ocio, elaborándose el bienestar mental y un estilo sano de vivir.

9) La relación de pareja en cooperación.

10) La sexualidad como segmento esencial de la formación de la identidad personal.

Los diez capítulos de cada tema constan de la misma estructura: cada tema está dividido en tres apartados (los aspectos del tema), cada uno con un texto de introducción, con conocimientos en listas con palabras claves y con comentarios breves, para reflexionar y discutir, siempre añado un diagrama para la visión general. Este conocimiento básico está ampliado con material didáctico variado para aprender de la literatura científica y de conocimientos propios. Cada tema termina con un resumen y algunas tesis importantes. Al final sigue lo más importante para la autoeducación práctica: algunos ejercicios con preguntas sirven para la auto-reflexión, y otros ejercicios facilitan el entrenamiento. Al final hay un test de elección múltiple.

Este programa vanguardista de la formación de la personalidad y de la individuación se dirige a todos los adultos que quieran desarrollar sus facultades para una vida afortunada, y que buscan realizar su vida con los valores humanos más profundos.

Vale la pena considerar los siguientes puntos:

♦ Anota tus sueños diariamente.

- Medita cada día al menos una vez.

- Elabora una unidad de trabajo regularmente.

- Tómate el tiempo necesario para leer, comprender y reflexionar.

- Apunta tus preguntas, sentimientos, recuerdos, ideas, etc.

- Lee, de vez en cuando, algunos libros que correspondan a estos temas.

- Desarrolla tus propias opiniones y anótalas en el libro de trabajo.

Con este modo de elaboración preparas los fundamentos para una vida afortunada, con éxito y un cumplimiento auténtico de tu ser humano.

Dr. Eduard Schellhammer

Orientaciones para la interpretación de los sueños

La interpretación de los sueños por falta de espacio no es un objetivo en este libro de trabajo. Una autoeducación verdadera y profunda siempre exige incluir los sueños. El autocontrol no solo es una ayuda práctica en la vida diaria, pero mucho más se trata del hombre entero, por eso incluye la vida onírica. Seguidamente quiero desarrollar una primera orientación básica. Es aconsejable, leer el libro 'El manual de la interpretación de los sueños', y ya al comienzo de la elaboración de este libro de trabajo anotar sus sueños regularmente en un diario.

Los hombres sueñan y siempre dan mucha importancia a los sueños. Así como hay gente que no valora mucho el pensar y nunca reflexiona sobre su pensar, así hay muchas personas que no dan ninguna importancia a sus sueños y nunca reflexionan sobre esta vida onírica. ¡No obstante, los sueños son la fuente más valiosa de la vida! Ciertamente hay teorías sobre los sueños que son muy parciales, común es en todas las enseñanzas que múltiples imágenes oníricas y símbolos en figura de seres humanos o de animales, en hechos o acciones informan sobre la persona que sueña. Todas las interpretaciones de los sueños parten de la idea que los sueños no son fenómenos casuales. De los sueños sacamos conclusiones sobre la persona y su vida.

Es generalmente conocido que ya en la edad antigua 'grandes sueños' valían como 'mensaje de Dios'. No sólo es una opinión del pueblo desde los tiempos arcaicos, que muchos dicen que en un sueño hay un mensaje escondido. Teorías sobre los sueños enseñan que podemos aprovechar de ellos: informan, aconsejan, advierten y soportan donde el pensar no tiene más acceso. Eso quiere decir: Una fuerza inteligente organiza los elementos oníricos en una construcción con sentido, en un mensaje al yo. Llamo esta fuerza el 'espíritu interior'.

Tú quieres comprender a otra persona: ¿Qué quiere decir él? ¿Por qué habla de esta forma? ¿Qué motivo le empuja a vivir así? Cuanto más sabes sobre la vida psíquica, tantos más materiales tienes para comprender. También la interpretación de los sueños se basa en los conocimientos sobre la vida psíquica y real: Cuanto más sabes sobre la vida psíquica, tanto más preciso puedes interpretar tus sueños.

El hombre tiene muchas formas de expresarse. Se puede hablar muy alto o bajo, porque el otro no quiere oír. O uno hace una alusión porque él no puede enfocar directamente el asunto, porque el otro tiene una fuerte defensa frente a este asunto. A veces hablamos en alegorías, hacemos una comparación o exageramos un poco para que el otro esté atento. Ya sabemos todos los puntos delicados: El hombre quiere saber la verdad y al mismo tiempo no quiere verla. Luego, hay mensajes oníricos como en la realidad: informan, advierten, explican y prevén hacia el futuro. Nosotros valuamos, juzgamos, informamos según una variedad de punto de vistas.

La fuerza que crea los sueños utiliza todas estas posibilidades diarias para formar un mensaje. Cuanto más el hombre trabaja con sus sueños, tanto más experimenta que es efectivamente el espíritu interior él que habla. La lengua onírica es tan variada como el uso de la lengua en la vida real, en la literatura, el arte y en la pintura. Cada uno puede constatar que esta fuerza inteligente aparentemente sabe mucho más que el yo puede saber. El espíritu puede informar sobre sí mismo o sobre el mundo más allá (la transcendencia). La única fuente verdadera en la vida que puede dar al hombre la orientación sobre su ser y su desarrollo psico-espiritual, es este espíritu. Esta fuerza espiritual es el arquitecto de los sueños.

Los sueños ayudan en todos los objetivos de la vida a una vida buena, feliz y llena de sentido. Los sueños enseñan el camino al ser interior, a la existencia propia. Los sueños soportan el proceso de la educación de las fuerzas psíquicas y dan una orientación también en la vida real.

Hay que aprender la lengua de los sueños como cualquier idioma ajeno. Él que la aprende, tiene el acceso al espíritu en el hombre y puede explotar su ser psíquico. *Los sueños son el portal para el universo psíquico y universal.*

Las ocho tesis sobre el espíritu en el hombre son:

1. El espíritu guía al hombre a través de sus sueños y meditaciones.

2. El espíritu es la fuerza que construye inteligente los sueños y las meditaciones.

3. El espíritu opera en nosotros y dentro de la energía cósmica.

4. La lengua del espíritu es: Imágenes, símbolos, arquetipos, palabras.

5. El espíritu conoce el 'código' del desarrollo interior mucho mejor que cada teoría.

6. El espíritu tiene su propio sistema normativo y sus propios valores.

7. El espíritu tiene capacidades extrasensoriales.

8. El espíritu es una fuerza que elabora todo lo de una vida humana.

Meditación

Visualización – Imaginación - Contemplación

En la visualización (ver imágenes interiores) opera la misma fuerza que en los sueños. Con la imaginación podemos relajarnos, encontrar nuevas fuerzas, preparar el camino para solucionar un problema, liberar la mente, comprender a otras personas, buscar el sentido más profundo de la vida, elaborar los sueños, identificar las causas de un sufrimiento y de dificultades, elaborar el inconsciente, etc.

La imaginación es la forma de meditación con la que podemos formar (educar, renovar) la entera vida psíquica y real.

La contemplación enfoca los símbolos generales y los arquetipos. Los arquetipos se relacionan con modelos generales de las fuerzas psíquicas, con los procesos de transformación de la vida psíquica, con los temas esenciales de la vida, con los sentidos y valores, y además con la realidad transcendental. Los símbolos generales reflejan los objetivos (temas) básicos de la existencia humana que nos tocan todos.

La contemplación abre el acceso al 'misterio del ser humano'.

Meditar correctamente significa:

- Determinar la meta: Conocimiento, transformación, Fortalecimiento.

- Determinar los instrumentos: Imágenes, símbolos, arquetipos.

- Dejar pasar el procedimiento de la imaginación, o dirigirlo conscientemente.

- Identificar el sentido. Interpretar el resultado como un sueño.

- Formular las consecuencias para la vida y probarlas en la realidad.

Procedimiento:

Siéntate cómodamente. Cierre los ojos. Relájate uno o dos minutos: Deja soltar los pensamientos y respira profundamente. Luego concéntrate pensando: "Ahora quiero ver imágenes interiores (ideas, pensamientos imaginativos, figuras sombradas) que me enseñan: Esto soy yo."

Tú trabajas en está meditación con un espejo (imaginativo). En este espejo (imagen meditativa) puedes ver ahora varias caras. Ahora deja pasar las imágenes sin influirlas durante dos o más minutos. Surgen otras figuras y caras. Concéntrate en lo que pasa en la visualización. Al inicio limita este ejercicio a unos minutos. Termina cuando hay una ola de imágenes. No fuerza ninguna imagen o proceso imaginativo. Si no pasa nada (es decir, si no ves ninguna imagen), concéntrate en tus sentimientos y tus pensamientos flotantes. Luego escribe toda tu vivencia en palabras cortas. Al final interpreta tu meditación como un sueño.

Formación de la personalidad con el proceso de la Individuación

El desarrollo de la personalidad y de las facultades es fundamental para una vida afortunada. Una relación de pareja con una sexualidad satisfactoria es una felicidad que cada uno puede elaborarse. Es inteligente, clarificar los conflictos consigo mismo y con la vida. Las competencias sociales y las técnicas de trabajar son imprescindibles para el éxito personal y profesional.

El éxito profesional y la prosperidad aún no hacen la buena vida. El desarrollo de la personalidad fundamenta esencialmente el cumplimiento de sí mismo. Esto incluye: una auto-identidad diferenciada, la capacidad de comunicación y de empatía, el pensar independiente, el control del estrés, un inconsciente equilibrado, una habilitación consciente de sí mismo y un autocontrol disciplinado, la realización de las calidades personales y un carácter fuerte para superar eventos críticos y desafíos.

La 'Individuación' incluye diversos trabajos: La integración de los aspectos de la persona, la elaboración completa del inconsciente, el desarrollo de todas las facultades, las transformaciones arquetípicas hasta la realización del 'mándala' superior.

Estas experiencias llevan al hombre a las preguntas fundamentales de la existencia que encuentran sus respuestas en los procesos arquetípicos de la Individuación. La libertad del pensar y el estar libre de neurosis facilitan una autorrealización auténtica.

La formación se basa en la antropología pedagógica y filosófica, en una educación vanguardista. Reflexionamos al hombre bajo los aspectos de la psicología, del psicoanálisis, de la filosofía y del concepto de los mundos de la vida. Ampliamos este campo con un nuevo concepto de los sueños y con meditaciones eficaces. La formación cumple con las normas de la didáctica moderna y la educación de adultos.

1ª Unidad: Las imágenes humanas y la vida psíquica

1.1.   El hombre y su vida psíquica

        ¿Qué es la 'Psique'?

        Las preguntas psicológicas en el contexto de la personalidad

1.2.   La variedad de las imágenes humanas

        Las imágenes humanas en la historia occidental

1.3.   El organismo psíquico en un modelo

        Los modelos sobre la psique y la personalidad

1.4.   Resumen – Tesis

1.5.   Unidad de trabajo

Lema:

Cuanto más en serio toma el hombre su vida psíquica, tanto más genuina y verdadera llega a ser su vida en todos los aspectos.

Brainstorming (= recoger ideas espontáneas)

Ten presente el título de este capítulo y los tres subtítulos. Haz unas notas sobre los siguientes puntos de vista antes de leer este capítulo, y antes de hacer los ejercicios de cada unidad.

a) Cuestiones que te planteas con cada título y subtítulo:

b) Palabras claves que te afectan a ti con este título y estos subtítulos:

c) Asociaciones (es decir: ideas, sentimientos, recuerdos, etc.) que tienes con estos títulos y subtítulos:

1.1. El hombre y su vida psíquica

Las ciencias de psicología, de pedagogía y de filosofía se ocupan de la vida psíquica. Ya en la antigüedad, en todas las culturas primitivas se ocupaban del mundo interior misterioso, pensando y filosofando.

¿De qué se trata exactamente? ¿Qué pensamos, cuando hablamos de 'la vida psíquica'?

Pensamos tal vez en la inteligencia, y nos imaginamos los procesos del pensar. Cada uno piensa y pone etiquetas lingüísticas a lo que ve, mencionando 'palabras'.

Cada ser humano tiene una vida de sentimientos variados. La alegría, la felicidad, el placer y la paz son sentimientos positivos clásicos.

El hombre tiene sentimientos agresivos, se siente desesperado, triste y aislado. Mucha gente experimenta el amor como sentimiento.

Pero la fuerza del amor es más que un sentimiento. El ser humano necesita amor para vivir constructivamente. El amor puede reconciliar y facilitar rendimientos grandes, más allá del placer.

Muchos deseos son 'psíquicos'. Todos nosotros tenemos deseos de estar aceptados, de autorrealización, de sentido de la vida, de paz, de seguridad. Miramos alrededor de nuestra sociedad de consumo, tenemos la impresión de que algunos deseos son sugeridos artificialmente.

Cada uno tiene su dinamismo psíquico, un estado psico-energético entre relajación y tensión, tranquilidad y nerviosismo, vitalidad y pereza.

Luego tenemos en nuestra vida interior una realidad 'inconsciente'. Todo lo que el hombre experimenta y vive desde el primer momento de su vida, se acumula como imágenes en el 'inconsciente'.

Estos son experiencias, normas, amenazas de castigo, actitudes e imágenes sobre el ser humano y la vida.

La consciencia es parte de esta inconsciente realidad interior.

Podemos ciertamente recordar diversas cosas. Pero sobre mucho sólo podemos estar conscientes con métodos especiales. Nuestro consciente es también parte de la psique.

Tenemos una conciencia sobre otros, sobre el mundo y tal vez sobre 'El Divino' (Dios).

El "yo" puede decidir lo que puede entrar en esta pantalla de la conciencia: recuerdos, pensamientos, sentimientos, percepciones, etc.

El yo también puede rechazar ver, oír, sentir y hacer.

El yo puede querer, desear, manejar y decidir. Cada uno tiene sueños cada noche, muchos los recuerdan poco.

El 'ver interiormente', los sueños diurnos y la fantasía son también una forma de soñar.

Desde la antigüedad los filósofos - los sabios - enseñaban que en los sueños habla una fuerza al yo, advierte al hombre, da consejos y quiere guiar al hombre a través de su vida.

Denominamos esta fuerza 'el Espíritu' en el hombre. Esto es, en un primer vistazo corto, la 'vida psíquica'.

Reflexiones y discusiones

■ Por cierto, todos los hombres utilizan de vez en cuando términos como 'psíquico', 'psicología', 'psicológico', 'el interior' y palabras similares.

También las palabras como por ejemplo 'sueños', 'inconsciente', 'meditación', 'percepción', 'pensar' y muchas más son usuales hoy en nuestra lengua diaria.

¿Qué palabras utilizas normalmente en la charla diaria (con colegas, o en tu puesto de trabajo)?

■ Mucha gente reacciona al tema de la vida psíquica, en cuanto alguien se acerca teórica- o personalmente a este mundo, con:

Indiferencia, burla, rechazo, desprecio, represión, huida, negación, desvalorización

Tus reacciones: _____

■ Nosotros conocemos una multitud de palabras que tienen algo que ver con la vida psíquica; mencionamos algunas:

Pensar, sentimientos, deseos, amor, fuerza de vivir, energía psíquica, ego, conciencia, aptitudes, voluntad, defensa, integración, Percepción, idioma, sueños, sueño diurno, inconsciente, recuerdos, Consciente, actividades, comportamiento

■ Algunos hechos sobre la vida psíquica son:

* Mucho en la vida es 'psíquico'.
* Cada uno tiene una vida psíquica.
* Cada uno tiene muchas fuerzas psíquicas singulares.
* Todo lo que uno hace, está relacionado con sus fuerzas psíquicas.
* No podemos determinar al hombre sin vida psíquica.

Diagrama 1: El hombre con sus fuerzas psíquicas

¿Qué es la psicología? ¿Qué significa 'psique'?

Tomamos unos diccionarios (ediciones alemanas), buscamos en ellos las palabras claves y resumimos unas informaciones básicas:

1. Psique: El alma, la vida del alma, el ser, la esencia, la idiosincrasia. Del griego: Aliento, hálito, el alma como portadora de experiencias conscientes.

2. Psicología: Ciencia o enseñanza de la experiencia y comportamiento y de las fuerzas decisivas, basada en esas expresiones del alma... La psicología filosófica enfoca la espiritualidad, la sustancia (esencia), la relación física (corporal), la libertad, la inmortalidad (metafísica). La psicología empírica investiga: los fenómenos psíquicos, las motivaciones, las expresiones y las relaciones.

3. Psicología: Ciencia que investiga las regularidades de los procesos psíquicos y de las características psíquicas con sus dependencias del medio ambiente.

4. Enseñanza sobre el alma, ciencia del alma; como término usual no antes del inicio del siglo XIIX (el Humanismo). El pensar sobre cuestiones psíquicas y psicológicas lo encontramos ya en los albores de la historia humana. Existen más de 18.000 palabras que expresan hechos psíquicos; en este diccionario hay más de 5.000 términos definidos.

5. Vida. Alma. Psicología: Es la ciencia que investiga los procesos y las condiciones (los estados) conscientes y sus causas y efectos. Principios básicos son: 1) Procesos (a menudo estáticos); 2) Fenómenos vivas, ligaduras con una unidad (individuo), dependencias entre sí (modalidad holística), y expresiones individuales (acomodación y herencia); 3) Subjetividad: sólo la persona puede experimentar en sí mismo los estados interiores y los procesos interiores; 4) Nexos: procesos psíquicos que están ligados con los procesos corporales (por ejemplo: el cerebro).

Preguntas psicológicas en el contexto de la personalidad

¿Qué?
¿Qué son los sentimientos?
¿Qué significa el 'placer'?
¿Qué es el 'inconsciente'?
¿Qué pasa entre dos personas que se quieren o se odian?
¿Qué es la inteligencia?
¿Qué significa 'autorrealización'?
¿Qué son los deseos (las necesidades) psíquicos?

¿Cómo?
¿Cómo llega a realizarse el comportamiento?
¿Cómo se forma la voluntad?
¿Cómo se forma la consciencia?
¿Cómo influyen los conocimientos al 'guiar a sí mismo'?
¿Cómo se forma la identidad personal (de sí mismo)?
¿Cómo puede cada uno aumentar su capacidad de rendimiento?
¿Cómo puede el hombre activar los 'sentimientos buenos'?

¿Por qué?
¿Por qué existen diferencias en el rendimiento del pensar?
¿Por qué uno se pone depresivo a causa de X, mientras otro reacciona indiferente?
¿Por qué uno aspira al dinero, mientras otro tiende hacia Dios?
¿Por qué uno reacciona con síntomas de estrés, mientras otro con serenidad?
¿Por qué reprimen muchas personas sus impulsos sexuales?
¿Por qué los hombres llegan a ser agresivos, violentos y guerreros?
¿Por qué el hombre juega?

¿A qué? ¿Adónde? ¿Para qué?
¿Para qué son buenos los sueños?
¿A qué/para qué sirve el inconsciente?
¿Adónde llega el proceso del desarrollo y del crecimiento?
¿Para qué sirven los 'papeles' (roles)?
¿A qué/para qué son útiles las imaginaciones?
¿Para qué sirven los sentimientos religiosos?
¿Para qué debemos sirve la práctica de la intuición?

Notas y perspectivas

1. ¿Para qué sirve la psicología en la vida diaria?

2. Anota los términos esenciales de este subcapítulo:

3. ¿Qué es el hombre sin su vida psíquica?

4. Explica: Doy mucha importancia a los conocimientos sobre la vida psíquica, porque:

5. ¿Qué has aprendido en tu casa parental, en la escuela y en la Iglesia sobre la psicología?

6. ¿Qué importancia tiene el conocimiento psicológico para una pareja?

7. ¿Cómo manejan la política y la economía el conocimiento psicológico?

8. ¿Qué transmite la publicidad sobre la vida psíquica?

9. Plantea una pregunta sobre la psicología que te parece importante:

1.2. La variedad de las imágenes humanas

Los hombres viven la mayor parte de su vida sin reflexionar conscientemente sobre sus imágenes humanas. No preguntan sobre la realidad psíquica. Como sustitución tienen prejuicios, ideologías y enseñanzas dogmáticas.

Cada uno tiene su filosofía privada, su 'teoría' sobre el ser humano, sobre la vida y Dios. Para unos existe una realidad transcendente, para otros no.

Siempre desarrollan sus teorías sobre el ser humano desde el estado psíquico. En la vida diaria unos dan a otros nombres de animales, lo que puede facilitar algo. El que vende productos, ve a los otros como compradores.

Quién se ocupa de asuntos del Gobierno, ve a los otros como una masa que hay que gobernar con instrumentos de poder.

Quién no tiene nada, ve a los otros como poseedores.

Quién va a la iglesia, ve a los que no van ahí, como impíos.

Quién estudia filosofía en su habitación (o despacho), se desarrolla según sus imágenes humanas, según algunas tradiciones. El médico ve a los enfermos y heridos.

El psicoterapeuta registra trastornos psíquicos. Cada psicólogo ve a los hombres según su teoría aprendida. Él analiza el comportamiento, otros las profundidades inconscientes.

El cura mira dentro de su luz dogmática.

El profesor ve a sus estudiantes como alumnos.

El blanco se deslinda del negro. El fundamentalista está limitado en su visión por sus textos.

En todas partes los hombres ven a otros como seres diferentes, como personas que no corresponden a sus teorías e ideas 'correctas'.

Alrededor del globo hay mucha gente, siempre ha habido, que estudian a fondo la naturaleza del hombre y su existencia.

El hombre tiene una necesidad de comprenderse a sí mismo y su vida. Busca sentido y valores. Experimenta entre procreación y muerte.

La pregunta sobre la imagen humana es un asunto extremadamente serio para las formas de vivir y para la educación.

Por eso cada uno tiene sus propias imágenes correspondientes a su estado y su historia de vida. La mayoría no quiere ni cambiar ni ampliar sus imágenes sobre el ser humano. No ven que sus imágenes cubren apenas un porcentaje pequeño de la realidad humana.

Además, muchos tienen la exigencia de que los otros tienen que corresponder a sus imágenes. Cuando no corresponden, los tratan con hostilidad.

Muchas personas nos enseñan con imágenes humanas diversas y con sus ideas como hay que vivir la vida. Se producen evidentemente: tensiones, agresiones y violencias.

Las guerras son también una consecuencia de todo esto. Pero los hombres pueden ampliar su imagen humana, abrirse a nuevos caminos llenos de esperanza. Estos caminos se pueden conseguir con el auto-conocimiento.

Reflexiones y discusiones

■ Todos nosotros tenemos en nuestro interior muchas imágenes humanas, unas como modelo simple, otras como prejuicio, o como teoría fundada. La historia de la filosofía y de la pedagogía es también una historia de imágenes humanas que se cambian continuamente. Esbozamos aquí algunas ideas:

* El hombre es bueno y malo por naturaleza.

* El hombre es un lobo para el hombre.

* El hombre es el retrato fiel de Dios.

* El hombre es la existencia que quiere.

* El hombre es el animal que todavía no se ha descubierto.

* El hombre es el animal enfermo.

* El hombre es el primer animal, dejado en la libertad.

* El hombre es una existencia de deficiencia.

* El hombre es una existencia social.

* El hombre es el animal que puede dar una paliza.

* El hombre es una existencia biológica.

* El hombre es lo que produce la educación y el medio ambiente.

* El hombre es una existencia que puede pensar.

* El hombre es la más alta creación de Dios.

* El hombre es perezoso, incalculable, mentiroso y egoísta.

* El hombre es una existencia espiritual.

* El hombre es una existencia de instinto.

* El hombre es una existencia creando cultura.

* El hombre es un 'homo faber', una existencia de talento técnico.

* El hombre es un 'homo sapiens', de talento racional.

* El hombre es un 'homo ludens', un 'jugador'.

* El hombre es capaz de pensar.

* El hombre es capaz de amar.

* El hombre es educable y necesita educación.

* El hombre es la existencia que puede pecar.

* El hombre es de raza 'pura' o de raza 'impura'.

* El hombre es un organismo aprendiendo.

■ Cuando nos acercamos a la psicología, descubrimos al hombre: 'sano', 'neurótico', 'psicopático' o 'narcisista'.

En otras épocas clasificaban al hombre en tipos como, por ejemplo: el melancólico, el colérico, el sanguíneo, el flemático; o: el hombre religioso, económico, estético, social, teórico y el hombre de poder; o: el hombre Dionisio y Apolínio; o según las características corporales: el pícnico, el leptosomático, el sanguínico y el atlético.

¿Qué términos utilizas alguna vez?

■ Las imágenes humanas son psicológicas, filosóficas, teológicas, pedagógicas, esotéricas, biológicas, sociológicas y también ordinarias:

¿Quién no utiliza a veces nombres de animales para caracterizar al hombre o grupos de seres humanos (mono, gallina, serpiente, cerdo, perro etc.)?

Haz una lista y describe el sentido:

....

....

Diagrama 2: Aspectos para considerar al ser humano

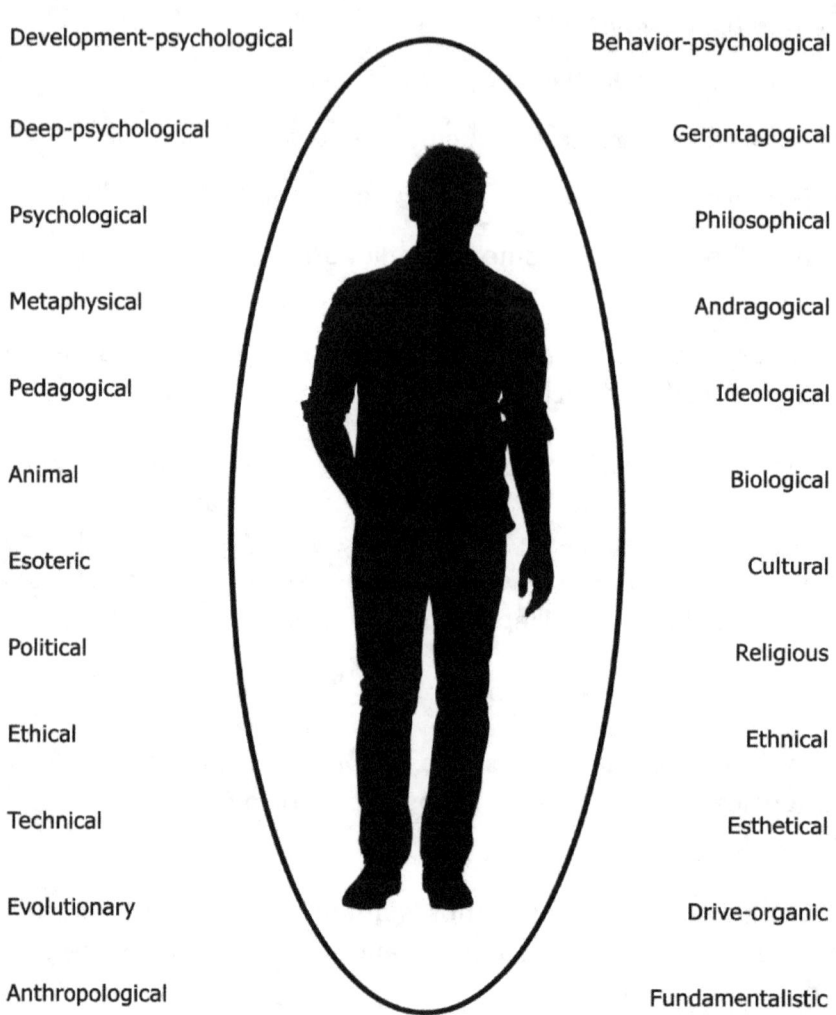

Development-psychological	Behavior-psychological
Deep-psychological	Gerontagogical
Psychological	Philosophical
Metaphysical	Andragogical
Pedagogical	Ideological
Animal	Biological
Esoteric	Cultural
Political	Religious
Ethical	Ethnical
Technical	Esthetical
Evolutionary	Drive-organic
Anthropological	Fundamentalistic

Las imágenes humanas en la historia occidental

Plato: El hombre pertenece al mundo de las ideas y de las apariciones.

Aristóteles: El hombre posee un principio donando vida, una psique con razón.

Epicuro: La felicidad del hombre consiste en el placer moderado, en el dominio del apetito por su razón (por comprensión y sabiduría).

Augustinus: Lo malo del hombre es bajarse de lo alto hacia lo bajo, alejándose de Dios hacia su ego.

Thomas von Aquin: El hombre es malo, cuando impide el despliegue entero de las posibilidades naturales.

Luther: El hombre es pecado, debilidad y sombra oscura.

Hobbes: El hombre es el lobo del hombre ('homo homini lupus').

Sartre: El hombre está condenado a la libertad, y puede siempre esbozarse a sí mismo, pero también mentirse y engañarse a sí mismo.

Machiavelli: El hombre es por naturaleza malo, busca sólo su provecho personal.

Leibnitz: El hombre es finalmente de naturaleza inmaterial, de naturaleza psíquica.

Descartes: El hombre es una máquina, en la que vive un espíritu inmortal.

Rousseau: El hombre es degenerado entre las manos de los hombres ('animal corrumpu').

Herder: El hombre es una criatura que tiene idioma. El hombre es el primero que fue puesto a la naturaleza en libertad. El hombre llega a ser su propio fin y meta.

Fichte: El hombre llega a ser hombre sólo entre los hombres.

Bergson: El hombre tiene una conciencia creativa y una voluntad creativa, y vive en un desarrollo creativo.

Goethe: El inconsciente es la fuente más creativa del hombre.

Kant: El hombre es capaz de autodeterminación, tiene una voluntad libre que es determinada por las leyes de la razón.

Marx: El hombre crea su vida por el trabajo y sus posibilidades para desarrollarse y realizarse, pero es preponderantemente alienado de sí mismo.

Schopenhauer: El hombre es el animal que puede maltratar.

Feuerbach: El hombre es lo que come; su Dios es su proyección.

Nietzsche: El hombre es el animal enfermo, todavía no descubierto. Mucho en el hombre es gusano; el hombre es un 'incidente' de la naturaleza.

Swedenborg: El hombre es esencialmente espíritu.

Descartes: El alma del hombre es la conciencia.

Pestalozzi: El hombre es básicamente razón, sentimientos y fuerzas para crear.

Bolk: El hombre es un mono infantil con una secreción interior perturbada.

Schiller: El hombre es la existencia que puede 'querer y no sólo 'tener'.

Pascal: El hombre es la caña más débil, pero una caña pensante.

Kierkegaard: El hombre está entre la naturaleza y Dios, puede comportarse en relación libre con sí mismo y con la vida.

Scheler: El hombre es un ser que puede decir 'no'.

Gehlen: El hombre es una existencia deficiente, creando cultura.

Monod: El hombre es un producto de la evolución por casualidad.

Schelsky: El hombre, liberado de la fuerza de la naturaleza, se somete a la obligación de la producción.

Jaspers: Ser hombre es crearse sin parar.

Weber: Según la opinión última del hombre todo resulta de Dios o del diablo.

Lévi-Strauss: El hombre es portador de estructuras activas inconscientes.

Heidegger: El hombre puede llegar a ser un pastor del ser.

Hartmann: La religión destruye al hombre como persona moral.

James: La fe del hombre, inextirpable y biológicamente de valor, está en el sentimiento.

Dilthey: La vida psíquica del hombre es teleológica (es decir: tiene finalidad).

Dewey: La libertad relativa del hombre está limitada por un intercambio biológico, psicológico y socio-histórico.

Buber: El hombre llega a ser hombre por la relación con otro ser humano.

Haeckel: El hombre es el más alto desarrollo de la proteína orgánica.

Ortega y Gasset: El hombre no tiene naturaleza, sólo historia.

Portmann: El hombre dispone de una organización reglada hereditariamente para su orientación, como una obligación de su razón.

Bloch: El hombre puede esperar; su potencial utópico es de su fantasía, de sus sueños diurnos y de sus ideas de deseo.

Marcuse: El hombre vive y muere racional y productivamente, como un objeto reemplazable de la organización técnica.

Uexküll: El hombre es infinitamente e intensamente abierto para el mundo.

Plessner: El hombre puede reír y llorar.

Lorenz: Los hombres viven en un infantilismo aumentado por una 'hiperfunción' y 'hipofunción' de sus sistemas instintivos, formados a través de su 'filogénesis'.

Teilhard de Chardin: La evolución toma en el hombre una vuelta hacia lo espiritual. En este proceso espiritual el hombre se abre hacia lo divino, en lo cual el amor es la fuerza humana (espiritual) que llega a la perfección y la libertad está en esa función.

Guardini: El hombre está encargado de crear y formar su vida única e irrepetible.

Freud: El hombre es un aparato psíquico: el yo, el superyó y el ello.

Fromm: El hombre puede destruir para destruir, odiar para odiar.

Jung: La actividad del hombre está determinada, entre otro, por fuerzas no individuales (colectivas).

Koestler: El hombre es un envío extraviado de la evolución.

Rogers: El hombre es por naturaleza una existencia social positiva, con fuertes tendencias hacia lo positivo a pesar de la destructividad, del miedo, de la regresión, de la defensa y de la crueldad.

Maslow: Cada hombre tiene en sí mismo un potencial natural para su autorrealización creativa y sana.

Watson: La psique del hombre se puede determinar, predecir, controlar y manipular por experiencia objetiva.

Frankl: Lo más humano en el hombre es la plenitud incondicional de sentido en la vida.

Langevelds: La biografía del hombre es una historia de sentido; 'persona-génesis' (llegar a ser persona) es realización de sentido.

Roth: El hombre es educable y necesita educación.

Zdarzil: El hombre tiene cuatro características: autorreflexión, autodeterminación, auto creación y autoexpresión.

Murphy: Todas las habilidades del hombre, sea normal o 'meta-normal' (para-normal), corporal o extra-corporal, dependen de las limitaciones y distorsiones, de la naturaleza condicionada por herencia y por la sociedad.

En el autoconocimiento, como idea y concepto, siempre encontramos también una imagen humana:

Clemens de Alexandria (Gnóstico, muerto 216):

"Luego es, como parece, la mayor enseñanza de todas, de conocerse a sí mismo. Pues cuando el hombre se conoce a sí mismo, reconoce a Dios." (C.G.Jung: Aion)

Notas y perspectivas

1. ¿Para qué sirven las imágenes humanas en la vida diaria?

2. Anota los términos esenciales de este subcapítulo:

3. ¿Qué es el hombre, considerado bajo los aspectos psicológicos?

4. Explica: Doy mucha importancia al conocimiento sobre las imágenes humanas, porque:

5. ¿Qué has aprendido en tu casa parental, en la escuela y en la Iglesia sobre las imágenes humanas?

6. ¿Qué importancia tienen las imágenes humanas en la comunicación entre parejas?

7. ¿Qué imágenes humanas reconocemos en la política y la economía?

8. ¿Qué imágenes humanas nos transmite la publicidad?

9. Apunta una pregunta sobre las imágenes humanas que te parece importante:

1.3. El organismo psíquico en un modelo

La psicología nos ofrece más de cincuenta teorías de la personalidad. Con esto sale difícil, encontrar la imagen humana 'correcta'. Por otro lado, es una oportunidad:

Cuando relativizamos todas las teorías, entendiéndolas como puntos de vista, las agrupamos en una nueva unidad, y así nos acercamos a una imagen humana que coge la realidad total de la vida psíquica.

Siempre podemos discutir el resultado de experiencias externas.

Cuando muchas personas hablan de experiencias internas, podemos hablar constructivamente sobre esas experiencias internas. Suponemos que existen varias realidades psíquicas, pues, también los métodos de experimentarlas son diferentes.

Cuando encontramos un acuerdo mínimo y utilizamos correctamente los métodos, los caminos para una imagen holística están abiertos.

De esta actitud y con este procedimiento podemos construir y definir el 'organismo psíquico'. Así podemos establecer un primer modelo amplio.

Podemos exigir: Cada imagen humana que no contiene todos los componentes es un modelo reducido, y como consecuencia hay que ampliarlo.

La psicología y las ciencias de la educación van a descubrir en el futuro aún más aspectos y ampliarán el modelo con nuevas perspectivas. Así entendemos nuestro modelo como 'innovativo' y 'dinámico'.

Siempre habrá que ampliarlo y construirlo con nuevos puntos esenciales, y definirlo con nuevos términos bajo una luz más ancha. Cuando se amplían los conocimientos científicos, tenemos que ampliar también el modelo del organismo psíquico. Esto está cierto.

Nuestro modelo es una visión general sobre los subsistemas esenciales y sus elementos.

Cuando hablamos de la imagen humana, todos los elementos psíquicos forman parte integradora.

Cada imagen humana que separa algunos elementos singulares, debemos rechazarla. Nadie construye un coche sin ruedas.

Ninguna medicina enseña el cuerpo sin circulación. La técnica de los coches se desarrolla constantemente.

La ciencia médica está investigando permanentemente. Así la ciencia sobre el ser humano tiene que resolver muchas cuestiones y deben desarrollar nuevos métodos.

Esta sinceridad es una condición previa para hablar constructivamente sobre imágenes humanas y para crear una vida bajo la orientación de estos conocimientos.

Cuando el hombre quiere emprender un viaje de exploración, recopila antes informaciones básicas.

El hombre necesita un mapa y muchos conocimientos para orientarse en este viaje. El modelo sobre el organismo psíquico es este mapa.

Reflexiones y discusiones

■ Todas las fuerzas psíquicas están en vínculos múltiples y activos. Se influyen mutuamente, en general sin que lo percibamos. El conjunto de todas las fuerzas psíquicas puede ser contemplado como un sistema psíquico. Denominamos esta realidad 'el organismo psíquico'. ¿Qué asocias con esto?

■ Las singulares fuerzas psíquicas en subsistemas:

* Las actividades en la realidad externa de la vida
* El psico-dinamismo y su energía psíquica
* El 'yo' y sus funciones auxiliares (por ejemplo: voluntad, defensa)
* La inteligencia (desde la percepción hasta el aprender)
* Los sentimientos (todo el espectro desde el amor hasta el odio)
* Las necesidades (psíquicas, físicas, biológicas)
* El inconsciente (incluido la consciencia)
* El espíritu en los sueños, la imaginación y la contemplación
* La fuerza del amor con todas sus posibilidades de rendimiento

■ Las múltiples influencias mutuas de las fuerzas psíquicas:
* Los sentimientos influyen en el pensar.
* Las necesidades guían la percepción y las actividades.
* La percepción está influida por los deseos.
* El inconsciente influye en los sentimientos y el pensar.
* La fuerza del amor influye en los sentimientos y el pensar.
* La vida de los sueños influye en el estado de ánimo.
* El dinamismo psíquico se activa por el pensar y experimentar.
* Las actividades están causadas por las fuerzas psíquicas internas.
* Lo que está en la conciencia, influye en la auto-experiencia.
* La represión y opresión producen tensión de la energía psíquica.

■ Algunas características son:
* La vida psíquica es una realidad interna, compleja y activa de modo múltiple. Cada hombre tiene este organismo psíquico.
* La psique es un organismo similar al cuerpo, una 'totalidad'.

Diagrama 3: El organismo psíquico

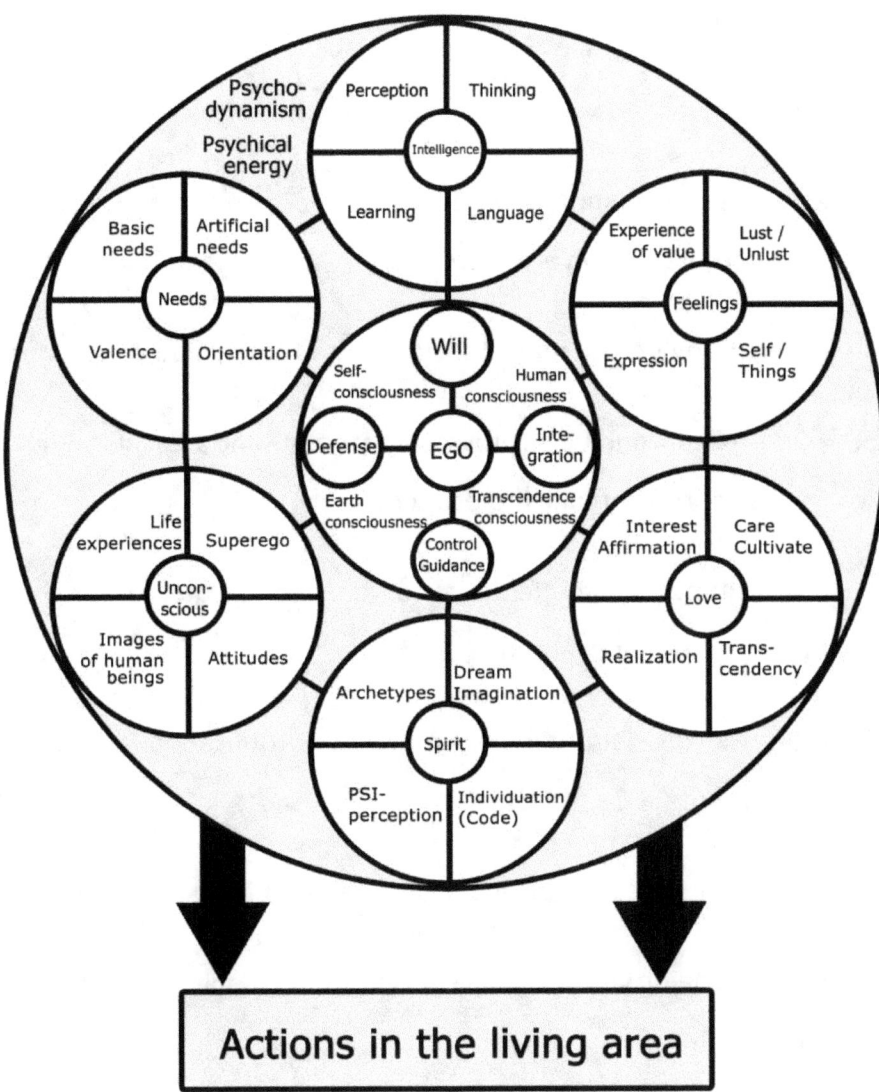

Notas y perspectivas

1. ¿Para qué sirve el organismo psíquico (como una totalidad) en la vida diaria?

2. Anota los términos esenciales de este subcapítulo:

3. ¿Qué es el ser humano si el organismo psíquico representa el ser psico-espiritual verdadero?

4. Explica: Doy mucha importancia al organismo psíquico, porque:

5. ¿Qué has aprendido en tu casa parental, en la escuela y en la Iglesia sobre el organismo psíquico

6. ¿Qué importancia tiene el organismo psíquico entre los miembros de una pareja?

7. ¿Qué fuerzas del organismo psíquico no utilizan la política y la economía?

8. ¿Qué transmite la publicidad sobre el organismo psíquico?

9. Apunta una pregunta sobre el organismo psíquico que te parece importante:

1.4. Resumen – Tesis

❏ Cada hombre tiene fuerzas psíquicas diversas. Estas fuerzas pueden ser reunidas en los siguientes subsistemas:

- pensar
- sentimientos
- necesidades

- inconsciente
- amor
- espíritu

- yo, conciencia
- psico-dinamismo
- actividades

❏ Cada subsistema psíquico contiene diversas fuerzas psíquicas singulares y formas de expresión.

❏ Todas las fuerzas psíquicas y los subsistemas influyen en cada otro mutuamente, casi siempre sin que el hombre lo perciba conscientemente.

❏ Las fuerzas psíquicas, es decir los subsistemas, forman una totalidad sintética, llamada 'el organismo psíquico'.

❏ La imagen humana holística basa en el organismo psíquico ('sistema') amplio que está constituido y verificado por múltiples métodos científicos empíricos.

❏ Cada sistema de ideas (psicológicas, pedagógicas, espirituales, filosóficas y religiosas) tiene tanto valor como la totalidad del hombre psíquico-espiritual y sus realizaciones en el entorno de su vida.

🖮 Escribe una conferencia corta con estos puntos, e imagínate que vas a tenerla a un grupo de personas interesadas en el tema.

....

....

1.5. Unidad de trabajo

1. ¿Cuáles son tus actitudes frente a la vida psíquica?

2. ¿Qué fuerzas psíquicas propias y por experiencia conoces tú?

3. ¿Qué fuerzas psíquicas propias puedes manejar más difícilmente?

4. Autoconocimiento – Imagen de sí mismo:

4. a) ¿Qué tipo de persona soy yo? ¿Quién/qué soy yo? Describa en 10 palabras breves, sin hojear en este libro:

1) ....

2) ....

3) ....

4) ....

5) ....

6) ....

7) ....

8) ....

9) ....

lo) ....

¿Qué aspectos y juicios resaltan especialmente?

....

4. b) ¿Qué tipo de persona es él/ella? ¿Quién/qué es él/ella?

Describe en 10 palabras una persona que conoces personalmente muy bien (pareja, amigo, novio, conocido, etc.), sin hojear en este libro:

1) ....

2) ....

3) ....

4) ....

5) ....

6) ....

7) ....

8) ....

9) ....

lo) ....

4. c) Pida a tu pareja, amigo, novio (-a) que haga también este ejercicio. Después compara el resultado.

....

....

....

¿Qué aspectos y juicios resaltan especialmente?

....

5. Repite la unidad Nº 1/4 utilizando el modelo del organismo psíquico (diagrama 3) como orientación:

5. a) ¿Qué tipo de persona soy yo? ¿Quién/qué soy yo?

Describe en 10 palabras breves:

1) ....

2) ....

3) ....

4) ....

5) ....

6) ....

7) ....

8) ....

9) ....

10) ....

¿Qué aspectos (funciones psíquicas) resaltan especialmente?

....

....

....

....

5. b) ¿Qué tipo de persona es él/ella? ¿Quién/qué es el/ella?

Describe en 10 palabras una persona que conoces personalmente muy bien (pareja, amigo, novio, conocido, etc.):

1) ....

2) ....

3) ....

4) ....

5) ....

6) ....

7) ....

8) ....

9) ....

10) ....

c) ¿Cuáles son las diferencias notables entre tus notas en la unidad Nº 1/4 y Nº 1/5? Anótalas:

....

....

....

....

Imaginación

Tema: *"Así trato mis fuerzas psíquicas."*

Imágenes: Casa con habitaciones, buhardilla, sótano y todo con diversos contenidos.

¿Qué idea básica de esta unidad consideras como *la central para la autoeducación?*

Anota un conocimiento básico (un pensamiento, un hecho) de esta unidad que *cada uno tuviera que saber:*

Test de elección múltiple:

Elige las cuatro respuestas correctas y pon una cruz, así: ☒ a) placer

1.1. El hombre y su vida psíquica: Los términos básicos de la vida psíquica son:

☐a) la fuerza del amor   ☐b) el orgullo   ☐c) el inconsciente
☐d) las necesidades   ☐e) el pensar   ☐f) el éxito

1.2. La variedad de las imágenes humanas: Los aspectos psicológicos y espirituales para contemplar al hombre son:

☐a) psicológico-profundo   ☐b) pedagógico
☐c) cerebro-fisiológico   ☐d) filosófico-antropológico
☐e) ideológico   ☐f) social

1.3. El organismo psíquico como modelo para una imagen humana: El modelo del organismo psíquico facilita las exposiciones como, por ejemplo:

☐a) Todos los subsistemas psíquicos influyen cada uno en otro mutuamente.
☐b) La opresión de un subsistema tiene como consecuencia algunos desarrollos falsos en otros subsistemas.
☐c) Las actividades siempre están ligadas con los subsistemas psíquicos.
☐d) La armonía existe en el sistema entero, cuando todo es 'espiritual'.
☐e) El pensar funciona más eficazmente sin amor.
☐f) Todos los subsistemas son partes mutuas equivalentes.

2ª Unidad: La individuación como un proceso de despliegue psíquico-espiritual

2.1.   La formación de las fuerzas psíquicas

       El hombre como un producto de su educación y formación

2.2.   La individuación como un proceso evolutivo

       Le desarrollo y el crecimiento – las etapas del desarrollo

       El simbolismo del 'Mándala' y de la individuación

2.3.   El hombre y su realización en el entorno vital

       Las modalidades de apropiación del medio ambiente

       Las cargas de la realización en el entorno vital

2.4.   Resumen – Tesis

2.5.   Unidad de trabajo

Lema:

Una imagen humana óptima múltiple es una condición previa para caminos progresivos hacia la paz, la felicidad y el sentido.

Brainstorming (= recoger ideas espontáneas)

Ten presente el título de este capítulo y los tres subtítulos. Haz unas notas sobre los siguientes puntos de vista antes de leer este capítulo, y antes de hacer los ejercicios de cada unidad.

a) Cuestiones que te planteas con cada título y subtítulo:

b) Palabras claves que te afectan a ti con este título y estos subtítulos:

c) Asociaciones (es decir: ideas, sentimientos, recuerdos etc.) que tienes con estos títulos y subtítulos:

2.1. La formación de las fuerzas psíquicas

El hombre ha nacido en un entorno de vida determinado y está formado desde este momento.

Pero ya en el tiempo prenatal, el estado de ánimo de la madre y el entorno social producen efectos en la vida psíquica del feto.

La forma de atención y de cuidado de la madre, la situación familiar, el estilo de la educación, los hermanos y hermanas y las personas alrededor, forman los primeros procesos psíquicos del crecimiento.

Después de los años escolares hay fuerzas psíquicas diversas que forman más amplia y profundamente las habilidades, el comportamiento, la consciencia, los pensamientos, los sentimientos, el autoestimo, las necesidades y las actitudes del joven.

El niño/la niña aprende a percibir, a hablar, a pensar y el trato de objetos y a los hombres. Cada hombre incorpora psíquicamente, ya muy temprano, muchas imágenes de vivencias sobre sí mismo, sobre otros y la vida.

Mucho de eso probablemente va a ser impropio, y aun negativo y dañino. El inconsciente se carga con experiencias opresivas y normas severas. Un déficit de amor, de satisfacción y de necesidades insatisfechas influye en la voluntad y en el autocontrol.

Ya muy temprano en la vida, el dinamismo psíquico puede estar crónicamente tenso y nervioso o casi como paralizado. Las actitudes, recogidas en los primeros años, gobiernan decisivamente el pensar y el actuar en los años posteriores.

Cuando la gente habla mucho en el entorno, resultan muchos estímulos y una cooperación en la familia; El niño incorpora estas muestras.

El niño aprende a mirar como sus padres miran. Él aprende a pensar y a reflexionar sus decisiones, de modo como lo enseña el entorno.

Muchas cosas diversas en la conciencia se fundan ya en los años escolares.

Cuando los padres consideran sus sentimientos y los sentimientos de su niño, el niño aprende a tomar en serio sus sentimientos.

Cuando los padres hablan de sus sueños y del amor, el niño también coge en su interior estas realidades.

Cuando el niño experimenta en un entorno de música emocionante un 'Dios' con barba, castigando severamente, se forma el fundamento para su vida religiosa posterior.

Cuanto más los procesos de formación resultan impropios para la vida, tanto más el hombre está empujado a desarrollar un comportamiento de compensación.

Eso empieza con la honradez de los padres:

Cuando ellos viven con máscaras y fachadas, hablan con insinceridad y con falta de transparencia, compensando donde puedan, el niño aprende estas muestras de vida: ponerse máscaras, escenificar manipulaciones de engaño, producir síntomas y vivir compensaciones.

Esto podemos denominar como 'negación de sí mismo'.

En el caso constructivo, el hombre joven aprende a actuar directa y transparentemente, y logra una integración positiva de la vida psíquica. Las muestras progresivas para hacer frente a la vida más adelante, crean competencias y facilitan la auto-realización.

Reflexiones y discusiones

■ Desde el tiempo prenatal las fuerzas psíquicas están formándose a través de procesos de aprendizaje. Estas fuerzas actúan, conjuntamente enredadas en este proceso de desarrollo. Eso se produce durante la educación, la enseñanza, la socialización (es decir: el crecer en las normas de la sociedad) y la aculturación (es decir: la acomodación de la cultura, de los rendimientos de la cultura). ¿Cuál es tu opinión sobre esto?

■ De cierto modo el hombre es un 'producto del aprendizaje'. Él es y vive lo que ha aprendido. Todo lo que aprende y vive, acumulando a lo anterior, se basa en lo que procede como procesos de aprendizaje. El hombre puede controlar sus procesos de aprendizaje, corregirlos, cambiarlos, ampliarlos y profundizarlos. ¿Qué piensas sobre eso, en respeto a tu biografía propia?

■ Podemos considerar las fuerzas psíquicas singulares, los subsistemas y el organismo psíquico como una totalidad en una visión general de su formación. Podemos distinguir dos dimensiones de formación, con las características:

● **Formación negativa:**
* inhibido a aprender
* indiferencia
* inconsciente
* desordenado, caótico
* no ó apenas controlable
* desequilibrado
* incalculable
* destructivo
* unilateral
* oprimido
* negado, reprimido

● **Formación positiva:**
* abierto a aprender
* diferencia
* consciente
* ordenado, estructurado
* controlable
* equilibrado
* calculable
* constructivo
* multilateral
* considerado
* integrado

■ Las fuerzas psíquicas son el resultado de sus formaciones.
■ Hay diferentes cualidades en el modo de la formación.
■ Las formaciones pueden actuar pro o contra el ser humano.
■ El hombre tiene la posibilidad de determinar su deformación.

Diagrama 4: Los procesos de formación de la vida psíquica

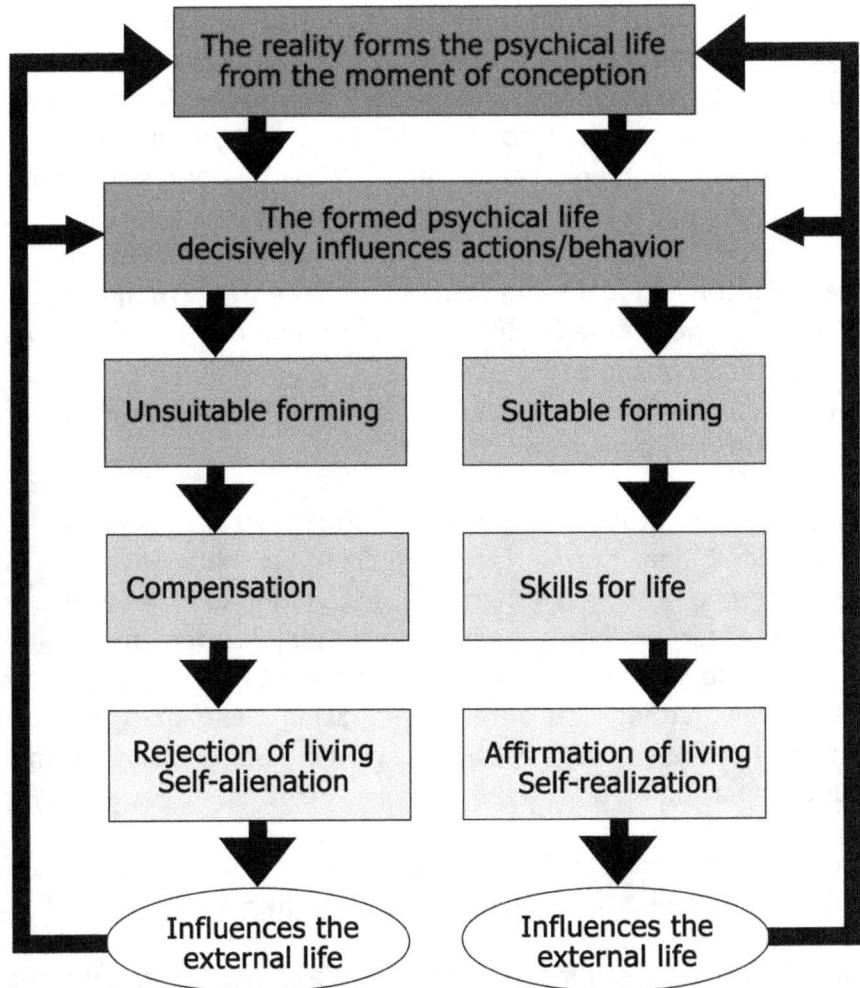

El hombre como un producto de su educación

Dieter Benner: "En el feudalismo todos los hombres eran iguales en cuanto recibieron su determinación a través de su posición social, y esto por su nacimiento... La sociedad burguesa arregla por capacidad de rendimiento y por promoción la supresión de todos los límites de status... La pregunta que aclara, si los hombres son iguales o desiguales por naturaleza, se transpone en la pregunta, si la capacidad de rendimiento del hombre está determinada por sus dotes o por el medio ambiente...". "El hombre no está ni determinado por sus dotes, como las plantas o los animales, su 'imperfecto' (= ser inacabado) queda justamente en que su determinación no está determinada por dotes. Tampoco está determinado por el medio ambiente como una planta o un animal; pues el mundo que lo rodea es un mundo elaborado, interpretado y cambiante... (en lo que sigue:) desde la determinación del hombre hacia la autodeterminación...".

Ejemplo: Si el católico 'Toni' de la Suiza Central de Uri hubiese nacido en China, no sería católico, ni cristiano-socialista, ni pertenecería a la sociedad de tiro, ni sería admirador de 'Guillermo 'Tell'. A más tardar ahora, conociendo sus condiciones temporales y espaciales de crecimiento, él puede preguntarse, lo que quiere creer y vivir, adónde su autodeterminación tiene que dirigirle y formarle (lo que se llama auto-educación). - Sugerencia: ¡Formula tu determinación en unas frases!

Maria Montessori: "... Así, sólo el niño mismo puede revelar lo que es el plano de construcción natural de su ser humano."

"Existen necesidades más profundas, en las cuales cada uno tiene que estar solo consigo mismo, separado de todo y de todos, dedicándose a un trabajo misterioso." Y: "Nadie puede ayudarnos a alcanzar este aislamiento interno que nos hace accesible nuestro mundo interno, escondido y misterioso, rico y lleno. Aparentemente el principio del orden y el desarrollo del carácter y también la vida espiritual y emocional tienen que emanar de esta fuente misteriosa y escondida."

Immanuel Kant: "Un animal ya es todo por su instinto... pero el hombre necesita la razón... tiene que hacer por sí mismo su plano de su comportamiento... El hombre tiene que: 1) Estar disciplinado; 2) Estar cultivado; 3) Ser inteligente. Esto incluye comportarse bien y ser cortés, y tener buen gusto; 4) Adaptar convicciones buenas."

Friedrich Nietzsche: "El conocimiento mayor y la educación mejor - por eso la mayor producción y deseo que es posible - por eso la mayor felicidad posible - ésta es aproximadamente la fórmula. Aquí tenemos la ganancia como meta e intención... el mayor beneficio... la comprensión... con la cual se conoce todos los caminos, con los cuales se puede hacer más fácilmente dinero... una educación rápida para ser lo más rápidamente una existencia ganando dinero... una educación profunda para ganar muchísimo dinero."

Adolf Hitler: "Y así como... queda la presuposición de las capacidades intelectuales en la cualidad racista del material humano dado, así en detalle la educación tiene que considerar y promover ante todo la salud física... En este conocimiento el estado racista en todo su trabajo educacional no tiene que orientarse en primer lugar hacia machacar meros conocimientos, sino hacia cultivar cuerpos rebosantes de salud. Sólo en segundo lugar, viene la formación de las capacidades inteligentes. Pero aquí, primero, el desarrollo del carácter, sobre todo el fomento de la fuerza de voluntad y de decisión, uniendo la educación del sentido de la responsabilidad, y sólo en último lugar la formación científica."

Theo Dietrich: "Ningún ser humano se desarrolla a ser hombre... por sí a causa de sus talentos y de su potencial hereditario... Sólo puede ser hombre por educación."

Franz Pöggeler: "La falta de medidas de valores y de metas del ser adulto que valen la pena, que registremos hoy en extenso, es un síntoma de un vacío de valor del ser humano."

Notas y perspectivas

1. ¿Para qué sirve la formación de las fuerzas psíquicas?

2. Anota los términos esenciales de este subcapítulo:

3. ¿Qué es el hombre sin formación consciente de su vida psíquica?

4. Explica: Doy mucha importancia a la formación de la vida psíquica, porque:

5. ¿Qué has aprendido en tu casa parental, en la escuela y en la Iglesia sobre la formación de la vida psíquica?

6. ¿Qué importancia tiene la formación de las fuerzas psíquicas entre parejas?

7. ¿Cómo tratan la formación de la vida psíquica en la política y la economía?

8. ¿Qué transmite la publicidad sobre la formación de la vida psíquica?

9. Apunta una pregunta sobre la vida psíquica que te parece importante:

2.2. La individuación como un proceso evolutivo

La educación de la personalidad empieza con el autoconocimiento y llega a la formación de todas las fuerzas psíquicas en todos los subsistemas psíquicos. Eso exige la aceptación (decir 'sí'), respeto y cuidado.

Con la razón el hombre puede descubrir toda su vida psíquica, puede aprender a comprenderla, y, dónde sea necesario, formarla de nueva. Todas las fuerzas psíquicas están consideradas en eso, y están promovidas equilibradamente en el despliegue.

En este proceso crece la libertad interior y una independencia madura.

El organismo psíquico puede funcionar más y más como una unidad y totalidad.

Como soporte actúan, sobre todo: el amor, la veracidad, el principio espiritual por los sueños y la meditación.

El crecimiento de los procesos de cambio y de la ampliación de las posibilidades vitales psíquicas produce un dinamismo progresivo.

¿Quién forma tal proceso conscientemente y se educa sobre esta base, y vive la individuación?

El llamado 'círculo-cruz-Mandala' es una imagen de este proceso. Podemos interpretar simplificando: El círculo representa la totalidad.

La vertical refleja lo psíquico-espiritual y la horizontal la vida terrestre. La cruz pasa por encima de la totalidad, lo que entendemos como 'realización en la tierra'.

El centro es el símbolo del principio espiritual. Esta estructura abstracta es un 'arquetipo', y representa el organismo psíquico en el estado de la individuación cumplida.

Al mismo tiempo este arquetipo es una representación del otro mundo transcendental en la vida espiritual: Dios.

Eso no lo hemos 'inventado' nosotros, ni lo hemos interpretado aquí en este símbolo; esta realidad irrefutable cada uno puede experimentarla en sí mismo con la contemplación y sus sueños.

Pero la individuación actúa sólo cuando la formación psíquica y espiritual está conectada por todas partes con todos los sistemas psíquicos, y cuando una persona la práctica, es decir cuando recibe una expresión en la vida diaria.

El modelo opuesto al 'ser humano en la individuación' es el 'ser humano arcaico'.

Sus características son: la negación de la vida psíquica, el descuido y el abandono del organismo psíquico, tras la supresión del amor y del espíritu.

Al mismo tiempo, el hombre arcaico está unido más o menos con su vida inconsciente.

Las consecuencias son: discordia y descomposición, ser esclavo y dependencia infantil.

En la vida diaria tal vida no educada (o mal educada), o equivocada, se expresa en: el afán, la envidia, el odio, la destrucción, la violencia, el despotismo y el egocentrismo.

Este ser humano no realiza ni veracidad, ni solidaridad para valores psíquicos y espirituales del 'círculo-cruz-Mandala'.

Reflexiones y discusiones

■ Hay numerosos modelos sobre el desarrollo y el despliegue humano. Los encontramos en las ramas siguientes:

Psicología, Pedagogía, Filosofía, Religión, Esoterismo, Gnosis, Mística, Ideologías, Sectas

■ Cuando cuidamos nuestra apariencia externa y decoramos el entorno donde vivimos, desarrollamos y producimos técnicas para la vida diaria y para mucho más. Apreciamos los bienes, queremos cualidad y perfección técnica. Pero: ¿Cómo cuidamos nuestras fuerzas psíquicas? ¿Por cuánto tomamos en serio nuestra vida psíquica? ¿Cómo vivimos con nuestra vida interior y por lo tanto con la de los otros?

■ El proceso del desarrollo psíco-espiritual forma parte del organismo psíquico, llamado 'Individuación'. Esta evolución interior es el proceso para llegar a ser nuevo, para 'el nuevo nacimiento espiritual', para las transformaciones psico-espirituales, como la mística y la gnosis nos han transmitido, por cierto, en otras palabras, e imágenes. La individuación permite una 'catarsis' ('limpieza') de la vida experimentada hasta el tiempo prenatal, hasta una completamente nueva y entera personalidad. Esto significa: hasta el más alto nivel del ser humano psico-espiritual.

■ Cada camino verdadero de iluminación integra al organismo psíquico entero y se efectúa por el proceso de la individuación. Cada espiritualidad genuina y cada 'alta conciencia' (así llamada) contienen este proceso y lo presupone. La educación psíquica y espiritual holística del ser humano exige incluir todas las realidades.

Los subsistemas psíquicos con sus fuerzas psíquicas individuales.
La individuación como catarsis, educación, despliegue, crecimiento.
El entorno en que el hombre vive, en que está formado y educado.

■ Con esto hemos fundado los componentes básicos que una visión amplia tiene que contener, para cumplir la evolución humana.

Diagrama 5: El ser humano evolutivo

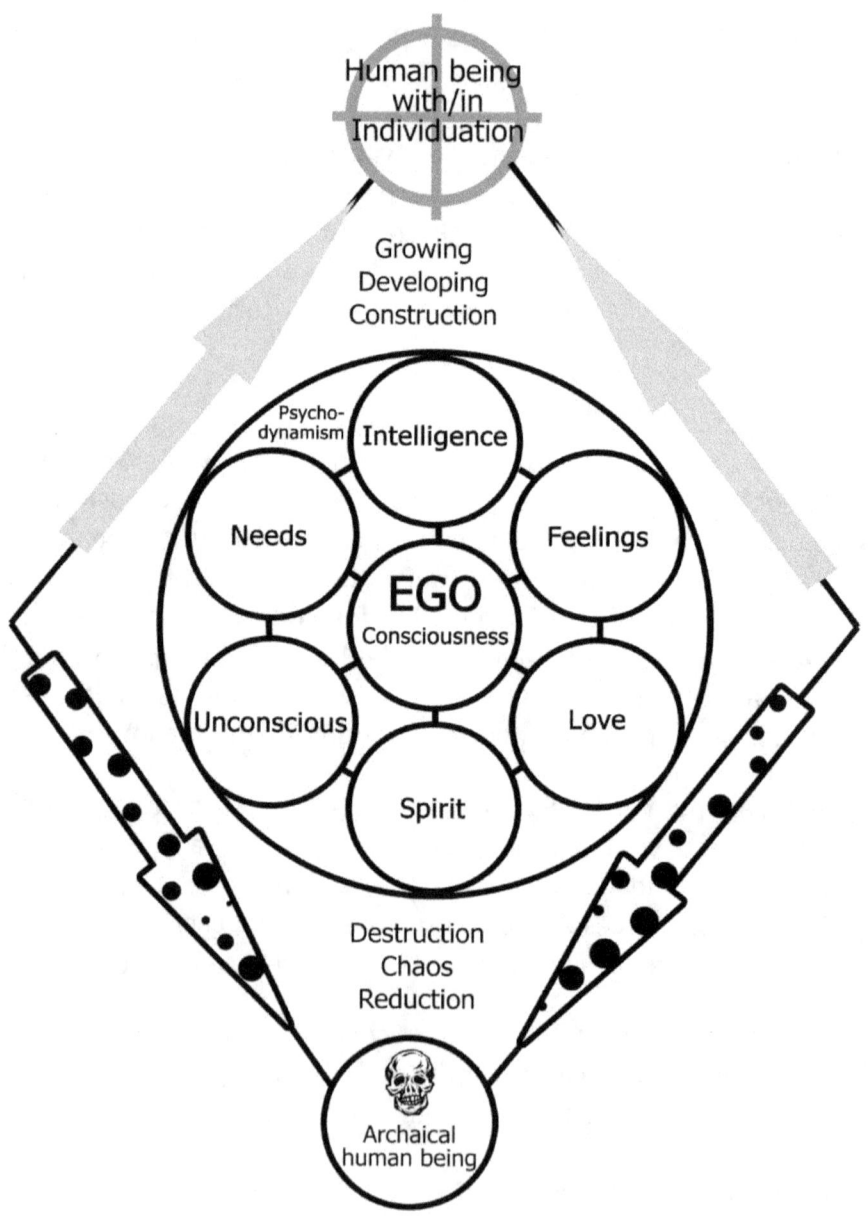

Desarrollo - Crecimiento

Picture 1-50: Development/Growth - Model of steps

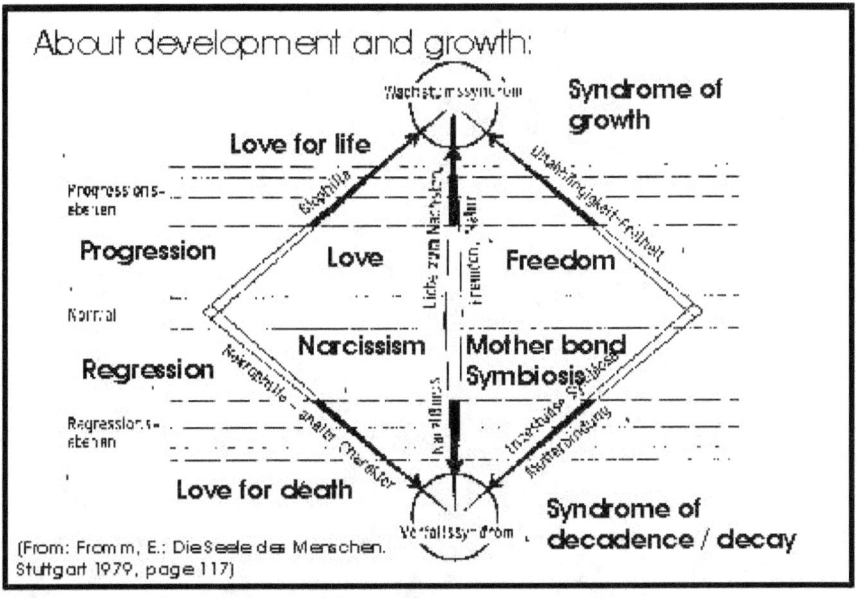

About development and growth:

Syndrome of growth

Love for life

Progression

Love   Freedom

Regression

Narcissism   Mother bond Symbiosis

Love for death

Syndrome of decadence / decay

(From: Fromm, E.: Die Seele des Menschen. Stuttgart 1979, page 117)

Steps of development:

The development means a steadily going higher and wider and with more and more flexible structures:

Moral judgement	Justice
Empathy	Sense of solidarity
Concept of intention	Concept of individuum
Concept of friendship	Concept of peer groups
Parents-children	Beliefs
Altruism	Religious judgement
Self-concept	Concept of others
Family relationship	Overtaking of roles

Dynamics: Each step is the precondition for the following step.

(From: Flammer, A.: Entwicklungstheorien. Bern 1993, page 156)

Individuación en un modelo del simbolismo de 'Mandalas'

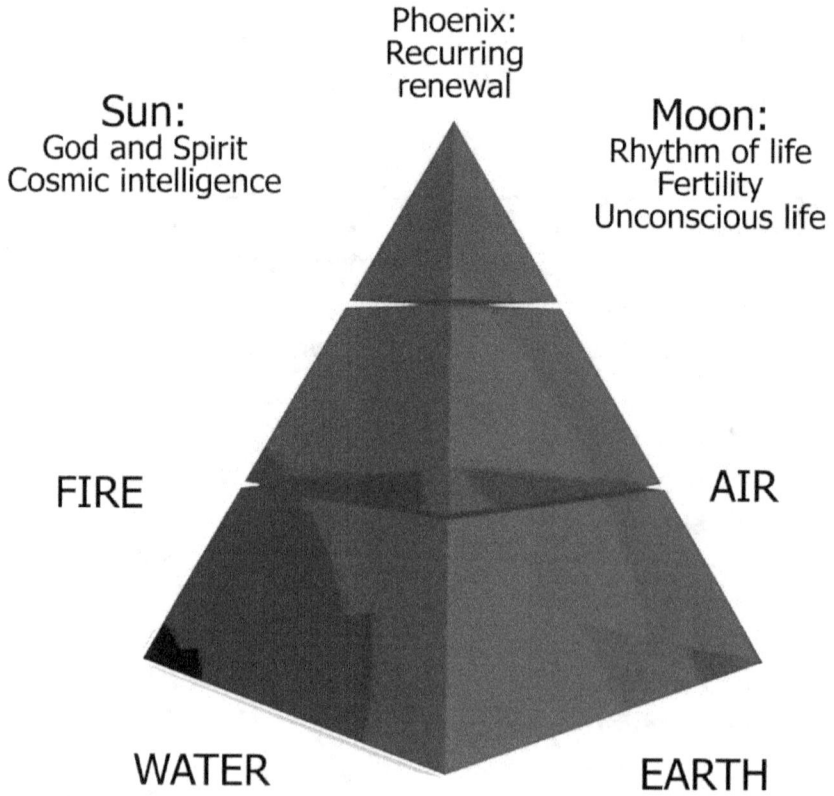

Picture W1-51: Individuation in the symbolism of mandalas
The alchemistic presentation of the process of inner growth.
Jung, C.G.: Psychologie und Alchemie. Olten 1972
(1987), page 229; represented here as a geometric model:

"Opus"
The big work of Individuation

Phoenix:
Recurring
renewal

Sun:
God and Spirit
Cosmic intelligence

Moon:
Rhythm of life
Fertility
Unconscious life

FIRE

AIR

WATER

EARTH

Notas y perspectivas

1. ¿Para qué sirve el ser humano evolutivo?

2. Anota los términos esenciales de este sub-capítulo:

3. ¿Qué es el hombre sin individuación?

4. Explica: Para mí la individuación es importante, porque:

5. ¿Qué has aprendido en la casa parental, en la escuela y en la Iglesia sobre el ser humano psico-espiritual evolutivo?

6. ¿Qué importancia tiene la individuación entre parejas?

7. ¿Cómo aprovechan la política y la economía el potencial del ser humano evolutivo?

8. ¿Qué transmite la publicidad sobre el ser humano evolutivo?

9. Apunta una pregunta sobre la individuación que te parece importante:

2.3. El hombre y su realización en el entorno vital

Una imagen del ser humano sin su entorno vital (es decir: el medio ambiente donde vivimos) es algo muy abstracto. No podemos describir la vida psíquica sin el entorno vital.

¿Qué es el pensar sin contenido?

¿Qué es el inconsciente sin imágenes?

¿Qué es la conciencia sin las realidades incorporadas?

¿Qué es el amor sin vida?

¿Qué es la vida psíquica - y con eso el hombre - sin lo terrestre?

Una imagen humana está aparentemente construida en el entorno vital. Sólo en la realidad externa podemos reconocer y entender enteramente al ser humano.

El hombre crea su medio ambiente. Sin creación del entorno vital el hombre no puede vivir.

Eso es una habilidad específica, que ningún animal tiene:

En todos sitios el hombre puede hacerse su entorno para vivir, en el hielo y la nieve, en el desierto y la estepa, en la selva y los paisajes. El talento inventivo es casi infinito.

Hoy, para todo el hombre puede hacerse los remedios técnicos. Él se hace su comida, sus vestidos, su sala de estar, sus medios de locomoción, sus redes de comunicación, etc. El hombre crea instituciones para organizar la vida en común.

Construimos sistemas de educación para preparar cada siguiente generación en sus formas de vivir. Todo eso y mucho más hacen los hombres universalmente con formas diferentes.

Las creaciones hacen el entorno vital en el cual cada uno está naciendo. Lo que llega a ser el hombre, está también condicionado por este medio ambiente. Y todos los siguientes hombres heredan estas creaciones.

El hombre no sólo crea el entorno vital y los bienes culturales por causa de la necesidad para sobrevivir. El hombre crea mucho por creatividad, por placer, por amor, por curiosidad, por alegría y por el ímpetu de su vida inconsciente.

Mucho de lo que creamos es una expresión simbólica de las fuerzas psíquicas y de las imágenes internas.

Parece que no existen límites en lo que los hombres crean. El hombre puede producir medios para destruir, puede explotar la materia prima de modo que algún día venga el 'fin'.

Los hombres hacen lo que sea, se producen efectos aparte, por un lado, en la naturaleza, por otro lado, como efecto de daño por su utilización.

Siempre el medio ambiente tiene un efecto retroactivo en la vida psíquica, en las generaciones siguientes. De este modo la vida psíquica se encuentra siempre en una interacción con el medio ambiente creado.

Cuando queremos entender al hombre, debemos considerar también su medio ambiente. La pregunta se impone:

¿Dónde tiene el hombre que darse límites?

¿Qué es el sentido (valor) de una expansión sin límites?

Ligamos esta pregunta al organismo psíquico y a la individuación, se forman preguntas constructivas.

Reflexiones y discusiones

■ No podemos comprender al ser humano suficientemente sin su entorno vital. Ser hombre ocurre en un sistema temporal y espacial. Lo que puede ser una expresión espiritual, está ligada en el tiempo y el medio ambiente. Cada evolución psico-espiritual se cumple en una situación, llegada a ser por su historia.

■ La individuación no llega fuera de la 'vida terrestre', aunque la orientación interior tiene a veces una prioridad. La individuación se realiza dentro del medio ambiente, y es una fundación dinámica de la forma de crear la vida. Individuación tiene que llegar a una expresión en todos los sistemas de la vida:

Familia, Relaciones, Política, Economía, Industria, Servicios, Mundo Social, Educación, Formación, Internacionales, Intercambio de Cultura, Cultura, Trabajos para la paz, Creaciones del Medio, Ambiente, Ética, Religiones, Filosofías, Trabajo

■ Podemos considerar, analizar y valorar las acciones del hombre en los diversos sistemas de la vida humana. Preguntas básicas son:

¿Qué hace el hombre? ¿Por qué el hombre hace esto? ¿Cómo lo hace eso el hombre? ¿En qué condiciones internas y externas el hombre hace esto? ¿Qué elementos biográficos condicionan previamente la acción del hombre? ¿Para qué el hombre hace esto? ¿Qué sentido y qué valor más profundo podemos reconocer en sus acciones? ¿Qué sentido y qué valor más profundo faltan en sus acciones? ¿Cómo cambian sus acciones, cuando cambie el medio ambiente?

■ El hombre se reconoce a sí mismo dentro de la forma como él vive y como él crea su medio ambiente. Los objetos ('objetivaciones') de la cultura y el trato social entre los hombres, en la vida política y en las relaciones de vecinos, son expresiones de lo que el hombre es como una existencia psico-espiritual, formada por su historia de vida y moldeable en el presente y en el futuro.

Diagrama 6: Las interdependencias del ser humano

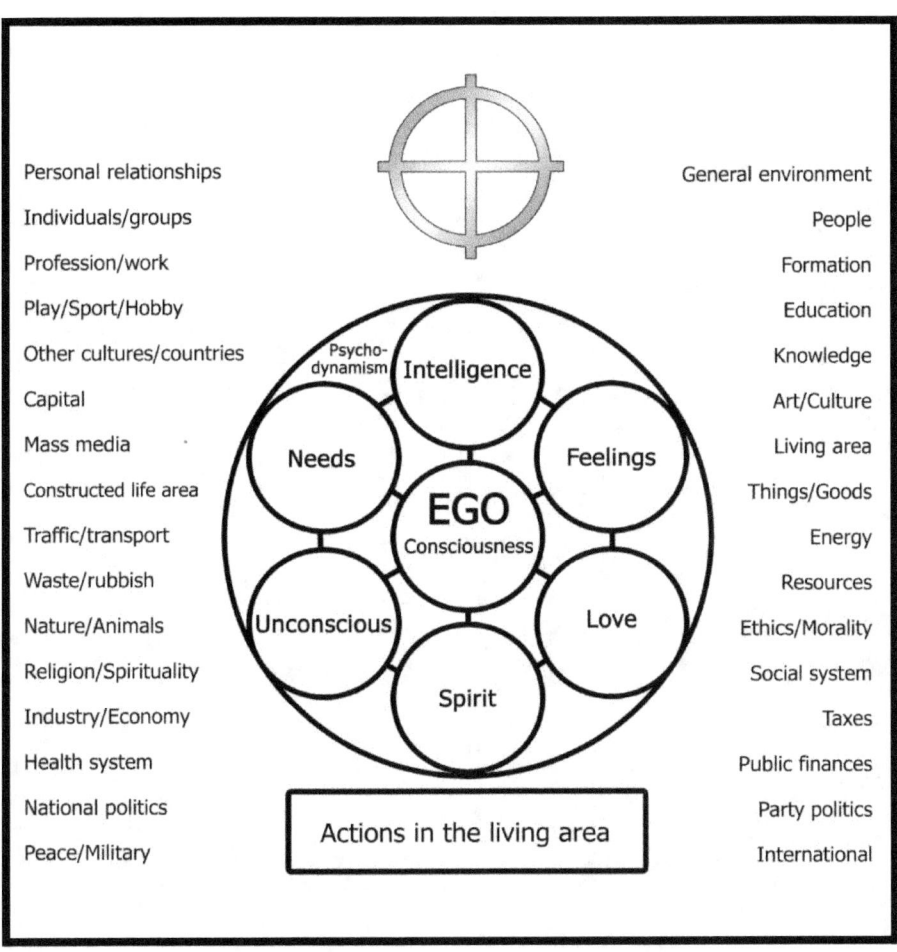

Las modalidades de adaptación del medio ambiente

A. La perspectiva antropológica-histórica:
1. marcar, dar nombres, clasificar, valuar
2. movimientos dentro y alrededor del entorno; explorar, investigar
3. explotar la naturaleza para vivir
4. explotar la naturaleza para sacar materia prima
5. asimilación de animales por domesticar
6. apropiarse por conquistar y someter al hombre
7. apropiarse estructuras hechas por los hombres (construcciones)
8. apropiarse el entorno por representaciones
9. apropiarse por comunicación

B. La perspectiva psicológica:
1. movilidad/movimientos (tocar, coger, andar, sentarse, conducir objetos, cuerpo etc.)
2. explorar el medio ambiente con los sentidos
3. manipular, hacer, clasificar, producir, formar, desarrollar y destruir
4. dominar con capacidades mentales (por ejemplo: idioma, calculo, medir etc.)
5. comunicación: utilizar objetos y espacios para la comunicación
6. tomar en posesión, administración de la naturaleza, de áreas, edificios y objetos:
- temporalmente ó permanentemente
- por ocupación, por marcar áreas (legalmente ó ilegalmente)
- por hacer setos
- por defensa, por protección de ley y orden
- por devastación
- por ocupación legal ó ilegal, por desestimación de normas y reglas
- por comprar, vender, alquilar etc.
- por herencia
7. Personalización de espacios: amueblar, decorar, marcar, adornar con plantas, distribuir y poner cosas personales, cambiar y transformar, construir, es decir, hacer el espacio habitable, hacerlo cómodo.

Las cargas de la realización en el entorno vital

1. Aire (por ejemplo: polución):
2. Crecimiento de la población:
3. Agua:
4. Tierra:
5. Plantación (por ejemplo: deforestar el bosque tropical):
6. Animales (por ejemplo: transporte colectivo):
7. Urbanizaciones:
8. Tráfico:
9. Luz:
10. Armas:
11. Producción:
12. Residuos:
13. Clima:
14. Química:
15. Psicofármaco:
16. Accidentes:
17. Alcohol:
18. Comida:
19. Consumo de tabaco:
20. Consumo de dulces:
21. Medicina:
22. Fuerza y poder:
23. Capitalización (por ejemplo: por engaño):
24. Apropiación de propiedades y bienes (ejemplo: el robo):
25. Cuerpo y vida:
26. Expansión del entorno vital:
27. Trabajo:
28. Información/Conocimientos:
29. Medios de comunicación:
30. Salud:
31. Vida psíquica:
32. Rendimientos:
33. Explotación de fuerza de trabajo:
34. Materias primas:
35. Radiactividad:

Notas y perspectivas

1. ¿Para qué sirve la reflexión sobre la interacción entre el entorno vital y el ser humano?

2. Anota los términos esenciales de este subcapítulo:

3. ¿Qué es el hombre que no reflexiona su creación del entorno vital?

4. Explica: Me parece importante reflexionar sobre la adaptación del entorno vital, porque:

5. ¿Qué has aprendido en tu casa parental, en la escuela y en la Iglesia sobre la interacción entre el medio ambiente y el hombre?

6. ¿Qué importancia tiene el medio ambiente en la discusión entre parejas?

7. ¿Cómo tratan la política y la economía la polución y la destrucción del medio ambiente?

8. ¿Qué transmite la publicidad sobre la interacción entre el medio ambiente y el hombre?

9. Apunta una pregunta importante sobre el enlace del hombre con el medio ambiente:

2.4. Resumen – Tesis

❏ Las fuerzas psíquicas se forman tras la vida del entorno desde el tiempo prenatal.

❏ Las formaciones de las fuerzas psíquicas pueden ser muy variadas en el espectro de positivo-negativo, constructivo-destructivo, apropiado-inapropiado etc.

❏ La imagen total del ser humano siempre está en un proceso, es decir contiene también el proceso de la evolución psico-espiritual.

❏ La individuación es el proceso de despliegue psico-espiritual, conectado en el crecimiento con todos los sistemas psíquicos, en armonía entre el interior y el exterior, y, es decisivamente una expresión de amor, de espíritu y veracidad.

❏ La imagen entera del ser humano contiene todo el espectro de lo que existe (el estado del ser), de lo que es posible y de lo que es el destino y la obligación desde la individuación (el estado del deber).

❏ Una imagen entera del ser humano forma parte del medio ambiente extenso que es una realidad de la expresión humana y fundamentalmente una 'condición material'.

⌨ Escribe una 'carta al editor' (al máximo una página) sobre los efectos mutuos entre los sentimientos, el amor y las necesidades (los deseos) por un lado, y la naturaleza y el mundo de los animales por otro lado:

....

....

2.5. Unidad de trabajo

1. ¿Qué opina sobre el estado de formación de las fuerzas psíquicas en los hombres (las multitudes, las generaciones - jóvenes, adultos, viejos) en general?

2. ¿Cuáles de tus fuerzas psíquicas quieres formar, desplegar, fortalecer o cambiar conscientemente sobre todo?

3. ¿Qué imagen tenías hasta hoy sobre las posibilidades del despliegue psico-espiritual? Descríbelo con unas palabras:

Da espontáneamente un ejemplo para cada frase:

a) Experimento en mí fuerzas opuestas:
b) Interiormente me siento ligado a:
c) Mis princípios de gobierno psíquico son:
d) Experimento mi inconsciente de forma:
e) Me controlo (gestiona) en la vida diaria:
f) Tendría que transformar en mí:
g) He desarrollado en mí durante los últimos años:
h) Mi relación al otro sexo (la masculinidad, la femineidad) es:
i) Podría desplegar en mí:
j) Mis fuerzas psíquicas están en mí:
k) La realidad psíquica de los otros tiene importancia para mí:
l) Vivo el amor de la siguiente forma:
m) No está equilibrado (armonizado) en mí:
n) Experimento mí totalidad:
o) Mi razón (intelecto) y mis necesidades/deseos son:
p) Siento armonía entre mi interior y exterior:
q) Se puede confiar en mí, pues mi vida psíquica es:
r) Si yo formo mis fuerzas psíquicas, experimento el resultado así:

s) Aprovecho de mi intuición:

4. Pon la cifra que consideras más adecuado tu estado:

Actúo/vivo/tengo: 4 = regularmente; 3 = a menudo; 2 = a veces; 1 = poco; 0 = casi nunca

- ❏ Integro mi vida psíquica enteramente
- ❏ Estoy abierto a descubrir y ver las realidades como son.
- ❏ Vivo en enlace con mi proceso de despliegue.
- ❏ Cuido el orden y una estructura equilibrada en mi interior.
- ❏ Los sueños y la meditación son para mí una instancia superior.
- ❏ Tengo un alto nivel de libertad (inconsciente, pensar, actitudes).
- ❏ Pienso y vivo con tendencia constructiva ('árbol de vida').
- ❏ Me experimento a mí mismo y mi vida enteramente consciente.
- ❏ Amplio la calidad de mis conocimientos, capacidades, y vida.
- ❏ En cuanto tengo poder, lo utilizo para promover y controlar.
- ❏ Con toda mi existencia afirmo la vida.
- ❏ Vivo una relación con progresión y responsabilidad.
- ❏ Acepto enteramente la vida psico-espiritual.
- ❏ Estoy abierto a aprender sobre la vida psíquica.
- ❏ Puedo manejar mi inconsciente, es calculable y equilibrado.
- ❏ Elaborando mi biografía siento un progreso de la vida.
- ❏ La fuerza del amor me da mucha importancia a todo lo que vivo.
- ❏ He experimentado transformaciones interiores.
- ❏ Mis oposiciones interiores se transforman hacia equilibrio.
- ❏ Vivo en armonía entre el interior y el exterior.
- ❏ He experimentado lo que significa el 'circulo-cruz-Mandala'.
- ❏ Mis fuerzas psíquicas están formadas ampliamente.
- ❏ Cuido mis sentimientos y necesidades.
- ❏ Tengo respeto a la vida psíquica bien formada.
- ❏ Me experimento como una totalidad interior.
- ❏ Trato las dimensiones transcendentales con razón y objetividad.
- ❏ La veracidad es algo muy importante en mi vida.

Suma de puntos: ...
Interpreta el estado / la tendencia de tu regresión/progresión:
Anota unas consecuencias prácticas para un desarrollo positivo:

Imaginación

Tema: "Así cuido la formación de mis fuerzas psíquicas."

Imagen: Sala de clase con alumnos y maestro.

¿Qué idea básica de esta unidad consideras como *la central para la autoeducación?*

Anota un conocimiento básico (un pensamiento, un hecho) de esta unidad que *cada uno tendría que saber:*

Test de elección múltiple:

Elige las cuatro respuestas correctas y ponga una cruz, así: ☒ a) placer

2.1. La formación de las fuerzas psíquicas; Las respuestas correctas a esto son:
☐a) Los procesos de aprendizaje empiezan desde el momento preescolar.
☐b) Una formación apropiada llega a las competencias (habilidades) de vivir.
☐c) La autorrealización tiene esencialmente algo que ver con imponerse
☐d) El hombre puede cambiar sus procesos anteriores (resultados) de aprendizaje.
☐e) Las fuerzas psíquicas pueden ser formadas sólo negativamente

☐f) El hombre puede contribuir conscientemente a su proceso de formación actual.

2.2. Las características para el desarrollo psico-espiritual son:
☐a) Desprenderse de los deseos terrestres
☐b) armonía entre interior y exterior
☐c) veracidad
☐d) realización del principio espiritual
☐e) disolución del yo
☐f) educación del conjunto entero de los sistemas psíquicos

2.3. El enlace del ser humano con su entorno; La individuación es esencialmente importante en el ámbito siguiente:
☐a) el desarrollo de las fuerzas psíquicas
☐b) las relaciones
☐c) guiar a los hombres
☐d) los reconocimientos en la sociedad
☐e) la vida cultural
☐f) el "entrenamiento mental"

3ª Unidad: Las metas de la educación de la personalidad

3.1.   La formación de la personalidad como un proceso
        ¿Aprender la personalidad? ¿Formar la personalidad?
        Las direcciones positivas como un dinamismo autónomo de
        la psique

3.2.   La formulación de las metas de la educación
        Las metas de la formación de la personalidad en la
        publicidad
        Una ayuda de orientación para: vigilancia, rectitud y crítica
        legítima

3.3.   La fundación de las metas
        Las metas del aprendizaje en la formación de la
        personalidad
        Las metas y sus fundaciones en la Antropología filosófica y la
        ética

3.4.   Resumen – Tesis

3.5.   Unidad de trabajo

Lema:

El que busca las metas de su autoeducación en el organismo psíquico y en la individuación, llega a un fundamento estable y dinámico de su vida.

Brainstorming (= recoger ideas espontáneas)

Ten presente el título de este capítulo y los tres subtítulos. Haz unas notas sobre los siguientes puntos de vista antes de leer este capítulo, y antes de hacer los ejercicios de cada unidad.

a) Cuestiones que te planteas con cada título y subtítulo:

b) Palabras claves que te afectan a tí con este título y estos subtítulos:

c) Asociaciones (es decir: ideas, sentimientos, recuerdos etc.) que tienes con estos títulos y subtítulos:

3.1. La formación de la personalidad como un proceso

El autoconocimiento y la individuación se hallan en la formación de la personalidad su expresión concreta. 'Educación' significa: formar, crear, cambiar, aprender, adaptar y llegar a ser. La educación en este sentido es un proceso de trabajo con diversas metas y varios métodos en ámbitos amplios.

Estos ámbitos son definidos por el modelo del organismo psíquico en el entorno vital. Las formas de trabajo tienen diversos niveles. Primero hay que adquirir ciertos conocimientos.

El conocimiento de los hechos (de las teorías) exige dedicarse a la realidad concreta para entenderlo.

Lo que se ve en la realidad, lo ponemos en lenguaje tras interpretarlo antes. Eso incluye también el análisis de los hechos.

Cada análisis de realidades humanas consigue también la historia de sus orígenes, por tanto, la dimensión del tiempo y del espacio.

Luego se pueden determinar las metas del cambio, de la ampliación y diferenciación. Esto ocurre en enlace con el espíritu interior y el amor.

A fin de que crezca un equilibrio múltiple de los procesos de formación, hay que poner las metas también en el conjunto de las otras fuerzas psíquicas significativas.

Después sucede la verdadera educación:

Un estado A va a ser cambiado en un estado B, dentro de la dirección de las metas determinadas. El resultado aplicamos en la vida. Finalmente podemos evaluar lo que ha producido está aplicación en la vida.

Si están formando todos los subsistemas psíquicos y sus fuerzas singulares, paso a paso, tenemos varios efectos en muchos ámbitos de la vida:

La vida personal recibe un carácter diferenciado, ampliamente equilibrado. Ciertos trastornos se disuelven automáticamente tras este proceso.

Algunos problemas no pueden surgir de ningún modo. Los desafíos de la vida, las crisis y los sufrimientos se pueden superar por esta educación de forma diferenciada.

La creación general del entorno vital recibe un equilibrio que está centrado interiormente.

El medio ambiente está formado para los seres humanos, y no para intereses ideológicos o económicos.

Así como el hombre se forma para superar con habilidades competentes ciertos sectores de la vida, desde el conducir el coche hasta las actividades profesionales, así el hombre adquiere 'competencias para vivir' (habilidades), para 'conducir' su realidad psíquica y para utilizarla.

Las 'competencias de vivir', las habilidades para vivir entonces, cambian la vida.

El que no ha aprendido a conducir un coche, y lo conduce a pesar de todo, produce daños y apenas puede sentirse bien.

Así lo es también con el organismo psíquico. Quien puede manejarlo, experimenta el valor de sí mismo, activa la confianza en sí mismo, encuentra satisfacción, placer y felicidad.

La educación de la personalidad es una exigencia de la vida.

Reflexiones y discusiones

■ La educación es una actividad con los siguientes procesos:

Adquirir conocimientos, dedicarse a la realidad psíquica, reconocer los elementos singulares, interpretación de lo percibido, analizar el contenido de la percepción, entender dentro de la historia, determinar las metas del cambio intentado, enlazar todas las fuerzas, cambiar la situación, aplicar en la vida, evaluar el éxito. ¿Qué significa 'educación' para ti?

■ A través de este proceso de educación sobre todos los sistemas psíquicos resultan conexiones entre las formaciones y los efectos, por ejemplo, con:
Realización de la vida diaria, creación del entorno vital, dificultades con la vida, crisis, conflictos, trastornos, sufrimientos de la vida.

■ La educación en este sentido no es 'psicoterapia'; Las condiciones previas para una psicoterapia son:
Necesidad de asistencia médica, necesidad de cuidado (social), impedimento en el modo autónomo de vivir, limitaciones (restricciones) en la manera general de vivir, incapacidad de trabajar o capacidad reducida de trabajar, posibilidad actual de hacerse daño físico a sí mismo.

Tesis: "Problemas forman parte de la vida". ¿Qué piensas de esto?

■ Siguiendo los pasos singulares en este proceso de educación resultan como experiencia interior también las respuestas a las preguntas básicas de la existencia humana, sobre todo de sentido y valores del ser humano. Varios temas generales de la vida reciben una nueva profundidad, por ejemplo, esto:
Felicidad, esperanza, confianza genuina en la vida, alegría, sabiduría, paz, confianza en sí mismo

¿Qué deseas además en tu vida? ¿Qué debería cambiar en tu vida?

Diagrama 7: Formación del organismo psíquico

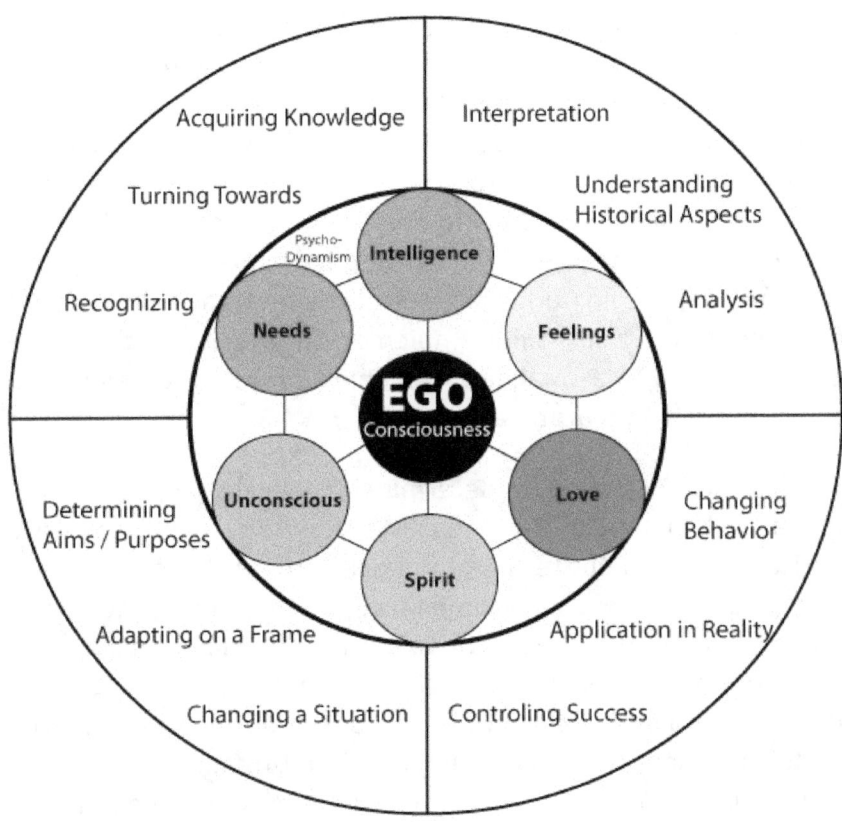

¿Aprender la personalidad? ¿Formar la personalidad?

Friedrich W. Kron: "En el término 'aprender' se expresa el comportamiento humano en el conjunto con ciertas metas determinadas racionalmente, de contenidos, de métodos y medios. El núcleo de esta visión de adaptación acerca la funcionalidad de cada uno en la sociedad." Y: "El centro del término 'educación' está caracterizado por la unicidad del ser humano. En eso el hombre está enfocado en su actividad educativa, es decir en su enfrentamiento con el mundo de los valores culturales rodeándole. La meta de esta actividad individual espiritual está en la personalidad valiosa. - Interpretamos el 'entender de sentido' como fundamento antropológico e individual para este proceso de educación. Pero este 'entendimiento' se orienta no sólo en los varios bienes culturales, sino también en su 'estructura de sentido', que se refiere a una finalidad o al 'bien mayor', por ejemplo, la libertad, el respeto mutuo, la justicia."

Un problema núcleo de la determinación de la 'educación de la personalidad' formula Clemens Menze: "En la interpretación histórica actual del término 'educación', las comprensiones pedagógicas en la esencia humana y las determinaciones del ser humano están aunadas. Por eso no existe ninguna definición con la cual se podría determinar lo que significa en cuanto al contenido 'la educación' para siempre, así que cada uno tendría que consentir en tal determinación. Sólo una caracterización formal es posible, según la cual la educación se comprende como un proceso complejo, en el cual tiene que resultar una estructura de la personalidad deseable."

Pervin nos propone una hipótesis para el término 'personalidad': "El organismo humano muestra diferencias características de otras especies. El comportamiento humano es complejo. El comportamiento no es siempre lo que parece ser. No somos siempre conscientes de los factores que determinan nuestro comportamiento, y no lo tenemos siempre bajo control." "En el momento actual no existe ninguna definición aceptada en general sobre 'la personalidad' ... varias definiciones son posibles ..."

La positiva dirección personal como dinamismo autónomo

Rogers escribe: "Si existe algo verdadero, pues - yo pienso - el proceso libre e individual del buscar tendría que llegar ahí ... El desarrollo tranquilo siempre tiene una orientación positiva." "La meta que el individuo quería alcanzar lo más fácilmente, la finalidad final que sigue consciente o inconscientemente, parece ser, encontrarse a sí mismo, llegar a ser sí mismo .... El hombre da la dirección: Lejos de fachadas, lejos del 'realmente tuviera que', lejos de cumplir expectaciones culturales, lejos de convenir (placer) a los otros ... El desarrollo para la autodeterminación, para ser en un proceso, para la complejidad, para la sinceridad en experiencias, para aceptar a los otros, para la autoconfianza."

Maslow esboza 13 metas de la educación (del hombre sano):

- Una percepción de la realidad más amplia.
- Un crecimiento de aceptación en sí mismo y en los otros.
- Un aumento de espontaneidad.
- Una mejor centralización del problema.
- Una mayor distancia y deseo para retirarse.
- Un aumento de autonomía y resistencia contra la aculturación.
- Una mayor frescura de la comprensión;
- Una riqueza más grande de las reacciones emocionales.
- Una frecuencia mayor de experiencias transcendentales.
- Un crecimiento de la identificación con la especie humana.
- Relaciones interhumanas cambiadas.
- Una estructura democrática del carácter.
- Un aumento fuerte de la creatividad.
- Ciertos cambios en el sistema de los valores.

Puede ser que la tesis de la 'dedicación interna espontánea hacia tales metas' sea quizá sólo para hombres con buena educación moral. ¿Puede ser que la confianza que tienen los psicólogos humanistas en la naturaleza humana, quizá sea demasiado grande, quizá demasiado ilusionista?

Notas y perspectivas

1. ¿Qué es el provecho de la educación de la personalidad para la vida viaria?

2. Anota los términos esenciales de este subcapítulo:

3. ¿Qué es el hombre sin educación de su personalidad?

4. Explica: Doy mucha importancia a la educación de la personalidad, porque:

5. ¿Qué has aprendido en la casa parental, en la escuela y en la Iglesia sobre la auto-educación?

6. ¿Qué importancia tiene la educación de la personalidad en la discusión entre parejas?

7. ¿Qué tipo de educación de la personalidad favorecen la política y la economía?

8. ¿Qué transmite la publicidad sobre la necesidad de la educación de la personalidad?

9. Apunta una pregunta importante sobre la educación de la personalidad:

3.2. La formulación de las metas de la educación

Podemos clasificar el resultado de la formación de la personalidad como: ni político, ni religioso, ni esotérico ni espiritual. No surge de esto ni un hombre racista, ni un socialista, ni un comunista, ni un cristiano-socialista, ni un cristiano, ni un musulmán, ni un hindú.

La individuación no llega a una cierta dirección psicológica o filosófica tradicional. Nadie va a ser un sectario. La teoría entera, es decir el organismo psíquico y el proceso de la individuación, es obligatoria.

Pero los modelos van a ser revisados regularmente, ampliados y presentados más fácilmente para practicar por la ciencia. Y mucho menos se trata aquí, en nuestra concepción, de 'una idea más' al lado de otras cien ideas y enseñanzas.

La educación de la personalidad con autoconocimiento tiene como meta el hombre mismo. Lo que cada uno es, desde su realidad y potencialidad psico-espiritual, es el inicio y la finalidad.

¿Por qué el hombre tiene que determinar metas para él mismo fuera de su existencia?

Para que este proceso de formación coja efectivamente la vida entera psíquica, hay que determinar las metas de la educación de grado en grado.

Los criterios de orientación son: las fuerzas psíquicas, los componentes del medio ambiente y los sucesos de la formación.

El que habla entonces de 'autorrealización', sabe que esto incluye todas las fuerzas psíquicas.

Para el que defiende la 'mayoridad', no hay remedio de describir este estado con habilidad de manejar (guiar) sus fuerzas psíquicas. La auto-responsabilidad está dentro de esta realidad psíquica.

¿Qué significa 'felicidad' y 'éxito' si tales valores de la vida psíquica están excluidos?

Entonces se revelan como 'vainas vacías'. ¿Adónde llega una educación de la personalidad, cuando está educación entrena exclusivamente el sistema de la inteligencia y la fuerza del yo?

Es una tarea de la Pedagogía y Andragogía:

Investigar y definir (para el programa de la educación) los pequeños pasos de la formación de todas las fuerzas psíquicas. Sobre esto podemos discutir.

Aquí nadie da 'ordenes', nadie proscribe a un 'apóstata' y nadie fuerza a otros a aceptar una idea.

Las metas de la educación podemos claramente discutirlas y argumentar los niveles.

Siempre se trata de: crecimiento, diferenciación, despliegue, armonización, flexibilización etc.

Hay 'metas finales' que después vuelven a ser una base para nuevas metas. La vida siempre está en movimiento.

Las fuerzas psíquicas llegan a ser continuamente una fuente para nuevas creaciones.

El entorno vital con millones de seres humanos nos ofrece posibilidades y desafíos inagotables de realizarse a sí mismo y la vida.

Reflexiones y discusiones

■ La formulación de metas en la educación de la personalidad se basa en fundaciones claras y objetivamente discutibles:

* el organismo psíquico con todas las fuerzas psíquicas
* el proceso de la individuación
* las interdependencias con el medio ambiente
* las etapas del trabajo práctico de la formación (de sí mismo)

¿Cómo has formulado hasta hoy tus metas de (auto-) educación?

■ Cuando enlacemos las metas de la educación de forma mencionada con la realidad psíquica y el medio ambiente (el entorno vital), los términos de las metas generales reciben un contenido sin dejar lugar a dudas, por ejemplo: Auto-realización, emancipación, actualización de sí mismo, mayoridad, auto-determinación, solidaridad, auto-responsabilidad. Transforma estas metas generales en fuerzas psíquicas singulares:

■ También las ideas generales sobre la vida reciben a través de las formulaciones claras una fundación categórica, por ejemplo:
Felicidad, alegría, éxito, realización

■ De modo formal todas las 'metas finales' contienen los mismos componentes: Despliegue, crecimiento, fortalecimiento, diferenciación, flexibilidad, armonización, equilibrio, capacidad de carga, utilización, claridad, creatividad, actitud constructiva, uso, aplicación

¿Cuáles de estos componentes tienen una relación especial contigo? ¿Cómo puedes explicarlo?

■ Todas las metas finales reciben en el proceso de la educación varios grados. Por eso es apropiado decir: "En dirección de la meta final". - Escribe dos ejemplos:

Diagrama 8: La personalidad educada

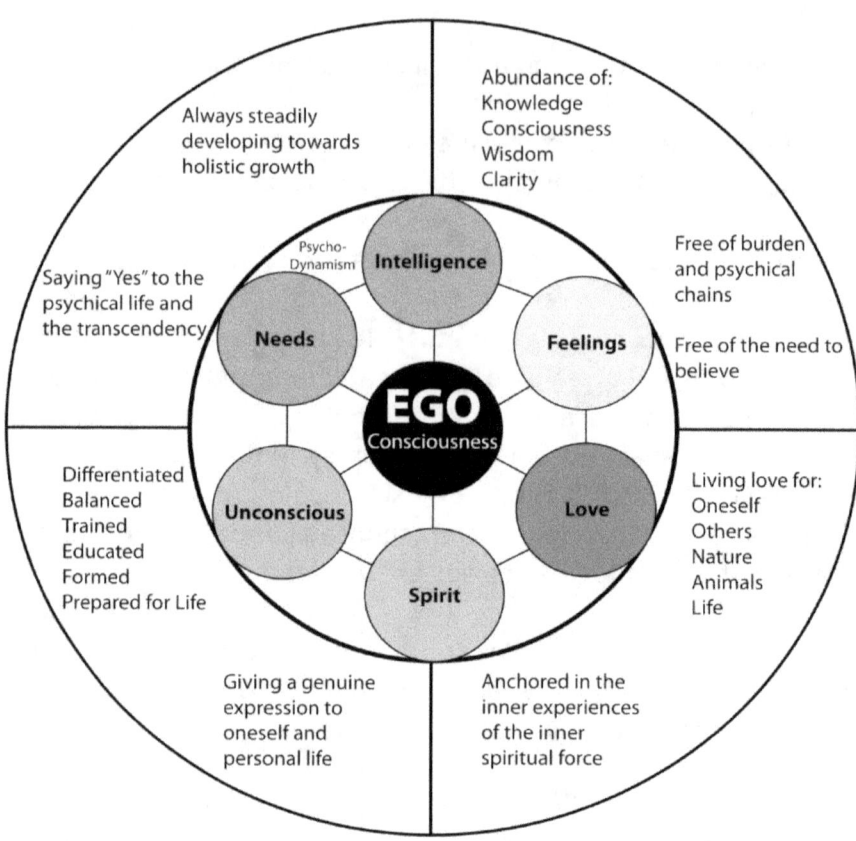

Metas de la formación de la persona en el psico-esoterismo

Aquí presentamos ejemplos de la prensa correspondiente:

- Camino hacia éxtasis sexual
- La evocación de energías durmiendo
- El éxito personal a través de la intuición
- Animarse
- Estar en amor como un pez en el agua
- Viajar en la dimensión múltiple
- El éxito por conocimientos secretos
- Activar energías increíblemente poderosas
- Romper límites
- Llegar a ser feliz
- Entrar en paz sonriendo
- Sin salud, todo es nada
- 100 páginas de análisis por muy poco dinero
- Llegar a ser rico con astrología
- Gozar la vida y divertirse
- Encontrar reconocimiento y admiración
- La curación en 10 horas
- Aumentar el placer sexual
- Las leyes universales para ser rico
- Avanzar continuamente
- La curación metafísica
- Llega a ser un ganador; haga una carrera verticalmente
- Ser estimado en todos los sitios
- Mayor iluminación para el éxito
- La tecnología espiritual para la terapia
- Las botas de siete leguas para el éxito
- El experimentar los misterios mayores dentro de unas horas
- Experimentar el milagro dentro 3-4 minutos
- Llega a ser pudiente y rico
- Experimenta el amor de Dios
- Estar unido con el universo
- La curación por experiencias de reencarnación
- La iluminación por contactos con el otro mundo

Metas de la educación de la personalidad (libros de autoayuda)

- Habla y tendrás éxito
- No te preocupes ¡vive!
- Vive entusiásticamente y gana
- Cada día un día alegre
- Crea en los otros
- Yo puedo si quiero
- Mañana todo cambiará
- Eres lo que piensas
- Disfruta la vida, a pesar de todo
- La receta para la felicidad
- Ve la vida positivamente
- El remedio para la infelicidad
- Llega a ser el "número uno"
- Vive positivo
- Cada uno puede conseguirlo
- Hay una solución para cada problema
- Luz del sol para cada día
- Como se puede manipular el azar
- Vivir cada día en armonía
- La salud, sobre todo
- Si estás enfermo, es por tu culpa
- Sea un 'stárter vertical'

Nuestra posición sobre tales metas de educación:

Engañan al hombre sobre algo que así no es asequible; prometen ilusiones; unos son racistas; otros discriminan; defraudan al hombre que está buscando su camino; embaucan al ser humano real; mienten groseramente; explotan al hombre que necesita ayuda; tratan al hombre buscando camino y ayuda como si fuese infantil; son contra información sobre la psicología profunda, sobre la teoría y la práctica de la vida social y sobre la filosofía. Estas metas no son aceptables por los valores humanos mayores de la tradición pedagógica y filosófica del Occidente.

Vigilancia, rectitud y crítica clara según criterios objetivos

Los hechos son: Unos critican las sectas, otros la Iglesia ó los partidos, y algunos las filosofías. Unos critican las psicologías, las ciencias en general.

Parece que cada uno criticase a cada otro:

El lector a los periódicos; los redactores a los lectores; los autores a los investigadores; el científico a los practicantes, etc.

Opinamos, ciertamente con razones, que, si Cristo estuviese vivo hoy, la mayoría de los redactores, de los científicos, de los investigadores, de los esotéricos, de los psicólogos, de los curas, de los parapsicólogos, de los políticos, el ciudadano sencillo le crucificaría otra vez.

Por eso reclamamos generalmente prudencia en la cuestión de la 'verdad' y de la crítica a los que declaran que enseñan 'la verdad'. Seamos críticos.

Michael Haupt dice:

"Las causas para la divulgación de sectas en nueve puntos: La aspiración de participar (sentimiento de comunidad); el buscar la totalidad ('holísmo'); la búsqueda de identidad cultural; el deseo de aceptación (ser reconocido/ser algo especial); la búsqueda de la transcendencia; el deseo de guía espiritual; el deseo de una visión; el deseo de participación y cooperación."

Las preguntas críticas que facilitan una visión clara (sobre el valor de la educación humana y de la formación de la personalidad) son muy simples:

1. ¿Enseñan (forman, transforman, etc.) las fuerzas psíquicas y el organismo psíquico entero?

2. ¿Practican las instituciones (los profesores) los métodos que promueven un auto-conocimiento holístico, una auto-renovación y una autorrealización para hombres y mujeres?

3. ¿Enseñan y practican el 'camino interior', guiado y desarrollado por la 'fuerza interior' en el ser humano?

4. ¿Alcanzan y forman todas ellas fuerzas psíquicas en el hombre que producen los problemas en la vida, los sufrimientos, los daños y las guerras?

5. ¿Guían al hombre hacía el espíritu interior, la fuente de la vida en cada uno?

6. ¿Reciben los hombres ... una conciencia psicológica profunda sobre lo que experimentan como 'religioso'?

7. ¿Construyen la paz en el mundo donde empiezan las raíces, es decir en las fuerzas psíquicas inconscientes?

8. ¿Reflexionan y forman los funcionarios (de todas las instituciones educativas) su propio organismo psíquico y sus actividades con la vista de la psicología profunda?

9. ¿Cogen los dignatarios (de todas las instituciones educativas) su afán de poder y los efectos psicológicos (profundos) en el inconsciente de los hombres a los que se dirigen?

10. ¿Quieren al hombre con su psique y quieren la vida como una expresión de las fuerzas psíquicas?

Notas y perspectivas

1. ¿Qué es el provecho de un modelo sobre la personalidad educada?

2. Anota los términos esenciales de este subcapítulo:

3. ¿Qué es el hombre sin metas de educación?

4. Explica: La formulación de metas de educación es importante para mí, porque:

5. ¿Qué has aprendido en la casa parental, en la escuela y en la Iglesia sobre las metas de educación?

6. ¿Qué importancia tienen las metas de educación en la comunicación entre parejas?

7. ¿Qué metas de educación refleja la política y la economía?

8. ¿Qué transmite la publicidad sobre las metas psico-espirituales?

9. Apunta una pregunta importante sobre la formulación de metas de educación:

3.3. La fundación de las metas

Cada uno puede rechazar la educación de la personalidad, y elegir ó crearse cualquier sistema para superar los desafíos de la vida.

Cada uno tiene la libertad para decir: "Mis sentimientos no me interesan", o "el amor y el espíritu son charlas vacías", ó "mi fe es mi salvación", ó "mi capital es mi felicidad".

En primer lugar, es un asunto personal de examinar y decidir si quiere formarse, sea como sea.

En tanto que el daño que producen los hombres no (o insuficientemente) educados es soportable para la sociedad, la formación de la personalidad no va a tener una práctica amplia.

Pero cuando la falta de educación humana llega a estados catastróficos en un estado, cuando destruye el medio ambiente, los hombres tendrán que discutir, si quieren educarse ó tomar a lo lejos las cosas como son.

La discusión sobre la fundación empieza con la decisión, si los hombres tienen un interés en lo que cada uno es en su mundo psíquico interior y como esta realidad influye en la acción y el experimentar del ser.

Cuando reconocemos como el entorno vital creado depende de la vida psíquica, como son las interdependencias entre la falta de amor y los sufrimientos existenciales, como la vida pasada no elaborada actúa obligatoriamente en el inconsciente, los hombres empiezan a interesarse para el crecimiento.

Quieren educarse, desarrollarse, desplegarse, formarse y vivir la evolución interior. Pues, quieren crear una cultura y no la destrucción.

La paz y no la guerra, la justicia y no la injusticia, el amor y no el odio, la alegría para vivir y no la miseria.

Cuando el daño cala hondo y llega a ser dramático, el entorno vital está destruido tanto que millones se ponen enfermos con consecuencias mortales, pues, los hombres hablan sobre si hay suficiente razón para la formación de la personalidad, para un entorno humano, para relaciones con amor y espíritu.

La fundación para la educación de la personalidad empieza con una decisión básica y llega posteriormente hacia los sectores singulares de los sistemas psíquicos y de la realidad existencial.

Las investigaciones científicas van a presentarnos más y más nuevas sustancias para discutir.

Cada uno puede para sí mismo decidir a qué metas quería llegar por la autoeducación.

Cuando el bien público y el bien de un continente están seriamente en peligro, aquellas personalidades son necesarias, que, con todas sus fuerzas y su autoridad, exigen democráticamente en la sociedad la formación de la personalidad con amor y espíritu.

La 'pregunta vital' nos afecta finalmente sin rodeos: ¿Cómo quieres vivir? ¿Afirmas la vida?

Reflexiones y discusiones

■ Las conexiones de la fundación de metas están en el campo de la sustancia para las metas. No necesitamos más sistemas de pensamientos como la filosofía, la religión ó la ideología para encontrar un acuerdo objetivo.
¿Ves alguna conexión adicional?

■ Queda un problema de principio: El hombre puede rechazar tales metas. Las condiciones previas decisivas están colocadas en cuatro sectores: Conocimientos, crecimiento, acciones, felicidad, cumplimiento. ¿Qué pasa cuando alguien no tiene estos cuatro intereses?
a) interés en conocimientos: Curiosidad y placer de descubrir, deseo para comprender, deseo para la conciencia, reflexión sobre experiencias existenciales
b) interés de crecimiento: Desarrollar, esplegar, integrar, vivir en evolución interior
c) interés de acciones: Ímpetu para engendrar (cultura), ímpetu para crear (creatividad), ampliar las condiciones para vivir, utilizar las posibilidades de vivir
d) interés de felicidad: Sentido y cumplimiento, vivir el amor y el espíritu, bienestar, paz

■ Los fundamentos decisivos para crear las metas son, por tanto:
El aumento en la destrucción del medio ambiente y del hombre según el principio de la evolución: selección del hombre no educado.
La voluntad libre para el deber obligatorio por motivo de las experiencias del organismo psíquico, sobre todo del amor y del espíritu (también de la razón).
Los cuatro intereses, dependen de la educación, a causa de: cuanta más regresión, tanto más estado arcaico, tanta más falta de interés.

¿Ves más fundamentos centrales para legitimar las metas de educación?

Diagrama 9: La fundación de metas para la educación de la personalidad

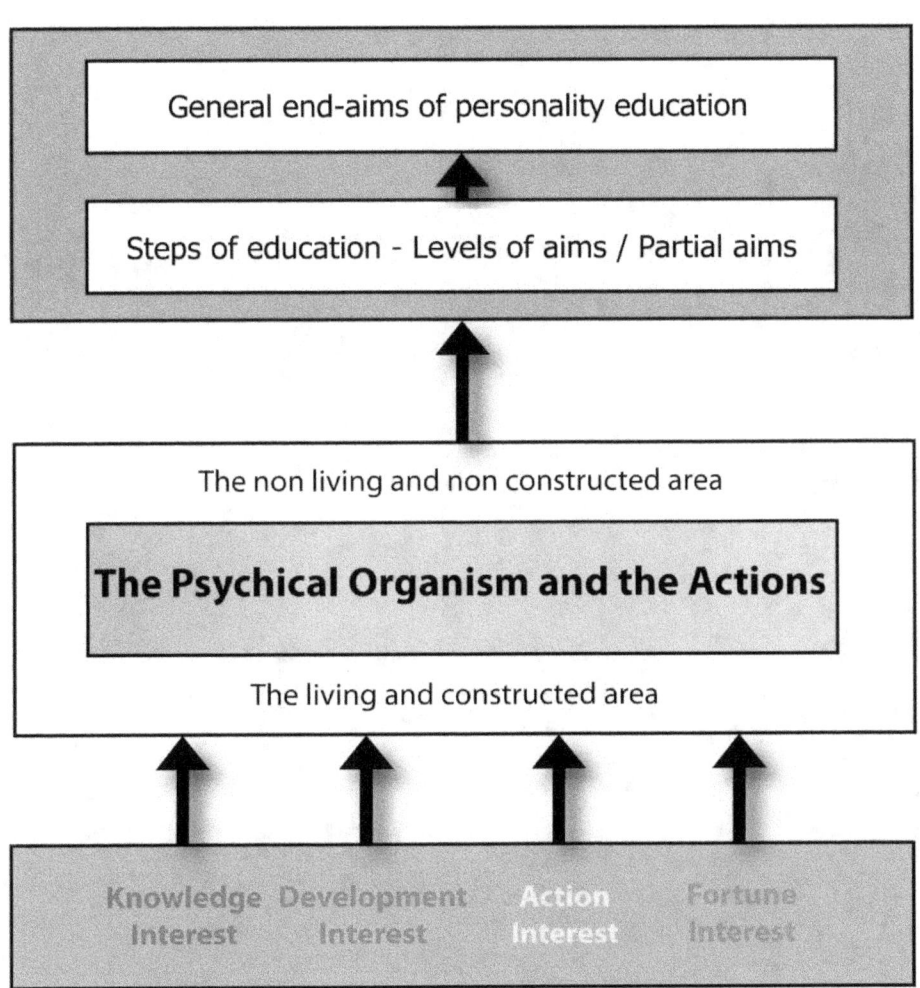

Las metas de la formación de la personalidad

Las fundaciones y la organización

Sabine Krämer y Klaus-Dieter Walter escriben: "Cada proceso andragógico toma su orientación en metas de aprendizaje que hay que lograr por la enseñanza. La teoría pedagógica distingue: las metas de dirección, las metas grandes y las metas finas."

a) metas de objetivo general:

b) metas grandes:

c) metas pequeñas:

Y más: "Podemos diferenciar las metas del aprendizaje según el campo referido (en la tradición pedagógica): El campo afectivo (sentimientos), el campo cognitivista (el pensar) y el campo psico-motorico (habilidades)."

Aspectos prácticos, todavía formales para formular metas, son:

● conocimiento, información, reconocer, conciencia, descripción
● capacidad, aplicación, realización, poner en práctica, reaccionar
● planificar, la fase del origen, la organización, la coordinación
● valorar, juzgar, dar sentido, comprender, explicar
● habituar, entrenamiento, ejercicio, control
● interdependencias, sistemas de relaciones, entorno

Las cuestiones de metas siempre llegan a 'metas mayores'

Wolfgang Brezinka nos presenta una lista amplia de metas superiores: "personalidad (como meta), personalidad humanista (ó cristiana, ó socialista), humanidad, moralidad, conciencia de responsabilidad, virilidad, auto-determinación, amor, virtud."

La fundación de metas tiene su última raíz en la ética

Nos basamos en una variedad de libros sobre 'metas últimas' de la educación humana.

- ¿Qué puede y debe esperar el hombre?

- ¿Qué valor tiene aún la vida humana hoy?

- No debemos acumular la posesión de filosofía, pero profundizar en el 'filósofo' un movimiento. (Jaspers)

- La maldición del progreso irrefrenable es la regresión irrefrenable; la libertad en la sociedad es inseparable de un pensar esclarecido. (Horkheimer/ Adorno)

- Todo lo racionalizado es vaciado de espíritu; el hombre singular es devaluado y también vaciado de espíritu. (Cohn)

- Aclaración es el inicio para salir de la minoría que el hombre tiene la culpa sí mismo. (Kant)

- Felicidad, salud, justicia, paz, libertad, madurez contienen un momento imperativo.

- 'Emancipación' quiere liberar al hombre de las coacciones no reconocibles racionalmente. (Hartmut von Hentig)

- Un acto de la autorreflexión que transforma una vida es un movimiento de emancipación. (Habermas)

- Libertad es un fundamento (argumento/valor/principio) que no puede ser reducido a otro más profundo fundamento. Pero la libertad del hombre no es una libertad cualquiera sin límites, sino una libertad autónoma que se da la ley a sí mismo. (Annemarie Pieper)

- Sin obligación a las leyes, los valores (los 'valores básicos' del ser humano), la libertad es una ilusión. (Heinrich Rombach)

- No se puede probar exactamente y científicamente una confesión y el vivir el amor, la verdad, la conciencia, la individualidad, la libertad y esencialmente el sujeto.

- El hombre tiene que aprender a fundar su esperanza en sí mismo.

- La pedagogía (aquí: educación humana en general) tiene que ser normativa, ... cuando quiere ayudar al hombre a lograr una acción que toma distancia ..., que está libre de itinerarios y prescripciones con rutas de remplazo y no obstante no puede abordar en indiferencia, anarquismo, escepticismo, nihilismo, criticismo.

- La educación humana significa: un deber primero y de alto rango ... dejar llegar a ser hombre.

- El hombre verdaderamente libre: sólo quiere lo que puede y hace, lo que le gusta. (Rousseau)

- Nuestra sabiduría consiste en prejuicios serviles. (Rousseau)

- La luz de la razón la recibimos de Dios; el hombre está puesto libre a la unión con Dios. (Thomas von Aquin)

- La luz divina es el origen de la capacidad de reconocer y de la capacidad de entender. (Augustinus)

- El hombre no sabe nada de lo real y tampoco sabe de su no-saber. (Plato; un pensamiento aquí. muy conciso

- *El hombre es a causa de su espiritualismo básico, que no podemos negar, una existencia libre para decidir y abierto para actuar, que está obligado por su espiritualismo a realizarse a sí mismo en sus decisiones y acciones, en su pensar y querer, en crearse con esto su mundo y en probar su espiritualidad con todo su pensar y actuar. (Löwisch)*

- *La moralidad personal no se puede localizar en la acción misma, sino sólo en la calidad de la voluntad que la motiva. (Höffe)*

Notas y perspectivas

1. ¿Para qué sirve la fundación de las metas de educación?

2. Anota los términos esenciales de este subcapítulo:

3. ¿Qué es el hombre sin reflexionar la fundación de las metas de educación?

4. Explica: La fundación de las metas de educación es importante, porque:

5. ¿Qué has aprendido en tu casa parental, en la escuela y en la Iglesia sobre la fundación de las metas de educación?

6. ¿Qué importancia tiene la fundación de las metas de educación entre parejas?

7. ¿Cómo argumentan la política y la economía las metas generales de educación?

8. ¿Qué argumentos nos transmite la publicidad sobre la educación de la personalidad?

9. Apunta una pregunta importante sobre la fundación de las metas de educación:

3.4. Resumen – Tesis

❑ La 'Educación' significa: adquirir sistemáticamente conocimientos, dedicarse, reconocer, analizar, determinar metas, ampliar, cambiar, transformar, practicar, evaluar.

❑ Las metas de la educación de la personalidad se basan en el modelo del 'organismo psíquico' lo que tiene implicaciones antropológicas ('categorías de educación').

❑ Las metas de la educación están siempre en un proceso de despliegue psico-espiritual y tienen siempre un enlace con la realidad de la vida.

❑ Las metas de la personalidad se basan también en el interés de conocimientos, de actuar, de felicidad y de crecimiento.

❑ Formular metas presupone un juicio sobre dimensiones como, por ejemplo:

● desarrollado - no desarrollado   ● ordenado - no ordenado

● consciente - inconsciente   ● equilibrado - desequilibrado

● desplegado - no desplegado   ● integrado - rechazado

❑ Las metas se basan en el interés de conocimientos, de actuar, de felicidad y de crecimiento; y esto se orienta en 'valores superiores' y 'valores esenciales de la vida'.

❑ Los ideales y los valores como la felicidad, la paz, la esperanza, la alegría, la armonía, el cumplimiento etc. podemos discutir constructivamente, cuando están en conexión con el sistema psíquico, con el proceso de la individuación y al mismo tiempo con la realidad externa de la vida.

3.5. Unidad de trabajo

1. ¿Cuáles son hasta hoy tus ideales sobre la 'personalidad' y como has creado estos ideales?

2. ¿Cómo se representan las fuerzas psíquicas 'formadas inadecuadamente' (en tu vida y en la vida de otros)?

3. ¿Cómo se representan las fuerzas psíquicas "formadas adecuadamente" (en tu vida y en la vida de otros)?

Desarrolla a las siguientes preguntas una idea:

a) ¿Qué ocurre si no cuidas tu energía dinámica?

b) ¿Qué ocurre cuando no tomas en serio tus necesidades psíquicas?

c) ¿Qué efecto tiene si dejes escapar siempre tus sentimientos cuando quieres?

d) ¿Qué té queda si no vives más el amor?

e) ¿Adónde llegas si no utilizas suficientemente tu inteligencia?

f) ¿Qué consecuencias hay que esperar si nunca elaboras tu inconsciente?

g) ¿Qué calidad tiene tu vida sin meditación, sin sueños y sin espíritu?

h) ¿Qué efecto tienes a larga temporada si no tomas en serio tus fuerzas psíquicas?

i) ¿Qué vale una relación amorosa sin integración consciente de la vida psíquica?

j) ¿Cuál es la diferencia entre tu vida con y sin despliegue psico-espiritual?

4. a) Determina tres metas importantes de tu formación de la personalidad:

....

....

4. b) ¿Cómo vas a desarrollar tu vida si no persigues estas metas?

....

....

5. Pon una cruz donde te parece muy importante:

☯ Desarrollo   ☯ Crecimiento   ☯ Fortalecimiento

☯ Conocimiento   ☯ Diferenciación   ☯ Flexibilidad

☯ Armonía   ☯ Control   ☯ Equilibrio

☯ Capacidad de carga ☯ Disponibilidad   ☯ Conciencia

☯ Libertad   ☯ Creatividad   ☯ Actitud constructiva

☯ Orden   ☯ Uso   ☯ Realización

☯ Aprovechamiento ☯ Integración

6. La pregunta educativa: ¿Qué es lo que quieres formar (educar), y cómo lo promueves? Crea unos ejemplos según la distinción siguiente:

- Conocimiento
- Capacidad de actuar
- Juzgar/valorar
- Entrenamiento
- Enlace

....

Inicio concreto: Una fuerza del organismo psíquico Un aspecto de la personalidad *Elige un ejemplo para ti:*	Meta concreta: Descripción con comportamiento/acción *Formula tu meta:*

Imaginación

Tema: *"Así trato las metas básicas de la formación de la personalidad."*

Imágenes: Hay cuadros en una sala. Representan las metas

¿Qué idea básica de esta unidad consideras como *la central para la autoeducación?*

Anota un conocimiento básico (un pensamiento, un hecho) de esta unidad que *cada uno tendría que saber:*

....

....

Test de elección múltiple:

Elige las 4 respuestas correctas y ponga una cruz, así: ☒ a) placer

3.1. La educación de la personalidad; Rendimientos activos para el organismo psíquico:

☐a) no dar importancia al pasado ☐b) reconocer
☐c) entender ☐d) dominar el inconsciente
☐e) controlar el éxito ☐f) adquirir conocimientos

3.2. La formulación de metas de la educación; Las siguientes frases son correctas y adecuadas para la individuación:

☐a) Las metas contienen casi siempre un aspecto de crecimiento.
☐b) Las metas de la educación de la personalidad tienen que estar conectadas con una ideología.
☐c) El dogmatismo es esencial como fundamento para decidirse en cuestiones de metas.
☐d) La formulación de metas debe basarse en el organismo psíquico.
☐e) Debemos dividir las metas finales y las metas procesales en pequeñas metas.
☐f) Las conexiones con el medio ambiente son un aspecto importante dentro de la formulación de metas.

3.3. La creación de metas; La fundación de metas debe contener:

☐a) interés de conocimientos
☐b) interés de acciones
☐c) interés de crecimiento
☐d) experiencias culminantes
☐e) interés de felicidad
☐f) interés en el espíritu de época

4ª Unidad: El autoconocimiento

4.1.   El interés por el autoconocimiento

El autoconocimiento en los diccionarios

De "¿Quién soy yo?" a "¿Qué es el hombre?"

4.2.   El autoconocimiento como un proceso

El dinamismo progresivo del tomar en serio su propio ser

El dinamismo regresivo del no tomar en serio su propio ser

4.3.   El autoconocimiento como una oportunidad

Las preguntas sociológicas para el autoconocimiento y la auto-reflexión

Las oportunidades y los riesgos:

El amor para la muerte y el amor para la vida

4.4.   Resumen – Tesis

4.5.   Unidad de trabajo

Lema:

El autoconocimiento sistemático es la condición previa para una vida centrada en el ser humano y para un desarrollo equilibrado en todas partes.

Brainstorming (= recoger ideas espontáneas)

Ten presente el título de este capítulo y los tres subtítulos. Haz unas notas sobre los siguientes puntos de vista antes de leer este capítulo, y antes de hacer los ejercicios de cada unidad.

a) Cuestiones que te planteas con cada título y subtítulo:

b) Palabras claves que te afectan a ti con este título y estos subtítulos:

c) Asociaciones (es decir: ideas, sentimientos, recuerdos etc.) que tienes con estos títulos y subtítulos:

4.1. El interés por el autoconocimiento

El autoconocimiento es el inicio de cada forma de vivir en la evolución interna.

Sin el autoconocimiento el hombre se queda en un 'ser arcaico', en prisión de su inconsciente y caos interno. La mayoría de los hombres no pueden hacer mucho con sus sueños.

Fuera de ciertas escuelas de psicología, de la publicidad y de la manipulación política el inconsciente no tiene importancia práctica. Nadie se interesa por esto. Cada uno intenta encarar sus sentimientos y necesidades de cualquier forma.

Poca gente busca una relajación metódica e intenta comprender las causas de sus tensiones.

No hay muchos que se ocupan de como el hombre percibe, piensa y habla. Algunos toman nota tal vez que el hombre rechaza y suprime.

En el currículo escolar la vida psíquica no tiene un lugar importante. ¡Qué la vida sea la escuela del adulto! Dicen.

En la vida el hombre aprende: avidez y envidia, odio y agresiones, mentiras y juegos de máscaras, correr baquetas y estrategias de poder.

El que no quiere saber nada de la psicología y tiene sólo una 'sonrisa cansada', apenas encontrará el acceso al autoconocimiento.

Las reacciones típicas son: "Me conozco suficiente", o "Ya estoy desarrollado", o "Nadie tiene algo que decirme", o "Basta con el aprendizaje", o "En la Biblia está escrito como el hombre tiene que vivir", o "Creo en Dios; es suficiente", o "Soy modesto y no quiero sabiduría", o "Déjame en paz con estás chácharas", o "Siendo rico, se vive mejor".

Los hombres tienen continuamente todo tipo de reacciones sobre el tema del autoconocimiento.

Empiezan los problemas financieros en un matrimonio, y el amor y el espíritu se van rápidamente. La vida es una lucha económica para sobrevivir para millones.

¿Para qué serviría aquí el autoconocimiento?

No hay solidaridad para el autoconocimiento en nuestra sociedad. Con esto no se puede hacer dinero, o procurarse prestigio o crearse un placer sexual.

Muy pocos tienen una idea sobre las posibilidades positivas del autoconocimiento.

El autoconocimiento es un proceso de educación determinado. El hombre tiene que querer esta formación. Tiene que aprender ciertos métodos. Tiene que hacer una larga lista de trabajos bien definidos.

Para eso también son necesarias algunas actitudes constructivas. Alguien busca el autoconocimiento porque ve en eso un provecho, externo, interno o espiritual.

El que practica el autoconocimiento, estima mucho los valores internos.

El que da más valor a su vida que a los bienes técnicos y al dinero, puede aumentar su interés por su vida interna.

El autoconocimiento es una experiencia interna y no sólo una charla.

Reflexiones y discusiones

■ En general los hombres conocen (sólo vagamente) menos de un cinco por ciento de sus fuerzas psíquicas. Tienen poca conciencia sobre el actuar de su vida psíquica. Esto es debido a muchas causas:
* La formación escolar instruye poco sobre la vida psíquica y las formas de actuar de la vida psíquica
* La forma de vivir en la sociedad industrial se orienta a valores externos.
* La forma de pensar de la gente y con eso el espíritu de nuestra época tiene la tendencia de suprimir sufrimientos, debilidades, miedo, inferioridad, preocupaciones y penas.
* Fijarse a lo material, a ideologías y dogmas es más sencillo que los trabajos del autoconocimiento.
* Existe una solidaridad no declarada entre los hombres, se llama: "Nunca te encuentres a ti mismo. Nunca mires en tus profundidades. No tomes la vida muy en serio. Nunca reveles las mentiras de la vida."
¿Cómo ves tu conocimiento sobre el operar de tus fuerzas psíquicas?

■ El interés por el autoconocimiento se basa en actitudes:
* La experiencia interna es más importante que las palabras.
* Los valores internos están superior a los valores externos.
* La vida está superior a la técnica y la organización industrial.
* Educarse a sí mismo es una forma de vivir durante toda la vida.
* Estabilidad en el interior es más seguro que fijarse en el exterior.
* Vivir con equilibrio produce mayor satisfacción que vivir una cara.

■ Impedimentos para el trabajo del autoconocimiento son por otro lado: Rechazar sentimientos, híper-actividad hacia fuera, valorar negativamente 'problemas' y 'dificultades', el pensamiento fundamentalista, la denegación de toda realidad psíquica con prejuicios, negar el amor y el espíritu como valores esenciales de la vida, hablar más que pensar, y no reflexionar su pensar, vivir como si supiera algo sobre el ser humano y la vida humana
¿Y qué impide a ti?

Diagrama 10: La experiencia del auto-conocimiento

SELF-RESPONSIBILITY
READINESS TO LEARN
SERIOUSNESS
HUMANITY
SELF-CONFIDENCE
ENRICHMENT
RECONCILIATION
RELIEF
OPENNESS
SOBRIETY
HONESTY
GENUINENESS
REALISM
OBJECTIVITY

El autoconocimiento en los diccionarios

1. El diccionario de psicología (Dorsch):

"La orientación del conocimiento al propio yo. Se trata de estudiarse a sí mismo como representación configurada y duradera en la experiencia del individuo en sus peculiaridades (el propio ser, conducta, predisposiciones, capacidades, actitudes, motivaciones)."

Y más: "Ya en la antigüedad griega se exigió el autoconocimiento como base y presupuesto para el despliegue y configuración de la propia personalidad, según se desprende, por ejemplo, de la inscripción del templo de Apolo en Delpis: ..."conócete a ti mismo"... A pesar de la justa exigencia del autoconocimiento (Pascal, Kant), nunca ha faltado la actitud escéptica sobre su posibilidad (Goethe, Nietzsche), dada la propensión del hombre a enmascararse incluso ante sí mismo...."

2. En el libro 'Internationales Freimaurer-Lexikon' de Eugen Lennhoff y Oskar Posnier está escrito:

"Conocerse a sí mismo ... es según Socrates la condición previa de toda moralidad, Lessing lo llama el punto central de toda sabiduría humana, Kant el inicio de toda sabiduría humana."

Y más: "En las enseñanzas de 'Wilhelm Meister' están escritas las palabras: ¿Cómo se puede reconocer a sí mismo? Nunca contemplando, pero sí por el actuar. Intenta vivir tu obligación y conoce directamente, lo que hay en ti."

3. Alfred Schöpf profundiza filosóficamente el punto central del autoconocimiento ('Klassiker der Philosophie'):

"Conocerse a sí mismo ... entendían en la filosofía socrática-platónica así que el hombre tiene que preguntar detrás del contenido sensual de su conocimiento y tiene que ser consciente de las condiciones de las ideas, sobre todo la idea de lo bueno."

Y más: "Del mismo modo, en la filosofía de Aristóteles, el hombre podría valorar a sí mismo cuando se entiende como miembro intermedio entre el animal y Dios ... Lo que el hombre es, sólo lo experimenta por la verdad ... El fin (sentido) de cada autoconocimiento puede sólo consistir en 'reconócete a ti mismo', el Dios respondiendo personalmente."

4. En el diccionario de filosofía de Anton Hügli/Paul Lübcke está escrito sobre el autoconocimiento:

"1. Conciencia de sí mismo; 2. Auto-reflexión; 3. Conocimientos sobre su propia vida (al contrario del engaño a sí mismo); 4. Saber de su propia existencia; 5. Saber la finalidad esencial de su propia vida."

Y: "O la comprensión de que no existe una tal finalidad, sino sólo la absurdidad." (Y mucho más sobre todo esto en este diccionario).

5. El pedagogo Wilhelm Dilthey: "Lo que es el hombre lo dice sólo su historia."

6. Kenneth J.Gergen escribe sobre el autoconocimiento:

"Cuando el hombre de la calle empieza a descubrirse a sí mismo, cuando reflexiona sobre su comportamiento, su moral, sus sentimientos, la base de sus principios y sus expectativas ... pues él hace lo mismo que un científico cuando investiga el comportamiento humano - sólo lo hace profanamente y sin sistema."

Y más: "Si el profano podría proceder científicamente, si podría adquirir sólo la base más elemental de la ciencia, sus probabilidades de éxito para el autoconocimiento serían considerablemente mayores."

De ¿Quién soy yo? a ¿Qué es el hombre?

El psiquiatra y filósofo Viktor E. Frankl habló 1949 sobre "¿Qué es el hombre?", en memoria a Auschwitz (Anthropologische Grundlagen). Sacamos de este texto algunos fragmentos:

"¿Qué es el hombre? ... ¿Qué eran las parejas muertos (en Auschwitz)? ... Lo hemos conocido a este hombre, tal vez como ninguna generación antes de nuestro tiempo; lo hemos conocido ..., donde todo lo no-esencial del hombre se había fundido; donde se fue todo lo que había tenido: dinero, poder, gloria, donde queda sólo lo que un hombre no puede 'tener', pero lo que tiene que 'ser': lo que quedó, era el hombre mismo, quemado de dolor y ardiendo del sufrimiento, fue refundido a lo esencial en él, a lo humano ... ¿Qué es entonces el hombre? ... Es una existencia que contiene igualmente la posibilidad de caer lentamente al nivel de un animal ó de lanzarse en una vida santa ... el pensar, la consciencia, el ser responsable ... hace la dignidad de cada hombre."

¿Quién soy yo? ¿Qué soy yo? Lo miramos por ejemplo así:

● por la tarde delante la televisión

● después de una comida rica, dos vasos de vino o un brandy

● a la playa dentro de una masa de gente

● después de terminar el trabajo, conduciendo a casa, parado en un atasco de tráfico

● experimentando un fracaso en el trabajo

● como jefe en el trato con trabajadores débiles

● haciendo las compras en el supermercado teniendo mucha hambre

● durante una gripe fuerte

- después de seis horas andando, bastante agotado

- durante la comida que han traído muy tarde y que está demasiado salada

- charlando sobre el inconsciente con un psicólogo

- riéndose

- en un momento de tristeza profunda

- cuando estoy desesperado e impotente

- en una situación donde otros me han humillado profundamente

- cuando estoy muy aislado y casi no puedo soportarlo

- cuando estoy expuesto a bajezas e intrigas

- solo el sábado por la tarde, y con un deseo de caricia sexual

- con amigos y parejas a las 3 de la mañana en una fiesta

- tratando a animales de la casa

- en medio de un paro muy duradero

- después de la perdida de la propia empresa (o de una 'top-posición')

- afectado fuertemente de un golpe de destino como víctima de una acción criminal

- después de haber hecho errores grandes, y reconociéndolo

- después de la pérdida de la pareja, de un niño, de una persona querida

- en una situación de estrés duradero

Notas y perspectivas

1. ¿Qué es el provecho general del autoconocimiento?

2. Anota los términos esenciales de este subcapítulo:

3. ¿Qué es el hombre sin autoconocimiento?

4. Explica: Mi autoconocimiento es esencial, porque:

5. ¿Qué has aprendido en tu casa parental, en la escuela y en la Iglesia sobre el autoconocimiento?

6. ¿Qué importancia tiene el autoconocimiento para la pareja?

7. ¿Cómo actúan los políticos y los economistas su autoconocimiento propio?

8. ¿Qué transmite la publicidad sobre el autoconocimiento?

9. Apunta una pregunta que es muy importante para ti sobre el autoconocimiento:

4.2. El autoconocimiento como un proceso

El conocimiento sobre el ser humano en la cabeza no nos hace vivir el autoconocimiento. Tan sólo la experiencia sensible del conocimiento tras confrontación consigo se evaluará como autoconocimiento.

Por eso el autoconocimiento no forma parte de la psicología, sino de la ciencia que se llama 'andragogía' (similar a 'pedagogía' que se dedica a los niños; la andragogía se dedica a los adultos), es decir, la ciencia de la educación humana en general.

El autoconocimiento experimentado (con los sentidos, es decir, no sólo intelectualmente) inicia un proceso múltiple y complejo. El que experimenta el estado y el funcionamiento de sus fuerzas psíquicas, desarrolla un deseo de cambio donde le parece importante. Cuanto más se reconoce el hombre, tanto más amplia saldrá su percepción del mundo exterior. Ve a los otros más diferenciados.

El autoconocimiento llega siempre a la pregunta: ¿Por qué está así? ¿Cómo ha llegado ahí? Esto empuja a una actitud afirmativa y conciliadora ante su propia biografía. Eso es una base para encontrar al otro.

El siguiente proceso activa las transformaciones pequeñas en la vida propia, y ellos tienen una influencia en la creación de la vida diaria. Esto significa: movimiento, diferenciación y siempre más un guía consciente de sí mismo.

Este desarrollo lo cogemos en el autoconocimiento, de lo cual, de nuevo, resulta una conciencia ampliada sobre sí mismo y su vida. El proceso llega a ser espiral.

El que crece por autoconocimiento más y más en este proceso de educación, obtendrá efectos también en su vida social. Él ve a su pareja (conyugal) de forma diferenciada como a sí mismo. Promueve el desarrollo de su 'pareja de vida' como su propio desarrollo.

Empieza a hablar sobre las experiencias interiores. Así la relación va a ser más y más animada, cambiando cada uno la experiencia de la confrontación a sí mismo.

Los sueños del otro, la elaboración de la biografía y el descubrimiento de necesidades genuinas, es un proceso creativo y muy interesante para la relación de pareja.

Esto es el amor verdadero. Sin autoconocimiento no hay este amor.

La utopía:

Todos los adultos practican diariamente una media hora de auto-conocimiento.

Las experiencias son el 'tema del lunes' en el puesto de trabajo, en vez de los rendimientos altos en el deporte.

La gente se informa como los ejercicios de relajación efectúan, como el 'entrenamiento mental' libera y como la elaboración de la vida ha traído descubrimientos interesantes y emocionantes.

Descubren 'trucos' y 'artilugios' tratándose a sí mismo y discuten en el bar. En vez de parlotear sobre los vecinos, o participar con curiosidad en el sufrimiento de los otros, hablan de sí mismo.

En vez de hablar sobre dinero y carrera, moda y coches, el hombre llega a ser sujeto, el propio hombre interno, reprimido, que por fin puede surgir.

Esta 'utopía real' se prueba, tal vez, algún día en un decenio como la última oportunidad para un futuro.

Reflexiones y discusiones

■ El autoconocimiento es un proceso espiral: Cuanto más el hombre sabe de sí mismo, tanto más comprende su vida y a los otros. Cuanto más sabe el hombre de sí mismo y de su vida, tanto más puede crecer; y tanto más puede dejar a los otros crecer. El crecimiento llega a más conciencia sobre sí mismo y los otros. La conciencia ampliada es la situación inicial para más autoconocimiento. Los procesos de conocimiento y de aprendizaje continúan constructivamente.

■ El autoconocimiento como proceso de crecimiento y aprendizaje tiene efectos en el propio entorno vital, por ejemplo: Se mira y se experimenta a los otros más diferenciados. Las relaciones (íntimas y ordinarias) llegan a ser más claras y más profundas. La movilidad llega a ser más consciente y más razonable. El consumo llega a ser más consciente y más diferenciado. El trato del medio ambiente será más reflexionado. Utilizamos los bienes para la vida.

■ El autoconocimiento cambia la relación consigo mismo, la relación con los otros y la forma de vivir. Esto, otra vez, es el marco nuevo para más pasos de desarrollo en el autoconocimiento: Una relación consigo mismo más profunda pone medida para las relaciones personales y las relaciones en general: La experimentación más profunda de las relaciones promueve un autoconocimiento más diferenciado. Cuanto más experimentamos conscientemente el entorno vital, los bienes y la movilidad y cuanto más el hombre está en el centro de su vida, tanto más se forma una nueva experiencia sobre la vida.

■ Quien toma el autoconocimiento en serio, toma el amor y el espíritu importante. El autoconocimiento es el amor a sí mismo y el amor por la vida con espíritu: El autoconocimiento, el amor y el espíritu son aliados y se condicionan mutuamente. No se puede amar algo que no se conoce y que no se quiere promover. No se puede amar a sí mismo, y al mismo tiempo no amar la vida y al ser

humano. No se puede vivir el amor y el espíritu y al mismo tiempo
odiar y destruir.

Diagrama 11: Auto-conocimiento como un procese

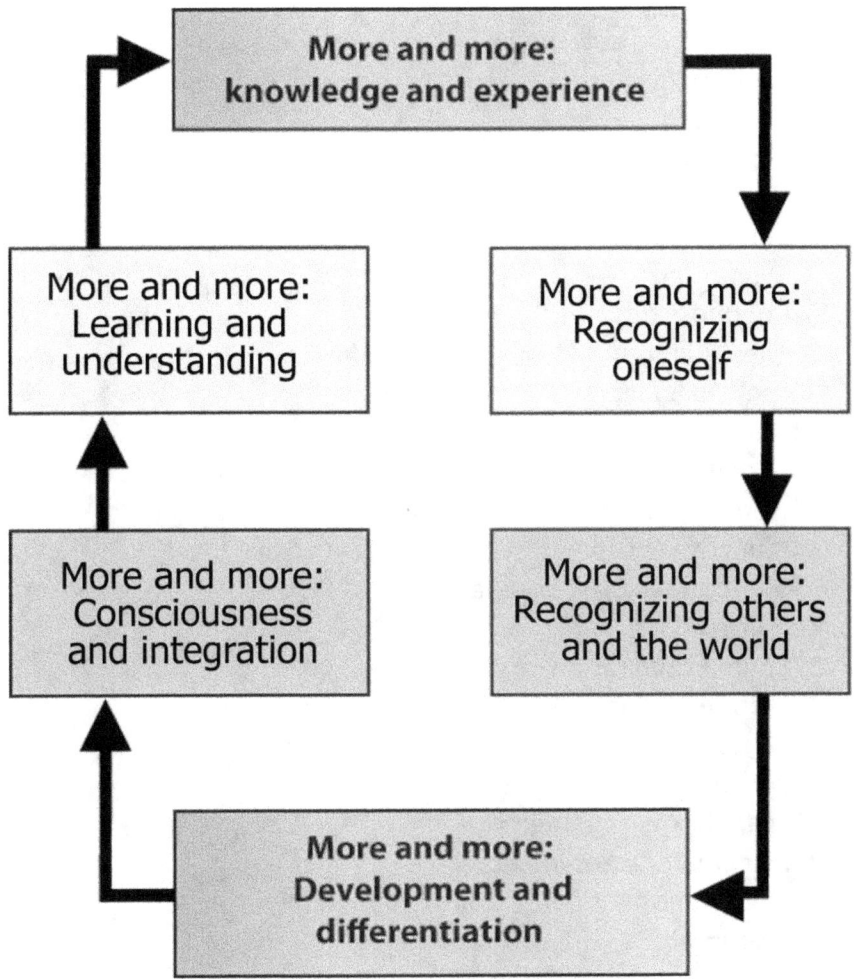

El dinamismo progresivo del tomar en serio su propio ser

Imagínate **que tomas/no tomarías en serio** los siguientes aspectos propios. ¿Qué consecuencias tendría eso en tu vida?

1. cambio del estado de ánimo:
2. sociabilidad:
3. serenidad:
4. apasionamiento:
5. intranquilidad:
6. inferioridad:
7. vivacidad:
8. nerviosismo:
9. irritabilidad:
10. sensibilidad:
11. fuerza del yo:
12. dominancia:
13. alegría en la expresión de sí mismo:
14. fuerza del superyó:
15. desconfianza/sospecha:
16. descuido:
17. perspicacia:
18. tendencia para sentimientos de culpa:
19. autonomía:
20. capacidad de imponerse:
21. carácter agradable:
22. inestabilidad emocional:
23. altruismo:
24. ser infeliz:
25. ímpetu de accionar:
26. autoconfianza:
27. masculinidad (feminidad):
28. sosiego:
29. objetividad:
30. negligencia:
31. timidez:

El dinamismo <u>regresivo</u> del no tomar en serio su propio ser

Imagínate **que no tomas/no tomarías en serio** los siguientes aspectos propios. ¿Qué consecuencias tendría eso en tu vida?

1. cambio del estado de ánimo:
2. sociabilidad:
3. serenidad:
4. apasionamiento:
5. intranquilidad:
6. inferioridad:
7. vivacidad:
8. nerviosismo:
9. irritabilidad:
10. sensibilidad:
11. fuerza del yo:
12. dominancia:
13. alegría en la expresión de sí mismo:
14. fuerza del superyó:
15. desconfianza/sospecha:
16. descuido:
17. perspicacia:
18. tendencia para sentimientos de culpa:
19. autonomía:
20. capacidad de imponerse:
21. carácter agradable:
22. inestabilidad emocional:
23. altruismo:
24. ser infeliz:
25. ímpetu de accionar:
26. autoconfianza:
27. masculinidad (feminidad):
28. sosiego:
29. objetividad:
30. negligencia:
31. timidez:

Notas y perspectivas

1. ¿Para qué sirve el 'saber siempre más' sobre sí mismo?

2. Anota los términos esenciales de este subcapítulo:

3. ¿Qué es el hombre sin desarrollo, sin diferenciación y sin profundización?

4. Explica: Tomar en serio mi 'ser mí mismo' es importante, porque:

5. ¿Qué has aprendido en tu casa parental, en la escuela y en la Iglesia sobre el proceso del autoconocimiento?

6. ¿Qué importancia tiene el dinamismo progresivo del tomar en serio el 'ser sí mismo' en la comunicación entre parejas?

7. ¿De qué modo toman en serio los políticos y los economistas el 'ser sí mismo' progresivo de los hombres?

8. ¿Qué transmite la publicidad sobre el 'ser sí mismo' progresivo?

9. Apunta una pregunta que es muy importante para ti sobre el proceso del autoconocimiento:

4.3. El autoconocimiento como una oportunidad

El autoconocimiento es la oportunidad en la vida para todos. Pues el proceso, que se pone en marcha, es progresivo, constructivo y evolutivo. Por la formación de las fuerzas psíquicas se reducen numerosos riesgos en la vida a un mínimo.

La vida siempre lleva riesgos. Pero mucha gente conduce, en su ser inconsciente y con su mundo interior caótico, con alta probabilidad hacia ciertos sufrimientos y conflictos.

Ya sólo la presión del inventario inconsciente crea una dimensión de potencial destructivo que algún día se quiebra en la mayoría de las personas.

Tenemos que calcular también las consecuencias colectivas. La fuerza de la vida no educada conscientemente, no elaborada y no integrada en la conciencia, es siempre más fuerte que el yo consciente con su voluntad para reprimir.

No hay camino para apartarse de este dinamismo compensador. El juego de las fuerzas en la vida psíquica de cada uno hay que considerarla en una red colectiva.

El autoconocimiento es por eso no sólo un asunto privado de alguien. Los riesgos y las oportunidades afectan a todos.

Con el autoconocimiento una persona puede liberarse de ilusiones e ideas falsas, de dependencias psíquicas y de falta de sentido en la vida.

Cuanto más avance el hombre en este proceso educativo, tanto menos querrá volver a una forma de vivir inconsciente.

Las actitudes y las creencias adaptadas son difíciles de liberar y muchas veces apenas se desenmascaran como ideas subjetivas. Quieren ser realizadas de toda fuerza.

Es un sentimiento de libertad para él que alcanza a romper estas ideas y a encontrar en sí mismo los valores más valiosos y más adecuados para la vida psíquica. Esto activa y desarrolla varias fuerzas nuevas. La calidad personal de la vida aumenta por que los valores humanos actúan como 'motores' en las relaciones, en el trabajo y en el ocio.

Así se puede vivir la vida dentro del 'ser una existencia' y queda no obstante arraigada en la transcendencia. Si muchas personas viven su formación de la personalidad, se abren oportunidades esenciales para el colectivo.

Con esta educación nuevos caminos hacia el futuro se abren para todo el mundo.

Imaginamos:

En todos los países los hombres se educan por este proceso de la individuación: políticos, filósofos, científicos, curas, generales, ejecutivos, profesores y muchos más. Todos empiezan a mirarse en su propio espejo y crecen así lentamente en este proceso, donde el amor y el espíritu pueden crecer.

Más y más los hombres poderosos en el estado y en las instituciones religiosas toman sus decisiones en conexión con este espíritu interior. Más y más todos ellos desarrollan programas para un entorno vital con individuación.

Opinamos que los hombres nunca tomarían un camino de evolución interior (y así exterior) libremente.

Reflexiones y discusiones

■ El autoconocimiento es el inicio de toda oportunidad en la vida humana, pues:

* Cuanto menos el hombre se conoce, tanto más está dominado por sus fuerzas psíquicas.

* Cuanto menos el hombre supera esta dominación interior, tanto más está dominado también de los factores de la realidad externa de la vida.

* Cuanto menos el hombre se conoce, y con eso también los demás, tanto más está susceptible a mentiras, máscaras y corsés.

* Cuanto menos el hombre se conoce a sí mismo y quiere conocerse, tanto más está disponible para ser manipulado por los que saben usar estos mecanismos.

* Tanto menos el hombre se conoce y la vida en general, tanto más estás vencido por las mitologías, las ideologías, los dogmas y el fundamentalismo.

Yo experimento las siguientes oportunidades para mí:

■ El autoconocimiento es la base para: Reducción de trastornos, dificultades, problemas, sufrimientos; para fomento de relaciones, amor a los demás, sabiduría, amor para la vida; para animación de responsabilidad, despliegue, desarrollo, creatividad; para liberación de ilusiones, ideales no realistas, ficciones; para trato humano de la naturaleza y de las fuentes de la vida

■ El proceso espiral del autoconocimiento llega a las transformaciones de la individuación.

■ Cada hombre normal-inteligente, medio-educado con un interés serio por el auto-conocimiento y los valores humanos del amor puede crecer fácilmente hasta el medio del proceso de la individuación. Después más esfuerzos son necesarios. Esto llega a:

* menos criminalidad y más respeto por la vida y bienes
* menos accidentes y más cuidado para la vida
* menos sufrimientos sociales y más ayuda para la autoayuda
* menos enfermedades psicosomáticas y más hombres sanos
* menos niños con trastornos y más niños felices y sanos
* menos viejos sufriendo y más personas satisfechas

Diagrama 12: Efectos del auto-conocimiento

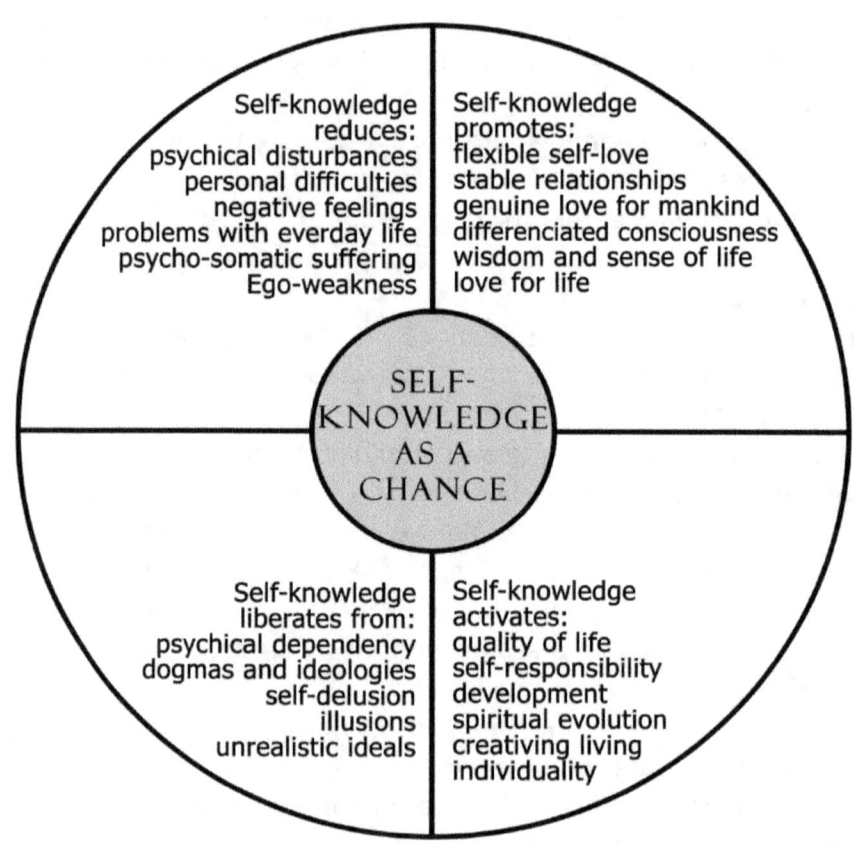

Preguntas sobre autoconocimiento y autorreflexión

1. Estoy muy contento con mi vida.
2. Hay que imponer las leyes muy rigurosamente.
3. Me pongo fácilmente nervioso enfrente de acontecimientos.
4. Me interesa poco las charlas sobre cuestiones de la vida.
5. Estoy siempre de buen humor.
6. A veces me gustaría sólo soñar.
7. No podemos tomar a mal al que explota a los demás.
8. A veces estoy harto de todo profundamente.
9. Algunas veces me vienen dudas sobre mí mismo.
10. De vez en cuando estoy insatisfecho con mi situación de vida.
11. Varios de mis planos han fracasado.
12. Mi entorno social me ofrece poco para mi vida.
13. A veces me falta alguien que me coja en los brazos.
14. Mi humor cambia demasiado.
15. Soy una persona con mucho valor arraigado profundamente.
16. Me enfado cuando algo imprevisto disturba mi curso diario.
17. A veces tengo pensamientos que me producen vergüenza.
18. Hay tiempos a veces donde todo me parece vacío y solitario.
19. A veces necesitaría un poco de caricia.
20. La fe en Dios me ayuda.
21. Hago bastantes cosas que después me arrepiento de ellas.
22. Hay momentos dónde necesitaría más respeto a mí mismo.
23. Mi vida toma ahora un curso justamente como me gusta.
24. En el trato con los demás me siento a veces poco hábil.
25. A veces me siento bastante miserable sin causa reconocible.
26. Me gusta mi vida sobre todo cuando siempre pasa algo.
27. Muy profundamente en mí siento a veces soledad.
28. Regularmente me siento insatisfecho conmigo mismo.
29. Estoy, tal vez, más reservado y tímido.
30. Necesito regularmente nuevos estimulantes.
31. A veces digo mentiras.
32. A veces pienso que hay algo que domina mis pensamientos.
33. De vez en cuando me aburro.
34. Estoy muy pensativo sobre mi vida vivida.
35. Estoy considerablemente seguro que tengo muchas cualidades.
36. Muchas veces estoy buscando experiencias extraordinarias.
37. Mucho en mi vida está predestinado.
38. Soy una persona que intenta comprender la base de todo.
39. A veces me parece como si todo fuese sólo una ilusión.
40. A veces me gustaría tener una vida excitante como los otros.
41. Creo que hay una existencia mayor.
42. Hay mucho en mí de lo cual puedo sentirme orgulloso.

Oportunidades y riesgos: El amor para la muerte y la vida

10 esencias de Erich Fromm:

1. Queremos cantar el amor por el peligro, la familiaridad con la energía y la audacia.

2. Coraje, osadía y rebelión tienen que ser los elementos esenciales de nuestra poesía.

3. ... Queremos glorificar el movimiento agresivo, el insomnio febril,

4. Declaramos que la grandeza del mundo se ha enriquecido con: la belleza de la velocidad. Coche de carrera...un automóvil rugiendo que parece andar sobre balas de fusil.

5. Queremos celebrar al varón que tiene en sus manos el timón cuyo eje de dirección va dentro del centro de la tierra.

7. Belleza existe sólo en la batalla. Una obra sin carácter agresivo no puede ser una obra de maestro.

8. ... Tiempo y espacio murieron ayer. Vivimos ya en el absoluto, pues hemos creado la velocidad eterna y omnipresente.

9. Queremos glorificar la guerra - la única higiene del mundo - el militarismo, el patriotismo, la acción de exterminación del anarquista, las ideas bellas para el que se muere, y el desprecio de la mujer.

10. Queremos destruir todos los museos, bibliotecas y academias y queremos combatir contra el moralismo, el feminismo y contra cada cobardía.

'Biofilía' es el amor a la vida

¿Existe este amor sin autoconocimiento?

Horst Opaschowski, nos presenta varias investigaciones de las cuales sacamos una para reflexionar sobre nuestro objetivo. Pregúntate a ti mismo: ¿Qué tipo de hombre feliz encontramos en el ocio donde no hay autoconocimiento?

La pregunta de la investigación es: ¿Qué necesita 'el hombre del ocio' para ser feliz? (Cifras: Alemania oeste; en paréntesis: Alemania este)

21 % (28) cocina moderna

45 % (48) jardín

52 % (53) viaje de vacaciones

57 % (54) vecinos amables

61 % (58) comer y beber bien

45 % (62) bañera, ducha

55 % (65) televisión

45 % (58) piso bonito

43 % (57) radio

39 % (50) coche

51 % (37) hobby

31 % (24) fiestas

Notas y perspectivas

1. ¿Cuáles son las oportunidades de un "saber siempre más" sobre sí mismo?

2. Anota los términos esenciales de este subcapítulo:

3. ¿Qué es el hombre cuando rechaza todo sentido del autoconocimiento?

4. Explica: Doy mucha importancia a las oportunidades del autoconocimiento porque:

5. ¿Qué has aprendido en tu casa parental, en la escuela y en la Iglesia sobre las oportunidades del auto-conocimiento?

6. ¿Qué importancia tienen las oportunidades del autoconocimiento en la discusión entre parejas?

7. ¿Cómo manejan las oportunidades del autoconocimiento en la política y la economía?

8. ¿Qué transmite la publicidad sobre las oportunidades del auto-conocimiento?

9. Apunta una pregunta importante sobre las oportunidades del auto-conocimiento:

4.4. Resumen – Tesis

❏ En general los hombres no conocen (sólo vagamente) unos cinco por ciento de sus fuerzas psíquicas.

❏ La mayoría de las personas rechazan un autoconocimiento profundo. No quieren ni ver, ni experimentar lo que son en su mundo psíquico interior.

❏ El autoconocimiento es la base y la condición previa imprescindible para un ser humano consciente y diferenciado, con amor y espíritu.

❏ El hombre sólo puede gobernar, cambiar, educar, desarrollar y amar lo que conoce y al mismo tiempo lo experimenta interiormente como realidad.

❏ El autoconocimiento reduce los trastornos y las dificultades, activa el desarrollo y el despliegue, libera las desilusiones y las dependencias, fomenta la responsabilidad y con eso la conciencia de obligación para sí mismo y sus posibilidades en la vida.

❏ El autoconocimiento es un proceso:

● Siempre más conocimientos: reconocer y experimentar.

● Siempre más acciones: formar, desarrollar, ampliar.

● Siempre más felicidad con cumplimiento recíproco: realizar y experimentar.

● Y otra vez: consciencia más amplia para más conocimiento.

⌨ Describe una imagen sobre todo lo que los hombres no quieren ver en sí mismos:

4.5. Unidad de trabajo

1. ¿Qué provoca en ti la palabra 'autoeducación'?

2. ¿Quién eres tú? Esboce en cinco puntos, algunos aspectos de una imagen sobre ti, en breves palabras.

3. ¿Cómo reacciona tu pareja, tus amigos, tu novio/-a, tu compañero/a ante el imperativo: "¡conócete a ti mismo!"?

4. ¿En qué ves hoy concretamente (en situaciones específicas) y a corto plazo el sentido y el valor del autoconocimiento?

5. ¿Por qué rechazan muchas personas el autoconocimiento? ¡Pregunta a algunas personas!

6. Las características de mi perfil ('tendencias enteras de mi persona') son:

Marcar: 3 = muy positivo; 2 = medio positivo = poco positivo

☐ Firmeza   ☐ Integridad

☐ Autoconsciencia   ☐ Confianza en Ud.

☐ Fuerza de voluntad ☐ Salud

☐ Auto-identidad   ☐ Vivencia entera

☐ "Estilo"   ☐ Capaz de rendimiento

☐ Libre de angustia ☐ Afirmación de vida

☐ Flexibilidad   ☐ Apertura de aprender

☐ Autocontrol   ☐ Capacidad de adaptación

- ☐ Capaz de carga
- ☐ Estabilidad vegetativa
- ☐ Auto-motivación
- ☐ Capaz de actuar
- ☐ Emanación positiva
- ☐ Madurez
- ☐ Resolución
- ☐ Competencias
- ☐ Estabilidad emocional
- ☐ Energía vitalidad
- ☐ Apertura
- ☐ Paciencia
- ☐ Dispuesto a ayudar
- ☐ Capaz de compromiso
- ☐ Capaz de relación
- ☐ Capaz de Soportar tensiones
- ☐ Felicidad vital
- ☐ Sexualidad satisfecha
- ☐ Hobbies estimulantes
- ☐ Situación de hogar
- ☐ Ideal de la vida
- ☐ Talentos
- ☐ Plano de la vida
- ☐ Cumplimiento de valores
- ☐ Carácter moral
- ☐ Capaz de contactos
- ☐ Capaz de jugar papeles
- ☐ Realizar obligaciones
- ☐ Control de situación
- ☐ Capaz de sufrir
- ☐ Relación a su cuerpo
- ☐ Satisfacción de ti mismo

Puntos totales: ...

Valoración: _____

¿Qué aspectos están fuertemente marcados en el trabajo?
¿Qué aspectos están fuertemente marcados en la vida personal?
¿Cómo podrías fortalecer tus aspectos débiles?

7. La vida diaria como autoexpresión. Pon una cruz donde té afecta:

☐ Un ritmo de vida irregular ☐ Una vida no reglada
☐ Poco deporte ☐ Tensiones en la relación
☐ Ruido en el entorno ☐ Falta de autoconfianza
☐ Inhibiciones fuertes ☐ No poder decir 'no'
☐ Mucha televisión ☐ Miedo de vivir (de la vida)
☐ Sin trabajo regular ☐ Biografía no elaborada
☐ Sin futuro profesional ☐ Relación con poca satisfacción
☐ Sentimientos de culpa ☐ Pareja de vida inestable
☐ Angustia existencial ☐ Mucha frustración
☐ Sexualidad insatisfecha ☐ Aburrimiento en el ocio
☐ Estrés en el trabajo ☐ Preocupaciones financieras
☐ Normas religiosas rígidas ☐ Casi no poder reírse
☐ No tener ganas de placer ☐ Las mentiras de los demás
☐ Normas antiguas rígidas ☐ Miedo al paro
☐ Discordia con otros ☐ Afán de vivencias
☐ Mucho fracaso ☐ Deseos insatisfechos
☐ Pena duradera ☐ Imagen unilateral del otro sexo
☐ Autoestimo inestable ☐ Fácilmente irritable
☐ Sexualidad suprimida ☐ Desconfianza
☐ Demasiada sobrecarga ☐ Afán de consumo
☐ No poder estar solo ☐ Voluntad difusa y débil
☐ Falta de espiritualidad ☐ Falta de meta en la vida
☐ Poca autonomía personal ☐ Falta de satisfacción laboral
☐ Suprimir enfado y cólera ☐ Muchos recuerdos tristes
☐ Afán de perfeccionismo ☐ Vivir con poca autenticidad
☐ Deseo fuerte de armonía ☐ Miedo de desafíos grandes

Interpreta y valora tu vida diaria según tus marcas:

☐ Falta de tiempo y descanso para comer
☐ No tomar en serio los propios sentimientos
☐ Demasiado hacer lo que los otros quieren
☐ Interrupción del embarazo no aceptada
☐ Falta de actitud positiva con el cuerpo
☐ Descuidar mi responsabilidad de vida
☐ Conflicto de separación/apego
☐ Sufrimiento pasado no elaborado
☐ Lazos afectivos negativos con padres
☐ Frustración en el trabajo de hogar
☐ Preocupaciones con tus niños/hijos
☐ Falta de sentido de vida profunda
☐ Falta de/poca experiencia del amor
☐ Deber representar un teatro
☐ Experiencias sexuales delicadas
☐ Falta de cooperación en la relación
☐ Falta de confianza básica en la vida
☐ Falta de valores personales propios
☐ Sentimientos malos sobre un vecino
☐ Insatisfacción con la vivienda
☐ Deslizar los problemas propios
☐ Poner atrás tus propios intereses
☐ Demasiado respeto a los demás
☐ Falta de orientación interior (sueños)
☐ Imagen de mí mismo vaga/poco real
☐ Falta de superación de sufrimientos
☐ Tendencia rígida de la psico-dinámica
☐ Miedo de ponerme enfermo
☐ Poca tolerancia de frustración
☐ Interiormente poca flexibilidad
☐ Celos (propios/del partenaire)
☐ Poca experiencia de fidelidad
☐ Poca auto-reflexión profunda
☐ Falta de distancia, de limitación

¿Cuáles son los rasgos esenciales de tu carácter?

Imaginación

Tema: *"Así trato mi autoconocimiento."*

Imágenes: Sobre una mesa hay varios libros interesantes sobre el autoconocimiento.

¿Qué idea básica de esta unidad consideras como *la central para la autoeducación?*

Anote un conocimiento básico (un pensamiento, un hecho) de esta unidad que *cada uno tendría que saber:*

Test de elección múltiple:

Elige las cuatro respuestas correctas y ponga una cruz, así: ☒ a) placer

4.1. La sinceridad para el autoconocimiento; El autoconocimiento significa como experiencia personal:

☐a) estar libre de carga   ☐b) enriquecimiento interior
☐c) independencia de valores   ☐d) autenticidad
☐e) realismo   ☐f) seriedad

4.2. El autoconocimiento como un proceso; Las características para el proceso del autoconocimiento son:

☐a) Cuanto más el hombre sabe sobre sí mismo, tanto más confusa queda la vida.
☐b) Se ve a los demás de forma más diferenciada.
☐c) La gente reflexiona más sobre el trato del medio ambiente.
☐d) Cuanto más se entiende a sí mismo, tanto más a los demás.
☐e) El autoconocimiento libera de las necesidades terrestres.
☐f) Cuando aumenta el autoconocimiento, se activan los procesos de aprendizaje.

4.3. El autoconocimiento como oportunidad; El autoconocimiento da lugar después de algún tiempo a:

☐a) reducción de trastornos
☐b) reducción de riesgos de accidentes
☐c) prestigio
☐d) sabiduría
☐e) liberación de ilusiones
☐f) espiritualización total de la vida

5ª Unidad: Las formas de trabajar en la auto-educación

5.1.   Los métodos prácticos

Las diez técnicas de vivir como parte de un estilo de vida

5.2.   Las condiciones del entorno

La vida de hoy como fundamento de la vida del mañana

Los ocho pecados mortales por condiciones miserables

5.3.   La responsabilidad

La responsabilidad y la conciencia

Los vínculos del autoconocimiento y de la autoeducación

5.4.   Resumen – Tesis

5.5.   Unidad de trabajo

Lema:

Una educación profunda de la personalidad y una individuación fundada son los caminos discutibles del 'misterio del ser humano'.

Brainstorming (= recoger ideas espontáneas)

Ten presente el título de este capítulo y los tres subtítulos. Haz unas notas sobre los siguientes puntos de vista antes de leer este capítulo, y antes de hacer los ejercicios de cada unidad.

a) Cuestiones que te planteas con cada título y subtítulo:

b) Palabras claves que te afectan a ti con este título y estos subtítulos:

c) Asociaciones (es decir: ideas, sentimientos, recuerdos etc.) que tienes con estos títulos y subtítulos:

5.1. Los métodos prácticos

La educación de la personalidad se hace con métodos claramente definidos. Un poco de auto-experiencia con un 'tono de sentimientos' y discusiones no llega al proceso. Sin profundizar los conocimientos el esfuerzo no consigue muchos pasos.

Leer mucho es imprescindible. Pensar es un trabajo importante en la autoeducación.

Forma parte de esto: reflexionar sobre las palabras utilizadas, distinguir entre expresiones emocionales y morales, por un lado, e informaciones objetivas por otro lado.

El pensar como un trabajo fértil no se hace de paso. Para esto hay que sentarse.

Un diario de trabajo es un instrumento muy útil. Así se puede coger, elaborar y continuar, elaborando con palabras escritas lo que viene espontáneamente a la mente.

Hay que trabajar en cada subsistema psíquico con diferentes métodos. Algunos métodos se completan por que acentúan diferentes aspectos.

La meditación con imágenes interiores es una técnica central. Esta técnica se divide en diversos métodos: Con la imaginación podemos elaborar casi todos los temas de la vida.

La contemplación sirve para experimentar símbolos y arquetipos que representan procesos psíquicos. El entrenamiento mental ayuda con sus imágenes internas según muestras definidas para el control del pensar, la liberación de pensamientos, para la concentración y una mente fresca.

La introspección se concentra más en emociones: estado de ánimo, ideas intuitivas, auto-experiencias y 'movimientos' psicosomáticos.

La interpretación de los sueños es imprescindible para explorar la profundidad de la vida psíquica.

Nunca el intelecto puede saber cuáles son los temas correctamente actuales para elaborar y cuales transformaciones hay que cuidar en un cierto periodo.

Es un poco similar como con el crecimiento del cuerpo: Si el yo pudiese gobernar el proceso del crecimiento y tuviera que definir una meta para cada día, crecerían criaturas extrañas.

Sólo el espíritu interno tiene la visión general. En esta fuerza inteligente está el código de la individuación.

Podemos también decir: Este espíritu ve todo y sabe todo (mucho), en retrospectiva (pasado) y en prospectiva (futura).

Hay más métodos que complementan secundariamente los métodos básicos, por ejemplo: el juego de roles, dibujar, varias expresiones creativas (como bailar) etc.

En las diversas culturas respetamos diferentes métodos, o digamos: varias formas de manejar los métodos. Unos aprecian especialmente los rituales.

Otros prefieren formas de trabajo más desapasionadas y objetivas. A algunas personas les gusta trabajar solas, otras necesitan el apoyo en grupos.

Las técnicas de relajación se hacen en grupos de forma más fácil y emocionante.

La multitud y la variedad del trato de la educación de la personalidad es parte de una cultura.

Reflexiones y discusiones

■ La educación de la personalidad, desde el autoconocimiento hasta la individuación, contiene varios métodos que cada uno utiliza adaptándolos al sistema psíquico: El entrenamiento autógeno, la relajación muscular progresiva, el entrenamiento mental para el psico-dinamismo, la relajación psico-física, la psico-higiene. La imaginación práctica: ver imágenes interiores, contemplación para: todos los subsistemas psíquicos, los demás, las instituciones, los símbolos, los arquetipos. La interpretación de los sueños: interpretar los sueños, ampliar con juegos de roles, dibujar, etc., para: todos los subsistemas psíquicos, los demás, las instituciones, la evolución humana, la situación política, el medio ambiente etc. La introspección: entrar en sus propias emociones y pensamientos, experimentar interiormente para: todos los subsistemas psíquicos. Las reflexiones racionales y analíticas: pensar, elaborar pensando para: todos los subsistemas psíquicos. La adquisición de conocimientos: leer, aprender autodidácticamente, entrenamiento (cursos teóricos y prácticos) para: todos los subsistemas psíquicos, los demás, las instituciones. Tener un libro de trabajo como ayuda para la orientación y para sistematizar el trabajo.

■ Varios métodos se completan mutuamente. La imaginación por ejemplo muestra otros aspectos que la elaboración analítica (racional). La imaginación y la interpretación de los sueños son la entrada imprescindible en el inconsciente. Hay que elaborar racionalmente el resultado. Las experiencias internas no son suficientes para una transformación, una ampliación y un crecimiento. La relajación no crea la educación de la personalidad.

■ El aprender de los métodos anda paralelamente con la adquisición de conocimientos. Hay que entrenar los métodos, practicándolos para experimentar el conocimiento: Aplicando los métodos, llegamos a conocimientos por experiencia. La adquisición de conocimientos los podemos profundizar practicando los métodos.

■ El autoconocimiento llega a ser un entrenamiento por practicar los métodos. Cada rendimiento superior pide más entrenamiento (como en el deporte).

Diagrama 13: Los métodos de la auto-educación

 TECHNIQUES OF RELAXATION

 THINKING OPERATIONS

 INTROSPECTION

 ACQUIRE KNOWLEDGE

 FORMING IDENTITY

 WORK DIARY

 SELF-CONTROL

 CONTEMPLATION

 MENTAL-TRAINING

Las diez técnicas de vivir como parte de un estilo de vida

Apuntamos algunas experiencias, sugerencias y pequeños consejos de la vida cotidiana, para la vida personal y profesional, siempre dirigidas constructivamente hacia la educación de la personalidad:

1. El principio de los pasos pequeños:
- Descomponer la meta final en metas singulares, y éstas en metas finas y micras
- Un camino largo consiste en muchas partes pequeñas, éstas en muchos pasos
- Cada día 1 hora de trabajo = 365 horas al año, = 48 días a 7,5 horas = 10 semanas
- Concentrarse al micro-nivel sin perder la meta final; esto alivia
- Poner cada piedra de construcción en su lugar dentro del conjunto

2. Elaborar la información:
- Lo que conoces, no hay que leerlo, verlo o escucharlo 100 veces más
- Dirigir la concentración hacia lo nuevo, desconocido y extraño
- Dar el peso a la información, según importancia y actualidad, poner prioridades
- Poner en el contexto las informaciones recibidas (¡Siempre hay intereses!)
- No sólo entender lógica y objetivamente, sino también elaborar intuitivamente

3. Dosificar la multitud y las fuerzas; analizar el campo de las fuerzas
- Una persona cansada, trabaja menos
- Recién comido, se trabaja mal
- Lo que es demasiado difícil, hay que descomponer en piezas pequeñas
- Planificar el día la víspera anterior, pero antes hay que terminar este día anterior
- Siempre hay que planificar un espacio de tiempo libre
- Un ritmo cada día, siempre igual o similar, es constructivo para rendimientos grandes
- Reconocer las fuerzas que producen una presión del mundo exterior

4. Aprender el autocontrol
- El que aprende puede mejor manejar su vida, sobrevive más bien

- El aprendizaje empieza con una percepción clara y una interpretación correcta
- Las metas mayores contienen siempre en todos sus pasos procesos de aprendizaje
- Entender los trastornos como un requerimiento (oportunidad) para aprender más
- Conocer su biorritmo por el diario y por un análisis de las horas diarias

5. El pensar positivo e inteligente
- Sólo el ingenuo se dice diariamente: "de día a día me siento mejor"
- Lo que significa 'mejor' hay que determinar inteligentemente
- Sólo un ignorante opina que una 'sombra' o un sufrimiento contiene nada de positivo
- ¿Qué he hecho bien? ¿Qué tengo que hacer de otra forma para que salga mejor?
- La felicidad nunca es duradera. Por eso: Busca la vida positiva en la 'vida normal'
- Primero, simplemente la vida es positiva. Por eso: ¡vívela!

6. Rendimiento al inicio de cada éxito
- De nada no resulta nada
- Cuanto más rendimiento, tanta más sustancia
- Fortalecer la confianza conscientemente sobre el hecho de rendimientos anteriores
- Cuando un tren no llega más adelante, cambie el tren
- Mucho es importante y urgente; mucho es trivial, pero no obstante importante
- El trabajo que satisface al 100% no existe
- Hay que reflexionar críticamente el rendimiento en el contexto del ser humano

7. Canalizar la percepción
- Ir a la parte trasera y ver las cosas de ahí
- Integrar la dimensión de la biografía (en la percepción amplias)
- Lo que parece tan claro y evidente, hay que examinarlo de cerca
- Si alguien dice la verdad, lo vemos en sus rendimientos morales
- El contenido de tu percepción no es tu vida en este momento, pues: ¡Más distancia!
- Nunca mide tu vida en percepciones momentáneas sobre ti mismo y los demás

8. El pensar lateral (el pensar que incluye todas las partes)
- Descomponer frases, separar pensamientos y recomponer de nueva forma
- Cambiar las palabras y ampliarlas con otras (similares)
- Poner las preguntas de otra forma y descomponer en preguntas parciales
- Cambiar la sucesión, en general, ordenar los fragmentos del pensar
- Hacer rodeos, la abreviación es muchas veces el camino más largo y más duro
- Ir a distancia de espacio y tiempo, así las dimensiones cambian
- Ampliar la dimensión del espacio y del tiempo, así se ve más claramente el asunto

9. 'Reframing': Dar sentido constructivo con otro contexto
- Lo que es desagradable o imposible recibe en una visión diferente una función positiva
- Poner el tema en un otro contexto y así buscar un sentido positivo
- Cambiar experiencias negativas en una positiva imagen filosófica de la vida
- Actuar puede descargar preocupaciones y dar nuevas experiencias
- "Los demás tienen también problemas"; nadie tiene que resolver todos los problemas
- De cada humillación tú puedes salir fortalecido; esto es mejor que salir 'malo'

10. ¡Vivir el ser humano!
- Mejor amar verdaderamente en el heno que amar con mentiras en una cama dorada
- Vivir sin sabiduría, eso lo pueden hacer billones (ya era siempre así)
- Conservar la salud, sí, pero: hay valores mayores que la salud física
- El éxito sin amor y sin espíritu tiene poco que ver con el ser humano
- Vivir con una cierta distancia flexible en todas las relaciones y jerarquías

Notas y perspectivas

1. ¿Qué es el provecho de las 10 técnicas de vivir para la vida diaria?

2. Anota los términos esenciales de este subcapítulo:

3. ¿Qué/quién es el hombre que no práctica ningún método esencial de la autoeducación?

4. Explica: Las técnicas de vivir son esenciales para mí, porque:

5. ¿Qué has aprendido en tu casa paternal, en la escuela y en la Iglesia sobre los métodos de la autoeducación?

6. ¿Qué importancia tienen las 10 técnicas de vivir en la discusión entre parejas?

7. ¿Cómo se muestran los métodos de la autoeducación en la política y la economía?

8. ¿Qué transmite la publicidad sobre las técnicas de vivir?

9. Apunta una pregunta importante para ti sobre los métodos:

5.2. Las condiciones del entorno

Si alguien quiere aprender un instrumento, tiene que organizarse: enseñanza, práctica y estudio. Es lo mismo con todo lo que hay que aprender. No hay efecto impresionante, cuando alguien se ocupa de vez en cuando para una cosa y eso sólo cuando se aburre. Hay que organizar la educación de la personalidad.

Esto empieza con algunas preguntas: ¿Qué es lo que quiero? ¿Dónde lo recibo? ¿Cómo organizo las ocupaciones en un plano? ¿Cuándo trabajo? ¿Qué recibe prioridad?

Ciertos hábitos pueden ser útiles. Cada uno tiene sus propias preferencias.

Algunos principios son generales: La educación de la personalidad necesita tiempo diariamente. Hoy la mayoría de la gente tiene suficiente tiempo.

Quizá hay que ajustar el despertador un poco más adelante para escribir los sueños en el diario.

Unos pueden practicar regularmente un corto ejercicio de relajación durante la pausa en el trabajo. Otros tienen un poco de tiempo a mediodía para hacer un pequeño entrenamiento mental.

Por la tarde todos tienen unos minutos para sí mismo, al menos dos o tres veces a la semana. Durante el fin de semana siempre hay suficiente tiempo para varias ocupaciones con sigo mismo.

Pues, es una forma de vivir, un estilo de vivir con amor, espíritu y sabiduría. Así no se disipará su vida con charlas vacías, consumo pasivo o dormitar a lo largo del día.

'Actividad interna en vez de actividad externa' es un lema donde los movimientos externos significan desgaste de fuerzas con ningún valor.

La integración de la educación práctica en la vida diaria llega a ser interesante, cuando nos imaginamos nuevas formas de vivir:

Entrenamiento de relajación y meditación integrado en el plano diario del trabajo, en el tiempo libre participar en programas para formar su personalidad, en la relación personal y en su propia familia realizar conferencias sobre la educación de la personalidad.

En lugar de pasar sus fines de semana sin hacer nada, o en lugar de contaminar el medio ambiente moviéndose sin sentido, participar regularmente, como una forma de vivir, a algún curso sobre las cuestiones de la 'personalidad'.

La diversión es una parte de nuestra cultura. Los medios de información divierten a los hombres, y nos ofrecen también información.

Quien puede dar calidad a su vida, sabe distinguir entre calidad y cantidad, mire la tele de forma moderada, consuma su cerveza con estilo e inteligencia, se pone en juego en la política no para desfogarse de sus frustraciones, sino por amor a la vida.

La cultura como forma de vivir, y no como un artículo de consumo, integra el autoconocimiento y la individuación.

Aquí no hay demanda para: espectáculo, sensación, demostración del poder o lavado de cerebro, manipulando los sentimientos.

Vivir en la individuación es: verdadero, creativo, fresco, objetivo y esencial.

¿Hay argumentos contra esta forma de vivir?

¿Adónde vamos si nadie más vive estos valores en nuestro mundo?

Reflexiones y discusiones

■ El autoconocimiento y la individuación no se pueden realizar suficientemente sólo en unas enseñanzas. La educación práctica forma parte de la vida, es una forma de vivir. Según el nivel de la individuación esta forma de vivir cambia. Quien alcanza la tercera fase de la individuación desarrolla otra vez una nueva calidad de vida. Pero siempre, durante toda la vida, las actividades forman parte de la vida. Participar en cursos teóricos y prácticos es un trabajo básico. El entrenamiento en cursos es la aplicación, la ampliación, la profundización y la utilización. Sobre esto cada uno tiene sus posibilidades y tendencias a integrar los conocimientos y los métodos en su vida diaria. ¿Qué posibilidades vives tú?

■ Los trabajos prácticos de la autoeducación, cuando no tienen lugar en un curso, piden algunas condiciones del entorno, para que lleguen al éxito:

* La forma de vivir tiene que facilitar espacio y tiempo.
* El entorno vital tiene que aceptar y facilitar estos trabajos.
* Las actitudes forman una base vital para este trabajo.
* Hay que utilizar el potencial de las actividades del aprendizaje.

¿Qué es lo que lleva el autoconocimiento al éxito?

■ Damos algunas sugerencias para el trabajo práctico:

* escribir diariamente los sueños
* diariamente relajarse dos veces (unos minutos)
* por la tarde 'vaciar la mente' con un pequeño ejercicio
* reservarse el tiempo para la educación en el plano diario
* hacer cada día un breve relato imaginativo sobre cualquier tema
* hacer regularmente una retrospectiva biográfica
* participar regularmente a cursos prácticos
* notarse regularmente el resultado de los cursos prácticos
* leer en un libro cada semana unas horas
* conocer a personas que hacen la autoeducación y compartir
* probar nuevas posibilidades, y evaluarlas posteriormente
* resumir periódicamente las actividades y el resultado del trabajo
* con un ritmo semanal elaborar otro subsistema y otro objetivo

¿Existen réplicas contra estos métodos?

Diagrama 14: Organización de la auto-educación

 Well planning of time

 Positive attitudes

 Clear day purposes

 Meditation music

 Right tempo

 Learning activities

 Training

 Work planning

 Consider noise in the environment

 Participate on courses

 Considering the environment

 Staying on the ground

 Work diary

 Evaluation

La vida de hoy como fundamento de la vida del mañana

● Tú piensas, el amor no es importante. Otros piensan lo mismo. Todos piensan así. ¿Qué ahora?

● El profesor no quiere sabiduría, el maestro tampoco la quiere. ¿La consecuencia?

● Uno piensa que el autoconocimiento es una tontería. El otro también, finalmente todos. ¿Y ahora?

● Uno dice, sólo el dinero es importante; otros también; luego muchos y al final todos. ¿Qué hay después?

● Uno dice: tienes que ser más rápido que el otro; todos dicen esto. ¿Cómo aparenta?

● Primero, uno gana con mentiras; después varios, luego muchos y todos. ¿Qué opinas de esto?

● Muchos ya están diciendo: los sentimientos no son importantes. ¿Qué viene después?

● Los débiles y los enfermos son separados. Tú vas a ser débil y enfermo con 58-85 años. ¿Embarazoso?

● El varón no tiene necesidades psíquicas; tampoco la mujer. ¿Qué opinas de esto?

● En 30 años tenemos que administrar 10 veces más residuos radioactivos que hoy, y esto durante 10.000 años. ¿Cuánto costaría la luz hoy, si facturaríamos esta administración?

● Todos los europeos son 50% más sanos, viajan 50% menos en coche. ¿Las consecuencias?

● En todas las casas y empresas gastan 50% menos luz. ¿Por qué? ¿Cómo?

● 50% de los adultos europeos hacen el autoconocimiento cada día una hora. ¿Consecuencias?

● La segunda pregunta en una conversación de presentación para un puesto de jefe: ¿Té conoces bien?

● El maestro puede ser él que ha elaborado su biografía. ¿Qué opinión tienes sobre esto?

● Que cada europeo reduzca sus residuos a 50%. ¿Qué consecuencias va a tener esto?

● Los políticos europeos no mienten y no desvirtúan más. ¿Qué efecto va a tener esto?

● Cada sacerdote de las religiones grandes es un hombre que ha cumplido la individuación. ¿Qué pasa después?

● Los jefes del Estado y los ministros son hombres (mujeres) que han cumplido la individuación. ¿Qué pasa después en la vida política?

● El 50% de todos los adultos europeos reflexionan sobre su vida en el tiempo libre. ¿Qué cambiaría?

● Nadie tiene placer en rendimientos mayores del deporte (pero sí en el deporte). ¿Qué efecto va a tener esto?

● 10 millones se manifiestan porque nadie más toma en serio el amor. ¿Es imaginable?

● Una hora cada día de autoconocimiento en cada puesto de trabajo. ¿Tomaría alguien este puesto de trabajo?

● Nadie quiere aprender más después del colegio y del aprendizaje profesional. ¿Consecuencias?

● Las mentiras (de vida) huelen como la canalización de cloacas. ¿Cómo se tratan unos a otros?

● Todos los adultos leen cada año 12 libros sobre la vida psíquica. ¿Qué podría cambiar?

● Los periódicos informan cada día sobre los sueños de muchas personas. ¿Espectáculo emocionante?

● En todos sitios hay un 'centro de la autoeducación'. Todos van ahí. ¿Relaciones vecinas?

● Sólo puede casarse quien ha hecho un autoconocimiento/una autoeducación profunda. ¿Ventajas?

● Está prohibido procrear un niño sin un autoconocimiento/una autoeducación profunda. ¿Quién podría protestar?

● Puede ser jefe él que tiene carácter sólido, formado por la autoeducación. ¿Mala suerte para quién?

● El 75% de los adultos entrenan cada día 2 veces diez minutos la 'psico-higiene'. ¿Qué efecto colectivo tiene esto?

● El nivel del salario está conectado con el nivel alcanzado en la individuación. ¿Por qué no?

● Cada uno escribe en su puerta lo que le hace feliz. ¿Cómo hablarían los hombres?

El profesor de sociología Ulrich Beck dice: "Detrás de los muros de la indiferencia crece el peligro con exuberancia."

Con esto quiere decir que negar y no percibir los riesgos globales representa el mismo riesgo como los riesgos reales.

Y: "Riesgos denegados crecen especialmente bien y rápidamente."

Los ocho pecados mortales que producen condiciones miserables

Profesor Konrad Lorenz revela claramente los ocho pecados mortales. Presentamos su sumario, aquí más resumido para discutir:

1. La superpoblación del mundo nos fuerza por la 'oferta inmensa' de contactos sociales a protegernos de forma inhumana ... lo que provoca agresiones.

2. La devastación del entorno natural destruye también en el hombre mismo todo respeto a la belleza y grandeza de un ser mayor.

3. La carrera ... consigo mismo, que lleva adelante el desarrollo de la tecnología para nuestra perdición, hace ciego al hombre para todos los valores verdaderos.

4. La pérdida de todos los sentimientos fuertes ... por enervación; la progresión de la tecnología y farmacología activan la intolerancia aumentando contra todo lo que produce desgana.

5. La decadencia genética: No podemos excluir que mucho infantilismo que hace hoy la juventud rebelando a parásitos sociales, está probablemente condicionado genéticamente.

6. La destrucción de la tradición ... la generación joven no consigue entenderse culturalmente con la generación anterior, ni mucho menos a identificarse. La trata por eso como un grupo étnico extraño.

7. El aumento de la enseñanza dogmática al hombre: El aumento de un grupo cultural llega junto con la perfección de la tecnología a una influencia de la opinión publica hacia una uniformidad de conceptos como nunca en la historia de la existencia humana, a esto hay que añadir el efecto sugestivo de una doctrina que crece con el aumento de sus adeptos. Los efectos de des-individualización

son bienvenidos para los que quieren manipular la masa de seres humanos.

8. El rearme con armas nucleares.

Consecuencias para la autoeducación: Estos hechos son limitaciones e impedimentos muy graves para una autoeducación libre, autónoma y creativa. El círculo vicioso está en la mano: El que no hace nada contra estos ocho pecados, está afectada sí mismo y está impedido en su esfuerzo para el autoconocimiento. Así en el futuro está fomentando un entorno de impedimento.

Nuestra tesis: La autoeducación llega fuera del aislamiento de la masa y empuja a nuevas formas de vivir, donde hay una población equilibrada. La autoeducación fortalece el respeto a la creación y por eso a la protección del entorno vital natural. El autoconocimiento es un freno natural contra la carrera del espíritu de nuestra época. La autoeducación fortalece los sentimientos y forma una capacidad de manejar la desgana de forma constructiva. La autoeducación reduce el infantilismo. El autoconocimiento valora críticamente la tradición y desarrolla de forma evolutiva-progresiva la vida cultural. El autoconocimiento es libre del adoctrinamiento y de la des-individualización. La individuación y las armas nucleares son incompatibles.

El filósofo Karl Jaspers dice sobre la libertad y la responsabilidad:

"Lo malo existe por la libertad. Lo que no está dentro del poder de la libertad no tenemos que responsabilizar. ¿Qué hay en el poder de la libertad? En primer y último lugar yo mismo para mí mismo, en tanto que pueda ser transparente o encerrado en mí mismo." (Queremos añadir que Jaspers ve el origen de la maldad no sólo en el hombre sino también en algo más allá del hombre.)

El psiquiatra C.G.Jung opina sobre esto: "La naturaleza del hombre es capaz de malicia". "Sólo el ser inconsciente no conoce lo malo."

Notas y perspectivas

1. ¿Para qué sirve una autoeducación conscientemente organizada en la vida diaria?

2. Anota los términos esenciales de este subcapítulo:

3. ¿Qué es el hombre que no da ninguna importancia a los riesgos ("los ocho pecados mortales")?

4. Explica: Organizo mi autoeducación, porque:

5. ¿Qué has aprendido en la casa paternal, en la escuela y en la Iglesia sobre las 'condiciones externas' (para la autoeducación)?

6. ¿Qué importancia tiene la organización de la autoeducación en la comunicación entre parejas?

7. ¿Cómo reaccionan los políticos y los economistas sobre los 'ocho pecados mortales'?

8. ¿Qué transmite la publicidad sobre los efectos que tendrá nuestra vida de hoy en diez, veinte o más años?

9. Apunta una pregunta importante para ti sobre la organización de tu autoeducación:

5.3. La responsabilidad

Nadie puede descargar otra persona de su propia educación de la personalidad.

Nadie puede llevar consigo a otro en la mochila en el camino de la individuación.

Cuando nadie más vive el amor en este mundo, pues se extingue.

Cuando nadie más toma la responsabilidad para los valores humanos, pues desaparecerán del teatro mundial.

Cuando no habrá más espacio para los niños, los ancianos, los inválidos, los enfermos, los débiles y los pobres, pues la humanidad deja de existir.

Cuando nadie más pregunta sobre la vida psíquica del ser humano, pues ella responderá con fuerza despiadada.

Si no hay evolución colectiva, iremos adelante en el camino regresivo.

Desaparecen el amor y el espíritu, luego dominarán el odio y la violencia.

La historia es la suma de las historias de las personas con sus dependencias mutuas.

Por eso cada uno contribuye con su parte a la evolución o a la regresión, al amor o al odio.

Cada uno tiene que hacer balance al final de su vida.

Cada uno se hace la pregunta interior: ¿Has gastado tu vida? ¿Qué has contribuido por tu vida a la historia de la comunidad humana?

La mayor felicidad al fin de la vida es para cada persona, cuando pueda mirar detrás y sabe:

"He vivido y utilizado mi vida con todas mis posibilidades. Me he conocido a mí mismo y me he educado a mí mismo, he vivido el amor y el espíritu. Más y más he llegado a ser una representación del 'círculo-cruz-arquetipo'. He dado a mi vida interior una expresión exterior, fundada en la individuación. He aprendido a amar los valores de la vida psíquica y he vivido estos valores en mis relaciones."

Y: "He conectado mi inteligencia con el espíritu, vivido mi calor de corazón y mi espíritu, he conectado mis acciones al espíritu."

Hay personas que apenas tienen posibilidades de tomar responsabilidades para su vida más allá de sus condiciones existenciales mínimas.

Nadie puede escaparse de su entorno vital. Unos tienen muchas oportunidades, otros no descubren el acceso.

Pero él que tiene las condiciones mínimas para abordar su autoeducación, para aprender y llevar adelante el proceso, está enfrente de la decisión, si quiere tomar la responsabilidad o no.

Esto es lo esencial de la pregunta sobre el sentido del ser humano:

La propia vida psico-espiritual es el tema básico del ser humano, como realidad y pregunta, como resultado y conocimiento.

El hombre debe formar su personalidad y su individuación. Él debe llegar a ser y a vivir lo que es como una totalidad psico-espiritual.

Esto es la responsabilidad que cada uno tiene de su interior sobre sí mismo, sobre su vida y sobre los demás.

Reflexiones y discusiones

■ El hombre crea muchas de sus condiciones a sí mismo. Algunas condiciones pueden cambiar. Esto significa: Muchos hechos en la vida y sus efectos pueden ser cambiados. Cada uno tiene su espacio de juego dentro de su responsabilidad para accionar.
¿Cómo ves tú espacio de juego?

■ Cual sea la forma de vivir: siempre tiene consecuencias, para la persona y los demás, para el medio ambiente y retroactivo otra vez para él. El hombre puede hacer lo falso, hacer nada o demasiado poco. Nadie puede vivir sin que tuviese efectos para su futuro. La vida exige siempre la responsabilidad. Pero hay escapatorias: El otro tiene la culpa. Los otros tienen que hacer. Cuando tengo tiempo, haré. Esto es la voluntad de Dios. Me siento bien hoy, ¿Para qué tengo que hacerme preocupaciones para mañana?

■ Hay muchas situaciones iniciales y factores activos en la vida que no es por causa de uno mismo, tampoco pueden ser imputados a los demás. La vida nunca es calculable. La infelicidad y el sufrimiento no son 'malos' por sí; Muchas veces no podemos imputar esto a otras personas. Porque hacen parte de la vida.
¿Qué opinas sobre esto?

■ Una gran parte de la población está 'afectada por el destino':
* Muchos son enfermos y sufren interiormente.
* Muchos son discriminados socialmente y sufren de privaciones.
* Muchos en jubilación se sienten 'tirados por fuera'.
* Muchos son excluidos por su debilidad del "combate".
* La sociedad no está hecha para los niños; muchos sufren por eso.
* Muchos ancianos sufren por su achacosidad y soledad.
* Muchos grupos sufren bajo de la violencia de otros.

■ Lo que los hombres hacen hoy para sí mismo, lo hacen para su futuro y para el futuro de los otros. Todo lo que hacen desequilibradamente y a cuenta de la vida psíquica y la individuación, retroactiva hacía ellos: Nunca se pierda la vida psíquica reprimida, el amor rechazado y el espíritu ignorado. Como conversión en el contrario les golpeará a todos. Así cada uno tiene su responsabilidad para sí mismo y para los otros.

Diagrama 15: El ámbito de efectos de la corresponsabilidad

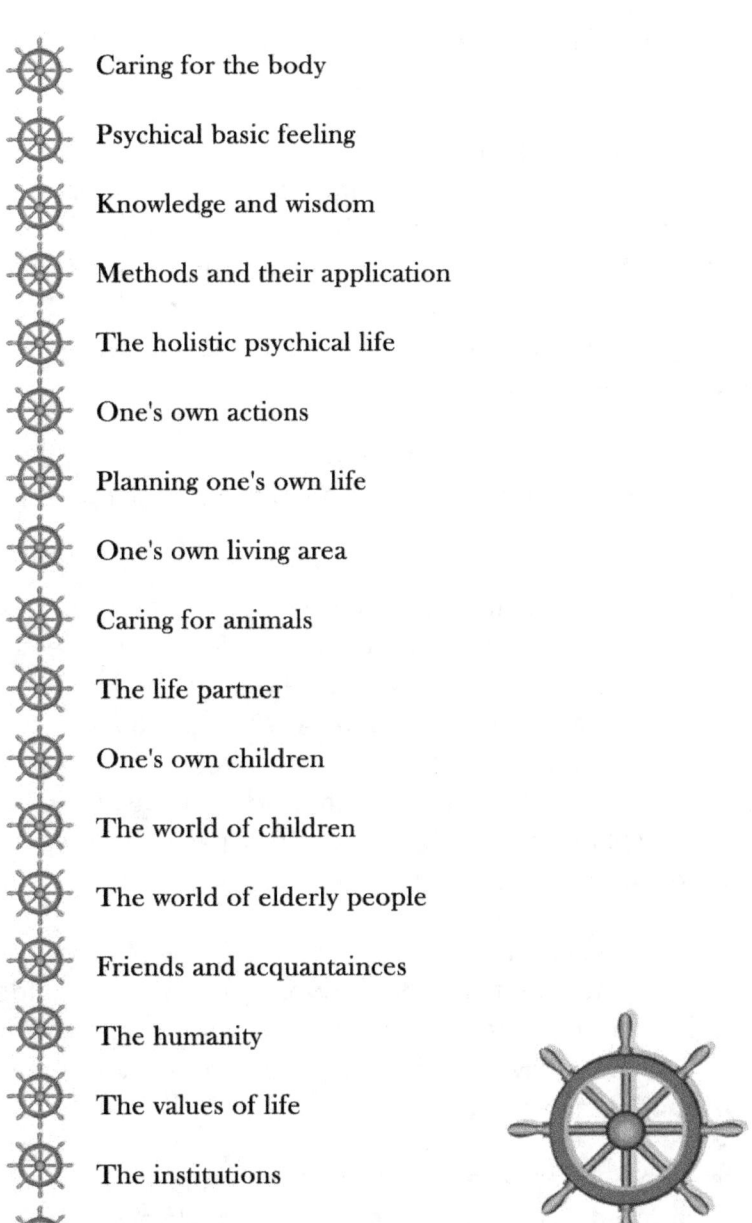

- Caring for the body
- Psychical basic feeling
- Knowledge and wisdom
- Methods and their application
- The holistic psychical life
- One's own actions
- Planning one's own life
- One's own living area
- Caring for animals
- The life partner
- One's own children
- The world of children
- The world of elderly people
- Friends and acquantainces
- The humanity
- The values of life
- The institutions
- Cultural assets

La responsabilidad y la conciencia

Los aspectos que muchos no quieren aceptar:

En el diccionario de filosofía (católico, cristiano) de Walter Brugger se escribe sobre la 'responsabilidad':

"La responsabilidad es una consecuencia imprescindible de la libertad de la voluntad y de la imputabilidad basada en esta responsabilidad. En virtud de esto la persona moral, como causa esencial de su acción buena y mala, tiene que responder de sus acciones delante su conciencia, delante del entorno moral y sobre todo delante del juez divino, y tiene que tomar las consecuencias de su comportamiento que no vienen."

En una visión pedagógica encontramos en el diccionario de Walter Horney algunos aspectos que determinan claramente 'la responsabilidad':

"La capacidad y la disposición para dar respuestas a una petición ... con la garantía de mi entera persona para mi respuesta. Ser responsable es un sentimiento situado básico que tiene un carácter obligatorio e inevitable. El absoluto de la responsabilidad verdadera remite a la conciencia, realizando el 'deber' y tomando su obligación como verdadera. La fundación de esta obligación verdadera, percibida con el deber absoluto para una respuesta y una acción responsable sólo se puede dar de la religión."

Si acercamos la palabra 'religión' a 're-ligar', es decir como una 'retro-ligadura' original hacia el interior, y esto lo entendemos como 'ligarse al organismo psíquico' y a la evolución psico-espiritual, llamada 'individuación', podemos utilizar (y valorar) esta definición constructivamente.

Pero planteamos la pregunta de lo que se forma en la conciencia por la educación, la formación, la socialización y la aculturación; en otras palabras:

Lo que es originalmente de la conciencia (es decir independiente de cada educación, de cada medio ambiente).

Pero es seguro que no podemos imaginarnos una humanidad (una 'persona-génesis') sin responsabilidad.

Casi seguro es también que el hombre tiene una disposición de consciencia como estructura cerebral, similar a la inteligencia, a la imaginación, a la fuerza del amor etc.

¿Necesita el ser humano una consciencia?

Sin consciencia sólo queda la vida instintiva, o la vida pobre de instinto.

¿Adónde llega esto si ninguna persona más toma la responsabilidad para cualquier cosa?

¿Adónde llega si ninguna persona más toma la responsabilidad para su vida?

¿Cómo se puede tomar la responsabilidad de su vida, pero no hacer ningún autoconocimiento y ninguna autoeducación?

¿Quiere el hombre participar en la comunicación y en las decisiones en los asuntos de 'conocimiento moral', de 'educación de la consciencia' y de la 'responsabilidad'?

Puede participar como un indoctrinado.

O puede participar como una persona que está formada profundamente en el autoconocimiento, y que por esta experiencia sabe lo que contiene la vida psíquica, sobre todo lo que significa esta vida para la humanidad.

Los vínculos del autoconocimiento y de la autoeducación

Los métodos y las técnicas para vivir – Las condiciones del entorno – La forma de vivir – La responsabilidad

1. No hay un ser humano sin procesos de aprendizaje. Desde las primeras culturas altas el hombre reflexiona, está formada y se forma a sí mismo, parcialmente condicionado históricamente, parcialmente por el simple hecho de que el 'ser humano' significa el organismo psíquico.

2. Cual sea la comprensión de las fuerzas psíquicas en su gravedad y su prioridad, las formamos dentro del entorno cultural. Cada uno, cual sea su raza o su nación, su idioma o su religión, tiene un organismo psíquico.

Cada persona llega a ser 'hombre' sólo por su organismo psíquico, y por su formación sale sólo lo que contiene el potencial de la 'evolución humana'.

3. ¿Cómo se puede guiar y educar a los hombres sin conocer ampliamente este organismo psíquico?

¿Cómo podemos entendernos mutuamente, mientras comprendemos poco o nada sobre la realidad psíquica?

4. El desarrollo humano es más que 'acumulación' de muchos pequeños procesos de aprendizaje, más que un cumplimiento de los programas de vida, determinados por la cultura (por ejemplo: 'crear una familia), y más que una visión materialista podría reconocer.

Sin autoconocimiento y sin autoeducación el hombre no tiene ninguna oportunidad, encontrar una libertad autónoma e informada.

5. ¿Por qué deberíamos promover a personas en nuestra comunidad que no tienen ningún interés en el autoconocimiento y la autoeducación (pero seguramente tienen la oportunidad de elaborarlo)? Hacen daño al ser humano y a la evolución.

6. Decimos a todos que no hay que promover el amor, tampoco la fuerza espiritual, la sinceridad, la humildad y lo que representa el 'círculo-cruz-Mandala' (el arquetipo de la totalidad), hasta que todos en la tierra digan lo mismo.

¿Qué queda después?

7. Imagínate: Nadie en este mundo se emplea para la reducción del odio, de la avidez, de la envidia, de la violencia, de las mentiras de la vida, del egoísmo, del materialismo, de la adicción de sensaciones, del afán de poder y de la denegación de la vida psíquica.

¿Quieres vivir en un tal mundo, vivir tu vejez durante 20-30 años?

¿Y tus niños tienen que vivir en tal mundo?

8. ¿Por qué no puede ser 'normal' y 'evidente' que promuevas a las personas en sus acciones que hacen lo bueno para la comunidad humana, sea por su propia autoeducación, sea por tomar en responsabilidad esta cuestión para los otros?

9. Imagínate que hayas formado en un buen equilibrio tus fuerzas psíquicas, también profundamente y sistemáticamente investigado y reconocido.

¿No te parece 'normal' que en este caso te sentirás obligado a vivir lo que está formado en ti interiormente?

Al Gore toma claramente posición para el autoconocimiento y la responsabilidad ligada, en su obra 'Wege zum Gleichgewicht'. Cogemos de ahí unas frases:

Me ocupo desde muchos años intensamente en la búsqueda de las verdades sobre mí y mi vida. Y sé que muchos hacen lo mismo. Más personas que jamás se preguntan: ¿Quién somos nosotros? ¿Cuál es nuestra meta? ...

Al final y al mismo tiempo he buscado un mejor entender de mi propia vida y de las posibilidades para salvar el medio ambiente global ...

La llave está efectivamente en el equilibrio, el equilibrio entre pensar y actuar, entre preocupaciones personales y la obligación enfrente de la sociedad, entre el amor al medio ambiente natural y nuestra civilización impresionante ...

(Mis creencias) están arraigadas en la fe imperturbable en Dios, como Creador y Conservador, en una interpretación profundamente personal de Jesús Cristo y mi entender de Él ...

Esto es la esencia de la fe: Exponerse libremente a una fuerza espiritual que es mayor a nosotros ...

Tenemos que ser honrados entre nosotros y tomar la responsabilidad para lo que hacemos ...

La decisión está en nuestra mano; En el juego es la tierra."

'Jesús Cristo' como término del 'Self' en la individuación cumplida (según C.G.Jung, Aion) nos ofrece en este contexto un puente al horizonte trascendental del autoconocimiento y de la auto-educación.

Notas y perspectivas

1 ¿Para qué sirven la autorresponsabilidad y la consciencia en la vida diaria?

2. Anota los términos esenciales de este subcapítulo:

3. ¿Qué es el hombre sin responsabilidad para su desarrollo psico-espiritual?

4. Explica: Tomo la responsabilidad en el desarrollo del ser humano evolutivo, porque:

5. ¿Qué has aprendido en tu casa paternal, en la escuela y en la Iglesia sobre la responsabilidad para la autoeducación?

6. ¿Qué importancia tiene la responsabilidad para la autoeducación entre parejas?

7. ¿De qué modo promueven la política y la economía la responsabilidad para la autoeducación

8. ¿Qué transmite la publicidad sobre la co-responsabilidad para la evolución psico-espiritual?

9. Apunta una pregunta importante para ti sobre la responsabilidad y la consciencia:

5.4. Resumen – Tesis

❑ Lo siguiente forma parte de la educación de la personalidad:

- adquirir conocimientos y experimentarlos consigo
- técnicas de relajación
- entrenamiento mental
- interpretación de los sueños (manejar el mundo de los símbolos)
- meditación: imaginación, visualización, contemplación
- elaboración racional y contemplativa, sistemáticamente

❑ La autoeducación significa: vivir para aprender, experimentar, formar, practicar, ejercer, evaluar

❑ La educación de la personalidad demanda un entorno favorable:

- forma de vivir con espacio y tiempo
- relaciones para un intercambio
- motivación y metas claras en cada nivel

❑ La autoeducación exige algunas actitudes como: amor, aceptación, responsabilidad, solidaridad, obligación. Pues: La denegación del autoconocimiento y de la individuación llega a un punto donde la vida interior reprimida y no educada se expresa destructivamente en otras formas.

❑ Muchas personas y muchos grupos están excluidos de la vida social a causa de sus debilidades; esto es un resultado de la falta de autoeducación del ser humano.

▥ Escribe a un amigo/una amiga una carta, explicando y fundamentando lo que la autoeducación es en la práctica.

5.5. Unidad de trabajo

1. ¿Qué métodos has practicado hasta ahora?

2. ¿Cuáles de tus condiciones externas promueven la formación de tu personalidad?

3. ¿Cuáles de tus condiciones externas impiden la formación de tu personalidad?

4. ¿Qué fuerzas psíquicas has reconocido hasta ahora consciente y sistemáticamente, analizado y formado perseverantemente?

5. ¿Cuáles de tus fuerzas psíquicas hay que formar con prioridad según tu opinión? ¿Y con qué métodos alcanzas la formación de estas fuerzas?

6. ¿Cómo se expresa la vida diaria, si estás integrando la formación de tu personalidad (por la tarde, durante el fin de semana, durante las vacaciones)?

7. La gestión (el control) de la entera vida psíquica. Pon la cifra que té afecta:

4 = regularmente   3 = a menudo   2 = a veces 1 = poco/raro
0 = nunca/no

☐ Si tengo un problema me ocupo sistemáticamente de esto.
☐ Tomo el momento adecuado para enfrentarme con dificultades.
☐ Retirándome para reflexionar reduzco toda fuente de ruido.
☐ Me relajo con método.
☐ Aplico una técnica para vaciarme de pensamientos.
☐ Atormentado de recuerdos intento comprenderlos

- [ ] Tengo un diario/diario de sueños/un diario de autoanálisis.
- [ ] Tengo mis trucos para enfrentarme a mi estado de ánimo
- [ ] Sé en qué tiempo del día estoy bien dispuesto para cada tarea.
- [ ] Interpreto mis sueños.
- [ ] Medito según reglas y pasos de trabajo.
- [ ] Puedo regular cercanía y distancia a hechos de la vida diaria.
- [ ] Tengo música de meditación en mi casa y la utilizo.
- [ ] Deambulo/ando con gusto solo/sola en campos y prados.
- [ ] Puedo expresar mis dificultades internas y mi estado de ánimo.
- [ ] Tengo un rincón en mi vivienda donde puedo escribir y estudiar.
- [ ] Compro regularmente libros para ampliar mi horizonte.
- [ ] Telefoneando tengo un buen autocontrol.
- [ ] Me puedo guiar conscientemente en una charla íntima.
- [ ] Movido de pensamientos me ocupo sistemáticamente con ellos.
- [ ] Puedo aceptarme teniendo dificultades.
- [ ] Tomo el tiempo necesario para abarcar mi forma de vivir.
- [ ] Hago listas sobre las cosas pequeñas que hay que llevar a cabo.
- [ ] Medito sobre arquetipos.
- [ ] Cuido y amplio mi auto-identidad como hombre/Mujer.
- [ ] Tomo el tiempo necesario para estar solo/sola.
- [ ] Presto atención a la forma de alimentarme.
- [ ] Mi experiencia física (corporal) es importante para mí.
- [ ] Puedo romper la monotonía en mi tiempo libre.
- [ ] Leo libros sobre la vida psíquica.
- [ ] Tengo una buena imagen sobre lo que contiene mi vida.

Puntos totales: ...

Comenta tu situación:

....

....

8. Dificultades con el uso de las técnicas de vivir.

Anota en las 10 técnicas mencionadas abajo lo que te parece difícil de realizar.

a) El principio de los pasos pequeños:
b) Dosificar el volumen y las fuerzas (el peso):
c) El autocontrol del aprender:
d) El pensar positivo (de forma inteligente):
e) El rendimiento al comienzo de cada éxito:
f) Dirigir la percepción:
g) El pensar lateral:
h) 'Reframing' (cuadrar en otro cuadro); Dar sentido constructivo:
i) Vivir el ser humano:

10. Competencias de métodos de la autoeducación. Anota tus preguntas y tu déficit para cada método mencionado:

a) Técnicas de relajación:
b) Operaciones del pensar:
c) Introspección:
d) Adaptar conocimientos:
e) Formar mi identidad:
f) Llevar un libro de trabajo (diario de sueños):
g) Autocontrol:
h) Contemplación:
i) Entrenamiento mental:

Describe tu nivel de competencias en el uso de estos métodos:

....

....

....

Imaginación

Tema: "Así trato mi formación de la personalidad."

Imágenes: Un jardín. Cuidar plantas.

¿Qué idea básica de esta unidad consideras como *la central para la autoeducación?*

Anote un conocimiento básico (un pensamiento, un hecho) de esta unidad que *cada uno tendría que saber:*

Test de elección múltiple:
Elige las cuatro respuestas correctas y pon una cruz, así: ☒ a) placer

5.1. Los métodos prácticos; Los métodos esenciales de la formación de la personalidad y de la individuación son:

☐a) el entrenamiento autógeno   ☐b) la imaginación
☐c) la interpretación de los sueños   ☐d) cocinar sanamente
☐e) producir iluminación   ☐f) la contemplación

5.2. Las condiciones del entorno; Las condiciones elementales en el entorno vital para la educación de la personalidad son:

☐a) amigos que ayuden   ☐b) escribir diariamente sus sueños
☐c) adquirir muchos conocimientos ☐d) meditar regularmente
☐e) vivir como vegetariano   ☐f) llevar un diario

5.3. La responsabilidad; Las siguientes explicaciones resultan de la educación de la personalidad alrededor del tema 'responsabilidad':

☐a) Muchos problemas sociales podemos resolverlos con la autoeducación.
☐b) El hombre tiene que aceptar su responsabilidad para los valores con los que vive.
☐c) Lo que el hombre vive, tiene efecto en él y es retroactivo por el colectivo.
☐d) La gente exagera la consideración de la vida psíquica.
☐e) Cada persona tiene su responsabilidad frente a sí mismo y los demás para todo lo que no hace, pero podría hacer respeto a la autoeducación.
☐f) La responsabilidad de la individuación se refiere sólo a los intereses personales.

6ª Unidad: El 'autocontrol' diario

6.1.   El 'autocontrol' y la organización del tiempo

El 'autocontrol' en el tiempo libre (en el ocio)

El 'autocontrol' como una exigencia para sobrevivir

6.2.   La planificación y el orden en la vida privada

El éxito por trabajar eficazmente

La obligación central de la vida: el aprender continuo

6.3.   Crear una vida creativa

Las técnicas creativas para resolver los problemas

El rendimiento, la concentración y la memoria

6.4.   Resumen – Tesis

6.5.   Unidad de trabajo

Lema:

Quien sabe cómo guiarse con equilibrio, considerando las interdependencias del medio ambiente tiene las oportunidades óptimas para una vida con felicidad y éxito.

Brainstorming (= recoger ideas espontáneas)

Ten presente el título de este capítulo y los tres subtítulos. Haz unas notas sobre los siguientes puntos de vista antes de leer este capítulo, y antes de hacer los ejercicios de cada unidad.

a) Cuestiones que te planteas con cada título y subtítulo:

b) Palabras claves que te afectan a ti con este título y estos subtítulos:

c) Asociaciones (es decir: ideas, sentimientos, recuerdos etc.) que tienes con estos títulos y subtítulos:

6.1. El autocontrol y la organización del tiempo

"Control" significa: dirigir, realizar, ejecutar hábilmente, organizar, gestionar y controlar. Estos son algunos términos que se utilizan en el mundo laboral, en una empresa; y aquí: para la propia vida. Dicen: "El tiempo es oro".

La pregunta principal en las últimas horas de una vida es ciertamente: ¿Qué has hecho con tu vida, con tu tiempo y tus posibilidades en la tierra?

Muchos gastan su tiempo y no notan suficientemente sus posibilidades reales. Son también muchos los que tienen una filosofía 'postmoderna': gozar la vida, descansar, vivir experiencias emocionantes, holgazanear, hacer dinero, nunca tomar la vida en serio, charlar, vivir a tontas y a locas, iniciar excitaciones, y "que me dejen en paz". El autocontrol puede ser una alternativa realista.

Podemos dividir el tiempo de una vida en cuatro fases:

1) La niñez y la juventud hasta aproximadamente la edad de 20 años;
2) Más o menos 10 años de fundación para la vida profesional y personal;
3) Después aproximadamente 30 años de vida laboral; y finalmente
4) Aproximadamente entre 15 y 30 años de vida en jubilación.

Con alrededor de 35 horas por semana (muchos con 28,8 horas; y otros en paro) queda bastante tiempo para la vida propia. Aquí hay oportunidades enormes para los intereses personales: la autorrealización en su sentido propio; compromisos para ideas y valores humanísticos (cultura, sociedad, política etc.); ¡Es un cumplimiento de la vida verdadera! No es necesario hacer una carrera, tampoco una formación académica para conseguir su propio 'gran proyecto' en la vida.

Sin embargo, el tiempo se desvanece para muchísimas personas: 15-25 horas de televisión a la semana; 10 horas y más para charlas con un contenido sin interés personal; más de 10 horas de quedarse en cualquier sitio; y, además, las pequeñas pérdidas de tiempo: llamadas, leer periódicos, visitas, riñas en las relaciones, esperar en la congestión del tráfico, la desorganización personal. Esto se acumula durante el transcurso de la vida:

¡Años que se pierden para nada! Y además mencionamos el "no hacer nada" en la fase de la vejez. El autocontrol es imprescindible para el cumplimiento de vida.

Mucho tiempo se disipa por las fuerzas psíquicas que frenan las actividades diarias, por ejemplo: una biografía cargada, necesidades no integradas, falta de pensar, falta de actuar correctamente, falta de capacidad de amor. Quien sueña mucho, pero no sabe cómo tratarlo constructivamente, pierde el tiempo.

La obligación a ideales, a valores y creencias que hubiera que revisar, significa desgaste de tiempo, y con esto: desgaste de vida. Un dinamismo de defensa habituado bloquea diariamente el curso de la vida.

Quien no toma en serio su cuerpo como una potencia vital, se crea problemas. El cuerpo necesita movimientos, una nutrición correcta, ropas agradables, un placer satisfactorio, la experiencia de la naturaleza, un equilibrio entre tensión y relajación, el cuidado de la sensibilidad, simplemente: un subsidio cuidadoso positivo del yo a sí mismo.

El hombre está con su cuerpo y su alma dentro de una dependencia mutua con el medio ambiente. Aquí también hay que considerar muchos factores para realizar constructivamente sus propias metas de vida. Por eso un autocontrol integradora consciente y una organización reflexionada del tiempo de vida son necesarios.

Reflexiones y discusiones

■ Una pregunta principal en la organización de vida controlada consecuentemente, es: ¿Para qué utilizo mi tiempo libre? Unos ejemplos: Ir al trabajo, leer periódicos/revistas, servicios, vestirse, trabajo en hogar, charlar, llamar, curiosidad, buscar cosas, falta de impulso, ver televisión, esperar, impaciencia, formar decisiones, embalses/paradas, no escuchar bien, prisa, hacer las compras, administración, falta de orden, visitas, pegarse en el bar, planificación, discusiones.

■ El control constructivo del uso del tiempo: Reconocer el desgaste del tiempo, planificación del día por la mañana, planificar la semana, chequear las metas del día/de la semana, comunicar con mente fresca, hacer/tener orden en los archivadores, preparar las llamadas, determinar las metas pequeñas del día, regular el estrés, iniciar las cosas lentamente, listas de control para el viaje, ser capaz de decir 'no', reconocer la urgencia, reconocer la importancia, discutir constructivamente, no solo titubear/tardar, preparar una lista de las compras, una movilidad reflexionada/dirigida, encuentros concentrados, tomar en serio las pausas, tener la visión general sobre los cursos diarios/semanales etc.

■ Las preguntas importantes para un control consciente de su vida propia son: ¿Qué quiero hablar por teléfono y durante cuánto tiempo quiero hablar/escuchar? ¿Acepto que me molesten con llamadas cuando estoy comiendo/en el baño? ¿Es necesario que vaya a hacer unas compras pequeñas 5 veces a la semana? ¿Qué gano parloteando en el bar/en la calle? ¿Quiero realmente esto? ¿Tiene que ser ahora mismo o no? ¿Qué quiero experimentar este año? ¿Puedo planificar esto ahora? ¿Cómo puedo hacer el trabajo del hogar eficazmente y ganando tiempo? ¿Puedo hacer algo nuevo o es necesario que imite a mis padres? ¿He creado mi ambiente personal en mi casa? ¿Es necesario que sepa tanto de esta gente que no conozco? ¿Cuántas oportunidades gasto regularmente, solo porque soy perezoso? ¿Es verdad que no tengo tiempo para esta idea nueva? ¿Qué he ganado ahora de esta emisión de televisión para mi vida?

Diagrama 19: El control de la utilización del tiempo

CONTROL OF EFFICIENCY-UTILIZATION-TIME

To what end?	How?	Power?
	Strategy	Self-feeling
Importance	Management	Energy
Urgency	View	State of Health
Meaning	"Zoom"	Stress
Value	Will	Flexibility
Sense	Proceeding	Yes-No-Ability to Decide
Purpose	Forced by	
Aim	Object Facts	

Autocontrol en el tiempo libre (en el ocio)

El profesor Dr.Horst Opaschowski del instituto de investigación sobre el ocio de Hamburg nos muestra en sus estudios, como la autoeducación y el autocontrol son necesarios en el tiempo libre (en el ocio). Resumimos de su libro algunos elementos:

Aspectos positivos del ocio son:
- alegría
- regeneración
- distracción
- sueños diurnos
- diversión
- descanso
- vivencias
- individualización
- interés
- repostar energías
- ser libre
- comodidad

Aspectos negativos del ocio son:
- frustración
- aislamiento
- destrucción
- trauma
- falta de placer
- falta de comprensión
- resignación
- ilusión
- falta de ideas
- esfuerzos baldíos
- aburrimiento
- agotamiento

Sentir el fin de trabajo puede causar una larga temporada de enfermedades y de sentirse perezoso mentalmente:

● El ritmo de trabajo continuo: la persona se queda en la rutina física, mental y psíquica. Consecuencia: una fuerte estructuración en puntos fijos, que no puede soltar.

● Tendencia para ser pasivo, receptivo: descansando del trabajo y regenerándose para el día siguiente.

● Tendencia para estructurar: El fin de trabajo sigue según esquemas uniformes, para estar en buena forma para el siguiente día.

- Sólo en la comunidad: En la familia y junto con otros; cada uno queda considerablemente aislado. Los contactos son superficiales.

- Una sexualidad de 'fin de trabajo' pobre: discrepancias enormes ... entre expectativas y fantasías sobre un erotismo nocturno y la realidad práctica...poca calidad del 'programa estándar breve'.

- Mal estado de ánimo: Más negativo, levemente irritado. Además, la fatiga física y mental juega sentimientos de fracaso y de esfuerzo excesivo un papel importante, causado por las exigencias demasiado no realistas de sí mismo.

El estrés en el ocio está causado por:
- el gentío, la angostura, el hacer cola
- sentirse molestado por los otros
- contactos familiares, visitas de parientes
- congestión del tráfico (esperar, etc.)
- compras de regalos
- molestias del ruido
- estar en reuniones aburridas
- tener consideración con los otros
- audición de música permanente
- demasiado emprendedor
- aburrimiento durante el fin de semana
- estar en silencio profundo

Las reacciones son entre otras:
- desasosiego: nervioso, no concentrado, demasiado excitado, no contento consigo...
- sentirse en mal estado: incomodidad física, falta de apetito, molestias de estómago...
- estar agresivo: dar un portazo..., renunciar al orden, maldecir, pelear...
- descargarse: en el deporte, ir al bar, hacer compras...
- distraerse, retirarse (también en la cama), permitirse 'algo bueno'...

El autocontrol como una exigencia para sobrevivir

Konrad Lorenz opina que el ser humano entero ve amenazada su obra. Sacamos los dos motores esenciales a este desarrollo, que según nuestra opinión corren contra la salud física y psico-espiritual:

Hay que preguntarse qué es lo que hace más daño al ser humano y su alma:

La avidez por el dinero o la prisa agotadora, cualquiera de las dos, está en el sentido de los poderosos de todas las direcciones políticas de promover ambos ...

También la ansiedad juega un papel muy importante, el miedo a ser adelantado en la carrera, el miedo al empobrecimiento, el miedo a tomar decisiones falsas y el miedo a no poder competir en una situación agotadora ...

La prisa miedosa y el miedo nervioso contribuyen a desvalijar al hombre de sus características esenciales. Una de estas es la reflexión.

Y lógicamente eso tiene efectos muy malos cuando una ideología mundial se basa en una mentira (la doctrina pseudo-democrática), incluida la política deducida de esta ideología.

El autocontrol es muy difícil en nuestra época. Neil Postmann describe los factores centrales que impiden esto:

"Los tiranos (...) sabían siempre que era útil ofrecer a las masas placer y distracción para apaciguar su insatisfacción."

Y: "La censura no es necesaria en cuanto el discurso político toma la forma de distracción.

La desinformación significa una información engañosa - una información inoportuna, irrelevante, fragmentaria o superficial -, una información que simula, que uno sabe algo, mientras en realidad, (falsifica) los conocimientos."

El entrenador de directores Reiner Czichos anota tres puntos (objetivos) para el autocontrol, que queremos interpretar aquí para la vida personal:

1) "Ud. necesita tiempo para sí mismo", es decir: que nadie debe estar asequible en todo momento y estar presente para hablar siempre; cada uno necesita sus horas de tranquilidad; decir 'no' sin sentir frustración; identificar las molestias;

2) "El pensar y el actuar orientado hacia metas", es decir: Las metas personales a largo plazo hay que planificarlas dentro de los asuntos diarios; las metas fijas hay que realizarlas en un plano de tiempo y con métodos de trabajo; dividir las metas mayores de la vida en pequeñas actividades constructivas; El dinero y el éxito no son todo en la vida; y

3) "Concentre su esfuerzo de energía", es decir, poner prioridades que lleguen más cerca de las metas; No todo es igual de importante e igual de urgente; la importancia significa la meta y el éxito; la urgencia sólo es el tiempo y la fecha; la importancia está antes de la urgencia; hay que ocuparse además de los asuntos diarios también como de las metas a largo plazo.

Notas y perspectivas

1. ¿Para qué sirve un control eficaz del tiempo y la utilización consciente del tiempo en la vida diaria?

2. Anota los términos esenciales de este subcapítulo:

3. ¿Qué es el hombre que no ha aprendido el autocontrol consciente?

4. Explica: El autocontrol es importante para mí, porque:

5. ¿Qué has aprendido sobre el autocontrol en tu casa paternal, en la escuela y en el Iglesia?

6. ¿Qué importancia tiene el autocontrol en la discusión entre parejas?

7. ¿En qué se muestra la falta de control del tiempo y de la eficacia en la política y la economía?

8. ¿Qué transmite la publicidad sobre el autocontrol?

9. Apunta una pregunta importante para ti sobre el autocontrol:

6.2. Planificación y el orden en la vida privada

"En el fondo quisiera...", "Si tuviera tiempo, haría...", o "¡Oh!, pero esto no va...":

Tales frases bloquean posibilidades valiosas, minan la motivación y el ímpetu. Uno quiere conocer a otros, otro sueña con un viaje cultural, otro quiere invitar a un amigo a un concierto; y muchos desean aprender un idioma o conocimientos importantes sobre la vida. Luego siempre no va. Justamente en este momento falta dinero o tiempo, y otra cosa recibe prioridad. Meten la oportunidad en el cajón.

Así pasan, a menudo, años. Siempre algún 'argumento' se intercala en el último momento: "Pero esto yo no sé cómo hacerlo...", "Pero me parece bastante desacostumbrado y nuevo...", "Ya tengo tanto que hacer ahora...", etc.

El camino para la solución: ¡Planificar! Lo que alguien quisiera hacer ahora, puede ser realizado también en algunos meses o posiblemente en un año.

Esto significa: ponerse una meta, decidir las prioridades y hacer las preparaciones. En vez de dejar muchos deseos y planes sobre la mesa en desorden, las metas valiosas y sus preparaciones reciben un lugar en nuestra vida.

El que no se pone a anotar sus sueños antes/después del desayuno, no lo hace regularmente.

El que no planifica su trabajo en su hogar, está siempre perseguido de lo pendiente.

Esto causa insatisfacción. Las cartas no respondidas se evocan con el tiempo como una carga.

Quien tiene que hacer llamadas importantes y no reflexiona el tiempo favorable, corre el riesgo de intentar clarificar asuntos importantes en el momento falso. Esto llega al fracaso.

Quien se compra sus ropas según placer y humor, a menudo no se siente feliz con lo que ha comprado. Hacer algo en un estado de ánimo falso, llega de vez en cuando a resultados falsos.

Por eso: ¡Planificar! Sentarse, hacer una lista sobre las necesidades, elaborar un plan de tiempo y presupuesto de los gastos, y realizar todos los pasos deliberadamente:

¡Esto llega al éxito! Así se puede ahorrar tiempo y dinero. Se puede evitar frustración y conflictos. Se pueden tener las acciones falsas en cualquier riesgo a un nivel bajo. La vida privada recibe una estructura razonable.

Podemos planificar las metas sobre lo que queremos emprender con cualquiera que sea: con la pareja de vida, con los niños, con un amigo/una amiga, con los padres, con los colegas de trabajo, con un vecino etc.

Así se puede tomar en la mano los propios deseos enérgicamente. Así una persona no queda como un juguete del azar. Así se toma el destino propio en la mano. No hace falta cuando hay que demorar ciertos deseos meses o años.

Lo que importa es que alguien viva su camino hacia la meta según su plan, sin sacrificar la flexibilidad. Pues, es cierto que no se puede planificar la vida totalmente racional y no se puede vivir 'mecánicamente'.

Puede ser que para las metas altas haya que prepararlas mucho tiempo. A veces hay que alcanzar etapa por etapa. Por eso: ¡Planifica! "Algún día haré..."!

Reflexiones y discusiones

■ Con una planificación se puede alcanzar las metas mejor:
* hacer una lista sobre los libros para la formación personal
* planificar el consumo y el tiempo en la familia y en general
* crear con planificación las relaciones en el tiempo libre
* no siempre es aconsejable ser activo en el ocio
* quien quiere dar sentido a su ocio, puede hacerlo con esbozos
* lo que no contribuye nada, hay que ponerlo en su lugar 'correcto'
* hay que elaborar sus debilidades en el camino hacia metas
* planes y metas son eficaces, cuando los tomamos en serio
* definamos las metas precisamente, y seguro está su alcance
* hay cosas que se pueden aplazar; otras cosas tenemos que hacer
* es favorable discutir y reglar temprano deseos y expectativas
* revisar la lista de control, y anotar el éxito/fracaso de lo acabado

■ Hacer una vez un poco de orden en su vida personal:
Relaciones casuales; una relación posiblemente más profunda; algo no discutido en el matrimonio; el montón de papel sobre la mesa/en el cajón; los deseos de consumo, las ideas para una formación posterior; deseos para el fin de semana; el ocio (algo iniciado y no terminado); conflictos en la relación personal; deseos de amigos y colegas; vicios y tics; hábitos; formación general (cursos, libros); orden en la casa y alrededor de la casa; trastero (sótano) poner en orden; ropas viejas y utensilios; encajar en vez de hablar; suprimir deseos en vez de expresarlos; falta de archivador para documentos; falta de mesa para escribir/estudiar.

■ Hay que elaborar los factores que estorban una vida individual:
Tener contactos con alguien en el momento falso; falta de alabanza y de animación positiva; el desorden de los demás (en la familia/en huéspedes, casas compartidas); falta de una distribución clara en el trabajo/la responsabilidad; estar en estrés (música, televisión, radio etc.); falta de transparencia sobre lo que los demás quieren;

impaciencia, prisa, manía de criticar, afán de censurar; frases que 'matan': "No me conviene ahora..." o "Siempre lo hago así..."

Diagrama 20: Del caos a la planificación

⭐ Self-determined	Alien-determined ⊖
⭐ Order	Disorder ⊖
⭐ Planning	By accident ⊖
⭐ Structure	Chaos ⊖
⭐ Overview	Lack of orientation ⊖
⭐ Clearness	Vagueness ⊖
⭐ Aim-precision	Aim-diffusion ⊖
⭐ Decision	Indecision ⊖
⭐ Self-management	Self-"tatter" ⊖
⭐ Seriousness	Indifference ⊖
⭐ Well-measured speed	Haste ⊖
⭐ Freedom	Compulsion ⊖
⭐ Transparency	Non-transparency ⊖
⭐ Precision	Inexactitude ⊖
⭐ Result of thinking	Indoctrination ⊖
⭐ Learning	Repetition ⊖
⭐ Moderation	Excess ⊖

El éxito por trabajar eficazmente

Sacamos una lista de preguntas de Dr. Michael LeBoeuf. Sus preguntas se aplican a actividades profesionales. Pero todos los aspectos críticos tienen también para la vida personal una importancia alta. Entre paréntesis anotamos un punto central sobre esto. El Profesor escribe:

1. ¿Concéntrese Ud. en los resultados?
2. ¿Está Ud. listo para invertir trabajo en sus deseos de vida?
3. ¿Ha investigado su mente sobre grabaciones que se repiten?
4. ¿Ha determinado propias metas y tomado la responsabilidad?
5. ¿Intenta Ud. resolver los problemas de forma simple y razonable?
6. ¿Distingue Ud. entre problemas urgentes e importantes?
7. ¿Ha hecho un inventario de su uso del tiempo?
8. ¿Deja su plan de tiempo espacio para incidentes inesperados?
9. ¿Sabe Ud. lo que tiene que omitir?
10. ¿Cómo uso mi tiempo y mis fuerzas"?
11. ¿Es Ud. un adicto al trabajo? ¿Es Ud. un perfeccionista?
12. ¿Posee Ud. una consciencia sana sobre sí mismo?
13. ¿Da Ud. importancia a sus necesidades?
14. ¿Toma Ud. su responsabilidad para sus sentimientos?
15. ¿Confía Ud. en sus propias fuerzas?
16. ¿Sabe Ud. que el perfeccionismo puede dificultar su efectividad?
17. ¿Tiene Ud. el coraje para actuar y corre Ud. el riesgo calculado?
18. ¿Ha despedido la prórroga de su vida?
19. ¿Delega Ud. muchas veces y hábilmente las tareas?
20. ¿Confía Ud. en su secretaria y las tareas desafiantes?
21. ¿Intenta Ud. mejorar su capacidad de comunicación?
22. ¿Intenta Ud. trabajar con los otros y no contra ellos?
23. ¿Ha tomado las medidas para reducir las interrupciones?

24. ¿Tiene Ud. bajo control su administración?
25. ¿Le encanta su trabajo?

La obligación central de la vida: el aprender continuo

El aprender eficaz no va de sí. Paul Klimsa ha coleccionado 36 principios de aprendizaje para los. Elegimos lo esencial de las ideas de 25 principios y resumimos:

1. El comportamiento de un adulto es cambiable: aprender toda la vida es posible.
2. El concepto del 'Self' (la auto-identidad) y el autoestimo influyen en el aprender.
3. Experiencias anteriores del aprender soportan o impiden el aprender.
4. Hay que estimar y respetar las experiencias anteriores del aprender.
5. En el aprender nuevo se pueden unir experiencias anteriores.
6. Las experiencias anteriores reciben más importancia con el transcurso de los años.
7. Un concepto del 'Self' y un autoestimo optimista facilitan el aprender.
8. Quien dispone de estrategias y capacidades sobre el aprender optimiza los procesos.
9. Un cambio en valores, actitudes, habilidades (etc.) desestabiliza el inicio.
10. Las propias necesidades y los sentimientos influyen en los procesos del aprender.
11. Tomar relación en el desarrollo actual (por ejemplo: crisis) promueve la motivación.
12. El aprender no va aparte de expectativas, de valores y del estilo de vida.
13. Hay que identificar el déficit de aprendizaje y también las alternativas al anterior.
15. Él que elige sus perspectivas de desarrollo, fortalece personalmente el progreso.

16. La decisión libre para aprender reduce el miedo y los sentimientos de amenaza.
17. La retroacción es una condición básica para el éxito del aprender.
18. El éxito del aprender produce motivación.
19. Hay que considerar las reacciones de estrés, causado por el aprender.
20. El estrés por el aprender no es lo mismo que las dificultades con el aprender.
21. Deja flexible el ritmo (la velocidad) del aprender; una organización rígida bloquea.
22. El aprender sin relación con la vida se experimenta como 'tiempo perdido'.
23. Sentirse sano y relajado son precondiciones básicas para el éxito del aprender.
24. No merma el mirar y el escuchar en el proceso del aprender, mucho más aplicarlo.
26. Cada adulto tiene su propio estilo de aprender.
33. Hay que organizar el proceso del aprender en serie, de forma cíclica y directiva.

Nuestra tesis:

Siempre aprender algo nuevo en todas las fases de la vida es una condición previa para la formación de la personalidad y el desarrollo psico-espiritual. Él que no aprende regularmente algo nuevo, se pierde a sí mismo, sus potenciales y su auto-realización.

Aprender durante toda la vida – Formarse en todas las partes

Muchas partes de la vida social cambian y se amplían de año en año. Esto es un desafío para cada hombre en su organismo psíquico, su cuerpo y su acción.

Lo que hoy en día se ofrece al hombre no es la realidad simple de la naturaleza (de esto él sabe de todos modos muy poco).

Anotamos algunas palabras claves:

- la química en la naturaleza
- la química en los alimentos
- el servicio de pagos
- el sistema de los seguros
- las artes y la cultura
- los medicamentos, las hierbas medicinales
- la protección del consumo
- el trato de la basura
- las ropas (materiales sintéticos)
- los productos de aseo
- la sociedad multicultural
- el paro
- el consumo de energía
- la urbanización y el medio ambiente
- los detergentes y el veneno
- los productos de limpieza
- los estimulantes (sus peligros)
- los medios y la información

Notas y perspectivas

1. ¿Qué es el provecho de la planificación y del orden en la vida personal?

2. Anota los términos esenciales de este subcapítulo:

3. ¿Qué es el hombre sin formación continua y sin educación extensa para la vida?

4. Explica: Trabajar con eficacia es esencial para mí, porque:

5. ¿Qué has aprendido en tu casa paternal, en la escuela y en la Iglesia sobre 'la planificación y el caos'?

6. ¿Qué importancia tiene la formación continua y extensa en la discusión entre parejas?

7. ¿De qué modo promueven la política y la economía la formación continua y extensa?

8. ¿Qué transmite la publicidad sobre el tema "planificación en vez de caos"?

9. Apunta una pregunta importante para ti sobre 'el aprender durante toda la vida':

6.3. Crear una vida creativa

El hombre ni es una 'máquina', ni un 'producto', ni un 'azar'. Cada uno tiene en sí mismo una potencialidad de fuerzas que le permite hacer su vida con planes y creatividad más allá de sus muestras aprendidas.

Por cierto, hay límites, por ejemplo, la multitud de las ideas, la inteligencia, la vitalidad y las posibilidades externas.

'Creatividad' significa 'fuerzas para crear'. La energía psíquica del instinto, el asociar fuera de lo común y la transferencia de lo aprendido a nuevas situaciones son fuerzas de rendimiento de una persona creativa. Conocemos la creatividad de los artistas, arquitectos y profesionales de la publicidad.

Denominamos al hacer música, al pintar, al bricolaje y a varias actividades del ocio 'actividades creativas'. Pero también en la vida diaria la fuerza creativa tiene un papel importante, por ejemplo:

Cocinar, decorar la mesa, jugar, decorar la casa, 'juegos' del amor, bailar. También la comunicación puede ser creativa: con el tono, la selección de palabras, las ilustraciones, las combinaciones, la mímica y los gestos. Utilizando y creando símbolos el hombre es creativo.

La creatividad puede contener una finalidad, pero en primer lugar es una expresión original de una forma de vivir, de un estilo de vivir. Así transmitimos valores y sentido, atraemos a otros o repugnamos a otros, creamos estímulos y efectos. Quien vive la creatividad, crea algo nuevo en la vida.

Podemos elaborar y resolver problemas con creatividad. La intuición, la inspiración y la imaginación (también la fantasía) son una fuente de fuerzas creativas.

'Ser creativo' significa reestructurar conocimientos y experiencias, descubrir nuevas relaciones entre elementos con espontaneidad y flexibilidad. Esto incluye la interpretación y el entender. Una ocupación con los temas de la vida diaria exige enfrentarse activa y críticamente consigo mismo, con los demás y con el medio ambiente.

Las condiciones previas para resolver problemas de modo creativo son la percepción imparcial del problema y una elaboración libre.

La calidad de cada solución, cualquiera que sea la 'normalidad' del problema, depende decisivamente del estado de la información.

Coleccionar informaciones es una actividad creativa. Con suficiente información se puede pasar a prueba cada variación de una solución, se pueden disolver los límites estrechos de un estado de conocimiento.

La 'idea feliz' (la 'aha'-experiencia; '¡Rayos!', "lo he encontrado") no es por accidente, sino preparado en su mente y con creatividad. De eso siguen automáticamente nuevos procesos de aprendizaje, incorporados en una elaboración y examen de las soluciones encontradas.

La actividad creativa exige también preguntas: ¿Podemos aplicarlo? ¿Es útil? ¿Podemos realizarlo? ¿Cómo actúa? ¿Cuál es el 'precio' del esfuerzo? ¿Cómo podemos hablar con las personas afectadas? Aquí hay procesos del pensar, de la memoria, del juicio (de la evaluación), del comportamiento etc.

La creatividad condiciona y facilita en la vida diaria: la salud psíquica, la fuerza del yo, el placer del descubrimiento, el potencial de la energía, la tolerancia de conflictos y las frustraciones, el aceptar la complejidad de todo, las actitudes abiertas y el coraje para la autonomía y una forma propia de vivir.

Reflexiones y discusiones

■ La creatividad es una forma de crear su vida, por ejemplo: Decorar una habitación, modelar el sonido, formar los movimientos, crear la comunicación, crear soluciones, desarrollar la técnica

■ La creatividad significa: La capacidad de hacer más de sí mismo, crear nuevas ideas, transformar imágenes antiguas en nuevas, reemplazar muestras de hábitos por nuevas y más apropiadas, idear algo que otros no han descubierto y realizarlo, enfrentarse a situaciones nuevas, flexible, espontánea y abiertamente, ver en perspectiva más amplia los problemas y conflictos de la vida, ampliar los límites de sus propios valores y normas, practicar ágilmente el placer de vivir y de crear, componer de forma nueva las informaciones, combinar de forma original para actuar

■ La fuerza creativa de formar se puede facilitar a través de: Meditar, imaginar, soñar, tener un diario, desarrollar la autoconfianza, amar y vivir, leer, elaborar las experiencias, vivir la espiritualidad, aceptar el miedo, tomar en serio la voz interior, notas y esbozos, ejercer el idioma del cuerpo, Esbozo espontáneo, Esbozo mental, enfrentarse activamente

■ Las condiciones de la creatividad son: Influencias del grupo, la situación, la solubilidad de un asunto, la autovaloración, la comunicación, la vitalidad, el placer de vivir, la autonomía, la falta de factores perturbadores

■ Las siguientes características de una personalidad son favorables para ser creativo: La inteligencia, la imaginación, el placer de soñar, el estado del instinto, la independencia, el coraje, la salud, la frescura, la sensibilidad, la capacidad de juzgar, la memoria, la apertura para los sueños, la estabilidad emocional, el gusto por las formas y colores, el interés en descubrir, el placer de crear, el asociar, el aceptar las tensiones

Diagrama 21: La potencialidad de la creatividad

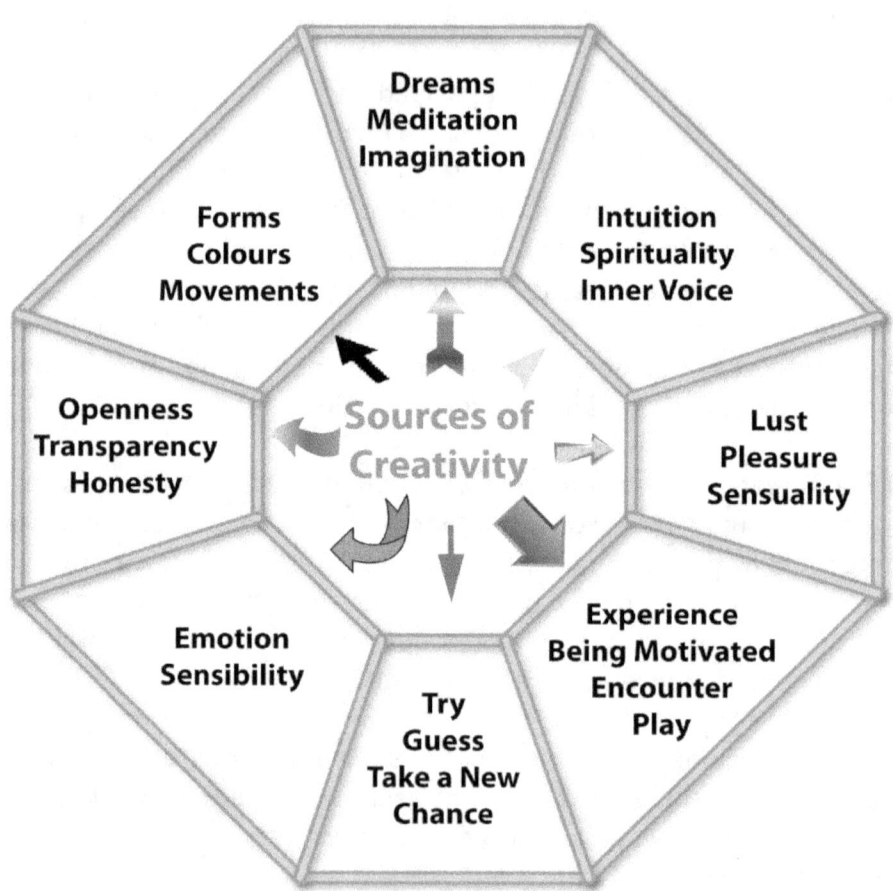

Las técnicas creativas para resolver los problemas

En un manual 'Psychology/Psicologia' encontramos sugerencias
- Toma el tiempo para entender el problema antes de resolverlo.
- Ten todos los datos claros en la cabeza.
- Identifica los datos que parecen más importantes.
- Prepara un planteamiento para abordar el problema.
- Trata de ser original, de tener ideas nuevas.
- No es ridículo si llegas a una solución equivocada.
- Elimina de tu pensar los tabúes culturales que entorpecen.
- Dibuja esquemas para visualizar el problema.
- Escribe tus ideas para captar los puntos importantes.
- Imagínate cómo quieres resolver el problema.
- Imagínate a ti mismo ejecutando el problema.
- Divide el problema en partes: resuelva parte por parte.
- Utiliza analogías, piensa en una situación similar.
- Mantén la mente abierta.
- Emplea diferentes estrategias para resolver el problema.
- Si te atascas con un enfoque, busque otro camino.
- Fíjate en hechos extraños o intrigantes.
- Busca relaciones entre diferentes hechos.
- Confía en su intuición.
- Intenta acertar la primera vez...y explore alternativas.
- Piensa de maneras poco convencionales.
- Dar un rodeo puede retrasar, pero le llevará a la meta.
- Desecha maneras corrientes de realizar las cosas.
- Procura ser objetivo: evalúe sus propias ideas.

Ampliamos con algunas sugerencias propias:
- Activa tu placer para descubrir cosas con interpretaciones.
- Relativiza las normas y el espíritu de la época.
- Busca más información en sitios inusitados.
- Imagínate una historia de éxito sobre el tema del problema.
- Pregunta a tus sueños sobre clarificaciones y caminos.
- Amplía el problema con elementos nuevos.
- Haz más grande o pequeño los elementos para mover caminos.
- Fortalece las partes débiles para una estrategia de solución.

El rendimiento - La concentración - La memoria

Picture 1-177: Performance, concentration, memory

The physical readiness of performance

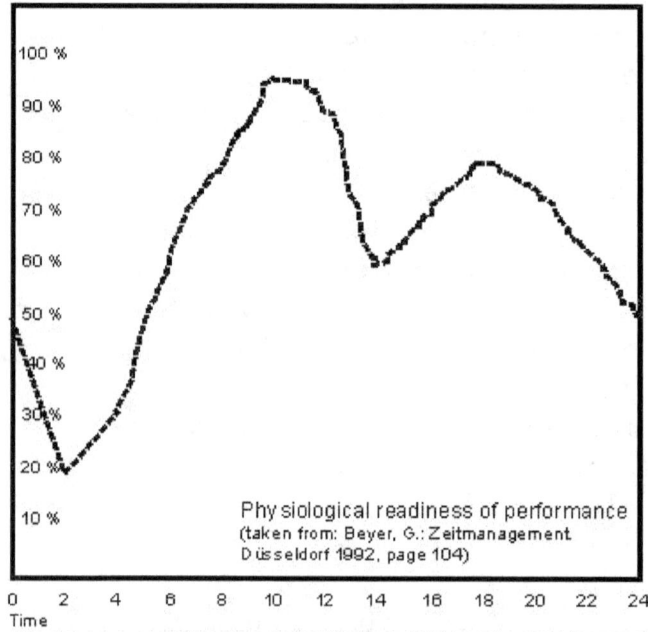

Physiological readiness of performance
(taken from: Beyer, G.: Zeitmanagement.
Düsseldorf 1992, page 104)

Conclusion:
Divide your activities
according to your individual
physiological-mental curve
of performance in the work
time as well as in the
leisure time and
at the weekend!

Conclusions:
It can be neither healthy,
nor strenghtening for your
biological rhythm, nor
constructive for your
mental fitness, if
you ignore a balanced
performance activity
over a long period.

The course of concentration and the forgetting curve

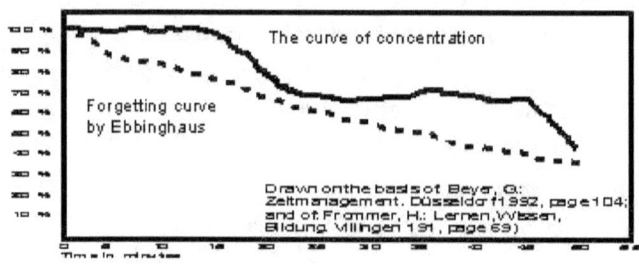

The curve of concentration

Forgetting curve
by Ebbinghaus

Drawn on the basis of Beyer, G.:
Zeitmanagement. Düsseldorf 1992, page 104;
and of Frommer, H.: Lernen, Wissen,
Bildung. Villingen 1991, page 69)

Conclusions:
If you do something that
demands concentration,
take a brake regulary
after each 45 minutes.

Conclusions:
Learn always with
repetition! This is the way
that it remains
in the memory!

Professor Hans Aebli refers to results of investigation,
which have also a decisive significance in the daily life:
"... Meaningful and understood material are less forgotten
than meaningless and misunderstud (material) ...
Distributed repetitions create faster progress of learning
than (just) added..."
(From: Zwölf Grundformen des Lehrens. Stuttgart 1983, page 339)

Notas y perspectivas

1. ¿Qué es el provecho de la creatividad para la vida diaria?

2. Anota los términos esenciales de este subcapítulo:

3. ¿Qué es el hombre que no utiliza su potencial de creatividad?

4. Explica: La creatividad tiene mucha importancia para mí, porque:

5. ¿Qué has aprendido en tu casa paternal, en la escuela y en la Iglesia sobre los potenciales de la creatividad?

6. ¿Qué importancia tiene la creatividad en todos sus aspectos entre parejas?

7. ¿En qué se muestra la falta de solución creativa para los problemas en la política y la economía?

8. ¿Qué transmite la publicidad sobre el modo de vivir con creatividad?

9. Apunta una pregunta importante para ti sobre la creatividad:

6.4. Resumen – Tesis

❏ Una pregunta elemental del autocontrol en la vida personal es: ¿Para qué uso mí tiempo?

❏ Una organización consciente y planificada del tiempo es importante y posible tanto en la vida personal como en el mundo del trabajo.

❏ En todos los sectores de la vida privada es favorable y da sentido de poner orden regularmente, por ejemplo:

● la administración personal ● en cajones, armarios, sótanos
● las ropas ● los conocidos ● los deseos para el ocio
● la formación continua ● las relaciones/los contactos
● los deseos de consumo ● los vicios

❏ Es importante abordar sus propias metas con un plano detallado.

❏ La creatividad es imprescindible para una forma de vivir satisfactoria. Se pueden resolver los problemas personales más eficazmente con creatividad. Una relación 'buena' vive decisivamente de la creatividad de ambas parejas.

❏ La creatividad facilita:
● hacer más de sí mismo ● vivir nuevas situaciones de forma nueva ● flexibilizar las costumbres ● ampliar las normas y valores
● vivir con placer y alegría ● educarse a sí mismo

❏ Podemos promover la creatividad de muchas formas:
● practicar la imaginación
● tener un diario
● elaborar las experiencias
● usar la inspiración

● amar
● tomar en serio la intuición

6.5. Unidad de trabajo

1. ¿Cuáles son tus actitudes sobre una forma de vivir creativa?

2. ¿En qué sector de la vida personal té falta claramente la creatividad?

3. ¿Qué fuerzas que producen creatividad te producen dificultades especialmente?

4. Uso del tiempo. Anota el gasto <u>diario</u> del tiempo en minutos (por término medio de una semana):

... Ir al trabajo	... Leer libros	... Aseo
... Vestirse	... Domésticos	... Charlar
... Telefonear	... Curiosidad	... Buscar cosas
... Falta de gana	... Ver tele	... Esperar
... Impaciencia	... Buscar decisión	... En cola de tráfico
... No escuchar bien	... Prisa	... Compras sin plano
... Papeleo	... Buscar algo	... Visitas
... Visita a bares	... Ideas futuras falsas	... Discusiones
... Comer	... Cocinar	... Lavar
... Juegos	... Leer periódicos	... Lectura profesional
... Formación continua	... No hacer nada	... Escuchar música
... Hobbies	... Crear el ambiente	... Pequeñas compras
... Salud	... Fortalecer psíquico	... Buscar información
... Interpretar sueños	... Llevar diario	... Meditación
... Vivencia corporal	... Vivencia natura	... Actividades ajenas

... Preocupaciones   ... Relación   ... Relación amorosa

5. Éxito para trabajar y vivir eficazmente.

(a) ¿Cómo te concentras en los resultados de tu actuar?
(b) ¿Cómo estás invirtiendo tiempo y trabajo para tus deseos?
(c) ¿Cómo exploras tus hábitos de pensar y juzgar (valorar)?
(d) ¿Qué metas propias te has personalmente puesto?
(e) ¿Cómo intentas solucionar problemas de forma razonable?
(f) ¿Distingues entre problemas urgentes e importantes?
(g) ¿Has calculado la demanda de tiempo para un asunto?
(h) ¿Dejas en tu plano espacio libre para algo inesperado?
(i) ¿Qué hay que omitir generalmente en situaciones importantes?
(j) ¿Cómo clarificas, si aproveches bien tu tiempo y tu fuerza?
(k) ¿Qué lugar das a tus necesidades?
(l) ¿Cómo tomas la responsabilidad para tus sentimientos?
(m) ¿Cómo consideras tus fuerzas y tus debilidades?
(n) ¿Dónde tienes coraje para osar algo con un riesgo calculado?

6. Aprender y trabajar: Apunta unas palabras claves estimulantes.

(a) El comportamiento laboral y personal se puede cambiar.
(b) La auto-identidad y el autoestimo influye en el trabajo.
(c) Experiencias de aprendizaje anteriores soportan o impiden.
(d) Poner las experiencias en relación con el nuevo aprender.
(e) Un concepto positivo de uno mismo favorece el trabajar.
(f) Disponer de estrategias optima los procesos de aprendizaje.
(g) Un cambio en valores y actitudes desestabilizan al inicio.
(h) Propias necesidades y los propios sentimientos influyen.
(i) El trabajar no ocurre fuera de expectaciones y valores.
(j) Perspectivas de desarrollo promueven los pasos del aprender.
(k) El éxito en el aprender motiva el trabajar.
(l) El estrés no es lo mismo que las dificultades con el aprender.
(m) Ponerse límites de tiempo demasiado estrechas frenan.
(n) Estar sano y descansado son condiciones básicas.
(o) No menoscabar el ver y oír; investir con concentración.

Tu línea directiva para una mejora continua:

Imaginación

Tema: *"Así trato mis posibilidades de una vida creativa – así vivo creativo mi tiempo personal."*

Imágenes: Llamar al teatro figuras creativas. Ellas enseñan lo que hacen.

¿Qué idea básica de esta unidad consideras como *la central para la autoeducación?*

Anote un conocimiento básico (un pensamiento, un hecho) de esta unidad que *cada uno tendría que saber:*

Test de elección múltiple

Elige las cuatro respuestas correctas y ponga una cruz, así: ☒ a) placer

6.1. ¿Cuáles son las actividades centrales del control del uso de tiempo?

☐a) siempre limpiar inmediatamente ☐b) pausas cortas
☐c) planificar la movilidad   ☐d) controlar los cursos
☐e) reconocer la importancia☐f) apuntar las metas semanales

6.2. Planificación y orden en la vida personal significa:

☐a) Controlar los pensamientos y fantasías siempre muy severamente.
☐b) llevar una lista sobre libros para la educación continua personal (informarse).
☐c) Discutir pronto los deseos y las expectativas de los otros.
☐d) Anotar las metas ('brainstorming') y hacer los planes con esquemas.
☐e) Tomar las necesidades de consumo personal en periodos de semana/mes/año.
☐f) Interpretar otra vez de forma positiva los factores perturbadores.

6.3. Las siguientes características de la personalidad fomentan la creatividad, cuando están formadas consciente y sistemáticamente:

☐a) la apertura para los sueños   ☐b) el estrés
☐c) la apertura para las experiencias ☐d) la habilidad de imaginar
☐e) comer y beber   ☐f) el placer de descubrir

7ª Unidad: La auto-reflexión biográfica

7.1. La vida propia en ojeada retrospectiva

  La importancia de la biografía

7.2. Las fuerzas psíquicas activas en el curso de la vida

  El curso de la vida bajo los aspectos del desarrollo psíquico

7.3. La propia historia de la formación de valores y actitudes

  La moral como resultado biográfico

7.4. Resumen – Tesis

7.5. Unidad de trabajo

Lema:

El hombre es esencialmente un 'producto' de su biografía y de lo que emprende transformado en reflexión crítica.

Brainstorming (= recoger ideas espontáneas)

Ten presente el título de este capítulo y los tres subtítulos. Haz unas notas sobre los siguientes puntos de vista antes de leer este capítulo, y antes de hacer los ejercicios de cada unidad.

a) Cuestiones que te planteas con cada título y subtítulo:

b) Palabras claves que te afectan a ti con este título y estos subtítulos:

c) Asociaciones (es decir: ideas, sentimientos, recuerdos etc.) que tienes con estos títulos y subtítulos:

7.1. La propia vida en retrospectiva

Cada persona tiene su propia historia biográfica; y nunca dos personas tienen exacta-mente la misma biografía. El hombre no es sólo un cuerpo con un organismo psíquico; es decisivamente también su propia historia biográfica. De cierto modo, su pasado siempre es su presente y su futuro.

Muchos llevan un diario, escriben cartas a los amigos con sus acontecimientos y sus propios pensamientos sobre aquellos. Otros pintan experiencias de la vida; la mayoría hace fotos en momentos emocionantes. Así las cartas, el álbum fotográfico y los diarios son documentos de la vida vivida. Pero también una sala de estar narra la vida. Las baratijas recuerdan a otros o a situaciones específicas.

Los cuadros colgados en la pared no sólo muestran el gusto de la persona que vive ahí, señalan las circunstancias de la compra. Y sobre todo las ropas; raramente se compran las ropas 'casualmente'.

Hay siempre algunas influencias, por ejemplo: hábitos, preferencias adaptadas de los padres, sugerencias de amigos, tendencias de la moda o un ideal. Lo mismo puede decirse de la marca del coche, etc.

¡Quién no recuerda los momentos donde el padre y la madre, la abuela y el abuelo o un tío narraron las experiencias de su propia niñez! Cuando un maestro cuenta algo que vivió: "...era un día, cuando por primera vez...", casi siempre hay un silencio total en la sala de clase.

Las historias de la vida son emocionantes, no importa si el narrador quiere ampliar su 'ego', si él está movido espontáneamente por algunos recuerdos o si él quiere hacer partícipes a otros de sus experiencias de la vida.

Todos podemos aprender algo de las historias de la vida de otros. Pero no sólo esto. Empezamos a comprender mejor al narrador.

Quien relata, a menudo está aliviado después. Así podemos participar mutuamente en la vida. En el bar pasa lo mismo, a veces, ruidosa y un poco rudamente.

Cada uno quiere hablar y nadie escuchar. A veces se trata de contarse chistes. Cada persona quiere haber vivido cosas emocionantes e impresionantes.

Muchas veces hablan de historias de los otros en vez de las suyas propias, esto es preponderante negativo, siempre para disimular las propias caras oscuras.

Dos enamorados se cuentan su vida. Esto forma decisivamente la relación.

Participan, muestran simpatía, vive con el otro los recuerdos, amplia los recuerdos con propias historias, hace un comentario y analiza, compara y valora, tiene preguntas y otras soluciones.

Así, la pareja llega a ser el amado *con* su historia de vida. Sabemos: La biografía forma el carácter y la identidad de sí mismo. Influye en la salud y las actividades diarias.

Cada uno ve la vida siempre con las imágenes de su 'libro de vida' y con el lenguaje (las palabras) del estilo de comunicación que se ha formado.

La confrontación con la propia biografía tiene un valor muy alto. Elaborando los recuerdos se puede transformar interiormente (en el inconsciente) la vida vivida.

Es una forma de aprender mucho sobre la vida. Así crecen los conocimientos valiosos de la vida.

Reflexiones y discusiones

■ El profesor de sociología, Werner Fuchs, describe en su obra algunas fórmulas típicas de hablar sobre la biografía: "¿No nos conocemos de alguna parte?"; "¿Vives aquí desde hace mucho tiempo?"; "¿Dónde hemos llegado realmente?"; "¡Así era yo en este tiempo!"; "Lo he hecho también así."; "Pues, ha empezado así,..."; "Nunca me he sentido tan bien."; "¡Dime algo sobre tu vida!"; "Si, me pasó casi lo mismo."; "Sabes, en mi vida era así..."; "¡Tú no tenías que vivir esto!"; "¡Cómo han cambiado los tiempos!"; "¡Exactamente así era! ¿Cómo podía olvidarlo?"; "¡Ya no pasaba por todo!"

■ Los aspectos biográficos son elegidos del libro de Herrmann, U.:
Formas sancionadas de vivir; roles del sexo; salud y enfermedades; acontecimientos críticos; talentos; sistema de la familia; experiencias de ideales; negación forzada de sí mismo; vecindad y 'peer groups'; colegio; formación profesional y trabajo; juegos de los niños; lecturas; servicio militar; ideologías, actitudes, mentalidad; condiciones sociológicas (ambiente); formas de castigar y formas de fortalecer (elogio); formas de trato como una experiencia elemental.

■ La historia de la vida de cada persona consiste en una red compleja con muchas ramificaciones y conexiones. Observamos esto en unos ejemplos: El cuerpo con salud, nutrición, sexualidad; el trabajo con: formación profesional, actividades, perfeccionamiento; la propia familia, los padres, los hermanos/-as, los parientes; la escuela; la educación religiosa (personas, rituales, objetivos); los acontecimientos (fiestas, riñas, conflictos); los conocidos de todo tipo de nuestro entorno vital; el ocio con diversas actividades; el entorno donde habitamos; el dinero, los bienes, los seguros

■ Alegorías de la biografía son: el viaje de la vida, el árbol de la vida, el arco de la vida, el viaje del barquichuelo, el peregrinaje, la fuente de la juventud, Jesús, la epopeya del héroe, cuentos del Grial, la feria, el mecanismo del reloj, el camino, el juego, el espectáculo, la pieza de teatro, la reencarnación, las estructuras astrológicas del curso de vida, exámenes, el viaje por montes y valles, la ascensión de la montaña (con etapas), etc.

Diagrama 16: Las redes biográficas

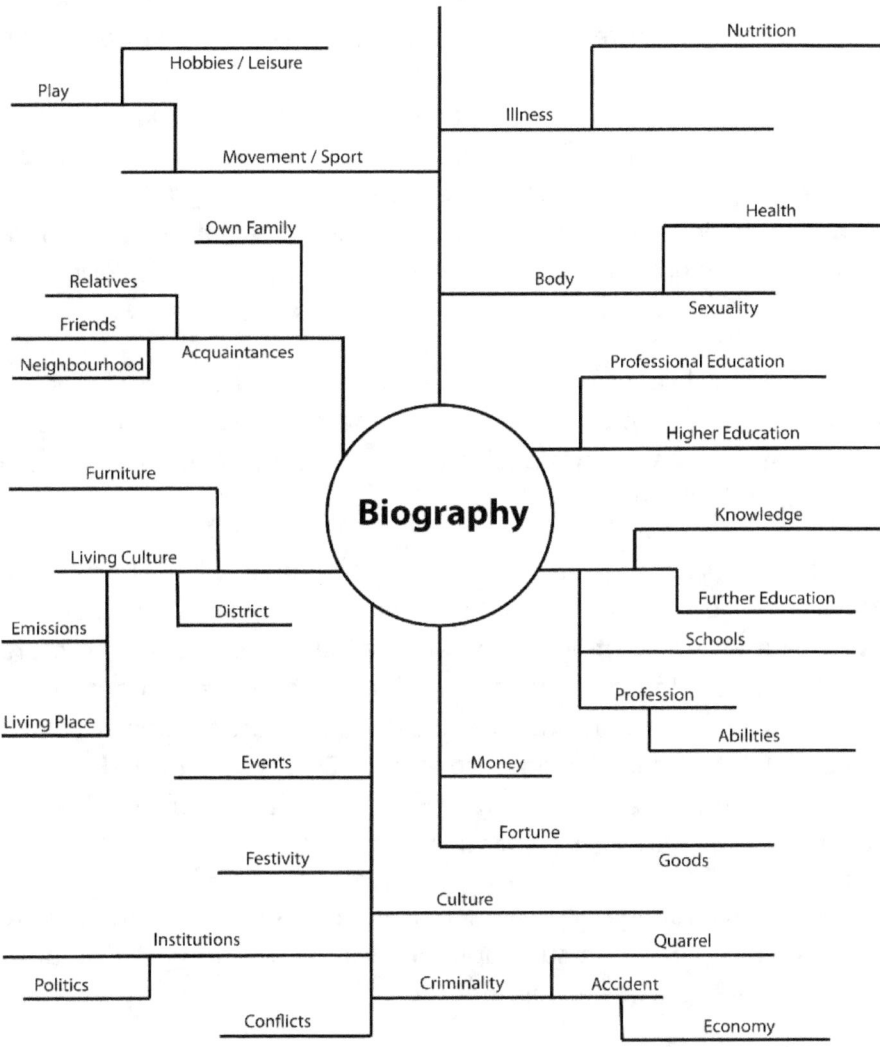

La importancia de la biografía

El profesor de pedagogía Herbert Gudjons opina en su libro (Auf meinen Spuren) sobre la biografía: "Entendemos la biografía como un amontonamiento de experiencias en un proceso durante toda la vida, que consciente o inconscientemente se incorporan en nuestras actuaciones. La experiencia se entiende no sólo como una dimensión cognitivista, sino también como un proceso que incluye el cuerpo y todo el espectro de potenciales sensuales, preconscientes, inconscientes y racionales ... La biografía no es un asunto privado sin historia y sin contexto social, más bien la persona adquiere las experiencias en contextos históricos y sociales."

Y más: "El hombre aprende a comprender porque actúa así y no de otra forma, qué influencias significan una condición social en esto, cómo trataban estas influencias, cómo se han acumulado a esta biografía e identidad."

Además: "La historia de la vida de una persona es ... la historia de la educación ... de un contenido de vivencias escénicas (en el juego de las relaciones interhumanas), la personalidad, pues, es la estructura de este contenido de vivencias, y la individualidad de una persona es la peculiaridad inconfundible de esta estructura en una situación social determinada." Finalmente dice: "El primer nivel de auto-reflexión biográfica es el desarrollo de las posibilidades de transformación y de las perspectivas de actividad."

"La auto-reflexión biográfica facilita en un proceso continuo "de adquirir más 'piezas' de su propia historia de la vida y de descubrir continuamente el mosaico aumentado."

Th. Heinze dice sobre la auto-reflexión biográfica: "Las experiencias anteriores pueden ser elaboradas por el estado actual del consciente, es decir, de las formas presentes de la conciencia, y reciben así una nueva calidad. Cada documento autobiográfico es, según su estructura de tiempo, el pasado presente y el presente reconocido (por el yo), también un esbozo del futuro ... El recuerdo de acontecimientos pasados y terminados permite al autobiográfico de 'aplanar' posteriormente su historia de la vida, dando posteriormente por la interpretación y la selección de sus recuerdos un sentido a las rupturas, los errores y malas experiencias."

Lothar Steinbach nos dice: "La memoria guarda en primer lugar las experiencias biográficas claves, y sólo desde este ángulo visual podemos reconocer intersecciones entre la biografía individual y la historia colectiva." Profesor Werner Fuchs escribe en el mismo libro: "Ciertamente este nuevo interés (en la biografía) es al mismo tiempo una señal de una nueva curiosidad ... En múltiples intentos algunas personas y grupos quieren ver claramente su propio desarrollo y el de los otros, quieren contarse sufrimientos, desilusiones y posibilidades de la vida, quieren preguntar a otros sobre sus esperanzas y decisiones ... Un interés tal por lo biográfico no es resignación, es el inicio."

Arthur Meier y Ursula Rabe-Kleberg escriben: "El curso de la vida está entendido como una unidad muy contradictoria de acciones individuales y factores sociales e institucionales, es decir, como un resultado, permanentemente a revisar, de procesos de regateo y equilibrio". Y más: "Tenemos que relativizar la valoración que podemos flexibilizar sin límites, una y otra vez, la creación de un curso de vida."

Los autores definen como factores que estrechan:

Las oportunidades de los males de inicio, las discontinuidades en la biografía profesional y la falta de permeabilidad en algunos campos profesionales. Para las mujeres dicen: "La construcción de la continuidad y la carrera sólo es posible, cuando se comporta como un varón, toma distancia o se independiza de la vida familiar."

La ciencia de la educación discute este tema nuevamente en los diccionarios clásicos. Referimos algunos aspectos centrales: "Lo que opina una persona de sí mismo no resulta de lo que estaba o de lo que está, sino que es una expresión de lo que piensa sobre él en los límites biográficos e históricos".

"La autobiografía es la expresión más perfecta de la acumulación de las opiniones sobre sí mismo y de sus interpretaciones de la vida."

Los niveles de análisis en la auto-biografía son:

1) el nivel objetivo de los hechos materiales, culturales e institucionales;

2) el nivel objetivo de ocasiones momentáneas, de acontecimientos y acciones;

3) el nivel psíquico de las vivencias y experiencias;

4) el nivel psíquico de los recuerdos posteriores; y

5) el nivel simbólico de la representación lingüística con recuerdos vagos e incompletos. (En los rendimientos de la transformación, la selección y la reconstrucción) está puesta la posibilidad de engañar, descomponer y reprimir, pero también de informar y corregir.

K. Prange escribe: "La educación es la respuesta y la oferta de la reflexión pedagógica como continuación de los problemas periódicos y de las críticas."

Nuestra tesis: *La auto-educación crea, cambia y transforma la propia biografía.*

Notas y perspectivas

1. ¿Qué es el provecho de la elaboración biográfica para la vida diaria?

2. Anota los términos esenciales de este subcapítulo:

3. ¿Qué es el hombre que no reflexiona sobre su vida vivida?

4. Explica: La elaboración biográfica es importante para mí, porque:

5. ¿Qué has aprendido en tu casa paternal, en la escuela y en la Iglesia sorbe la importancia de la biografía?

6. ¿Qué importancia tiene la elaboración biográfica en la discusión entre parejas?

7. ¿Cómo se muestra la biografía de los actores en la política y la economía?

8. ¿Qué transmite la publicidad sobre la importancia de la biografía?

9. Apunta una pregunta importante para ti sobre la reflexión biográfica:

7.2. Las fuerzas psíquicas activas en el curso de la vida

Ya desde el tiempo prenatal, las fuerzas psíquicas empiezan a formarse con consecuencias para toda la vida. El feto reacciona al estado de ánimo de la madre, del padre y al entorno emocional de los padres. Los primeros prototipos de reacciones se forman. El niño en el cuerpo de la madre es capaz de comunicar de modo motriz.

El nacimiento tiene una influencia psicológica decisiva en el recién nacido: de gozo sensual en las contracciones uterinas, después de pasar el canal estrecho para nacer a la luz deslumbrante.

Y la acogida: ¿Bienvenido? ¿No bienvenido? Esto deja trazas en la memoria. Las reacciones a los estímulos del medio ambiente empiezan a formarse. Se forman los reflejos: gritar, empuñar, mamar, dormir, andar a rastras, retirar, abrazar, estar atento, moverse e interpretar las señales del entorno.

En la niñez temprano se forman: el buscar, el descubrir, el llorar, el sonreír, el 'digerir' los estímulos externos, el reaccionar a las separaciones, el ser tímido con los desconocidos, el jugar, la estabilidad de las relaciones, los prototipos de acción para provocar 'reacciones interesantes' y mucho más.

Las experiencias del placer se convierten en prototipos: beber, comer, tocar, la sensualidad del instinto y del 'pre-placer' sexual, los castigos etc. Todo esto son experiencias biográficas básicas, son los fundamentos psíquicos de la vida en crecimiento.

Además, tenemos el pensar operativo y formal, formándose durante toda la niñez y la juventud. Más y más se diferencian las auto-experiencias y las capacidades por la familia, la escuela y el ocio. Con la madurez sexual se forma especialmente la identidad de sí mismo y el comportamiento de los roles sexuales.

Los modelos del pensar y del comportamiento de los padres se han grabado muy profundamente en la memoria, y se reproducen de forma variable.

Se acumulan: las imágenes sobre Dios, los rituales religiosos, las actitudes sobre ciertos tipos de hombres y de grupos políticos.

Se construyen los sistemas de valores. La dependencia emocional con los padres empieza a moverse y cambiar. También las relaciones con coetáneos maduran.

Las primeras experiencias sexuales forman las actitudes y la sensualidad en el vínculo de información y educación. La identidad de sí mismo se forma por: el ocio, los rendimientos, el deporte y las experiencias físicas.

Y más: Las imágenes y los deseos sobre una profesión crean la base preparativa. Pues, siguen los contactos íntimos con el otro sexo. - Todos estos procesos de desarrollo forman la propia biografía del interior.

Con la mayoría de edad las fuerzas psíquicas están formadas en gran parte. El repertorio para las situaciones de la vida ya tiene su dinamismo habitual.

En primer plano está el asegurar la existencia con el trabajo y con una integración social, aparte con las amistades, la vida amorosa y los planes para casarse y crear una familia (o una vida de soltero). Descubren siempre más el mundo, hoy sobre todo por los viajes de vacaciones.

El esbozo se realiza; un árbol de vida está creciendo, o muchos arbustos crecen silvestremente. Las fuerzas psíquicas formadas determinan el curso de la vida.

Reflexiones y discusiones

■ La niñez y la juventud no sólo son una fase de la vida que se puede puntear según el éxito o el fracaso para dedicarse luego al futuro y a la 'libertad'. En esta fase del curso de vida se forman los fundamentos para toda la vida. Los factores decisivos que se graban profundamente son: Aceptación o negación del embarazo; el entorno emocional ya antes de nacer; espacio libre para descubrir el mundo; la aceptación del propio (no-) poder; personas que figuran como ideales; la situación económica de los padres; el entorno educacional en la familia; las experiencias de la escuela; la auto-experiencia física (y su prohibición); la educación religiosa y su experiencia; el entorno de los coetáneos; las sugerencias para el 'corazón' y la razón; el consumo y su práctica en la familia; las formas de crear el ocio; las expectativas de rendimientos; las experiencias de amor y odio; las experiencias de riñas y conflictos; las disposiciones psíquicas de los padres

■ Se forman también las pulsiones, los instintos, las necesidades y las muestras de acción: El placer corporal; la sexualidad; la ternura; comer; beber; dormir; la relajación; la curiosidad/el gusto de describir; hablar oír; querer saber; defender/rechazar; los valores; las actitudes; las creencias: el interés en la cultura; él consumo; las relaciones; los roles en el trabajo de casa; los roles en el trabajo; los roles en grupos; la reacción a las enfermedades; las reacciones psíquicas; actuar el poder.

■ Cada adulto se enfrenta con las experiencias de su vida diaria según su primera fase de vida muy diferentemente. Con la edad, las personas se hacen más y más diferentes, variables, complejas e individuales. Hay entre los hombres una enorme variedad en la forma y multitud de experiencias. En la plenitud de los hechos individuales se desarrolla la biografía. Algunas palabras sobre esta amplitud son: Las relaciones; la educación política; el desarrollo profesional; los golpes del destino; el curso de la vida familiar (niños); las enfermedades, las accidentes, el ser víctima; el dinero, es decir: las posibilidades; las experiencias que vulneran; el éxito y el fracaso; la satisfacción profesional.

Diagrama 17: Las fases de desarrollo en la biografía

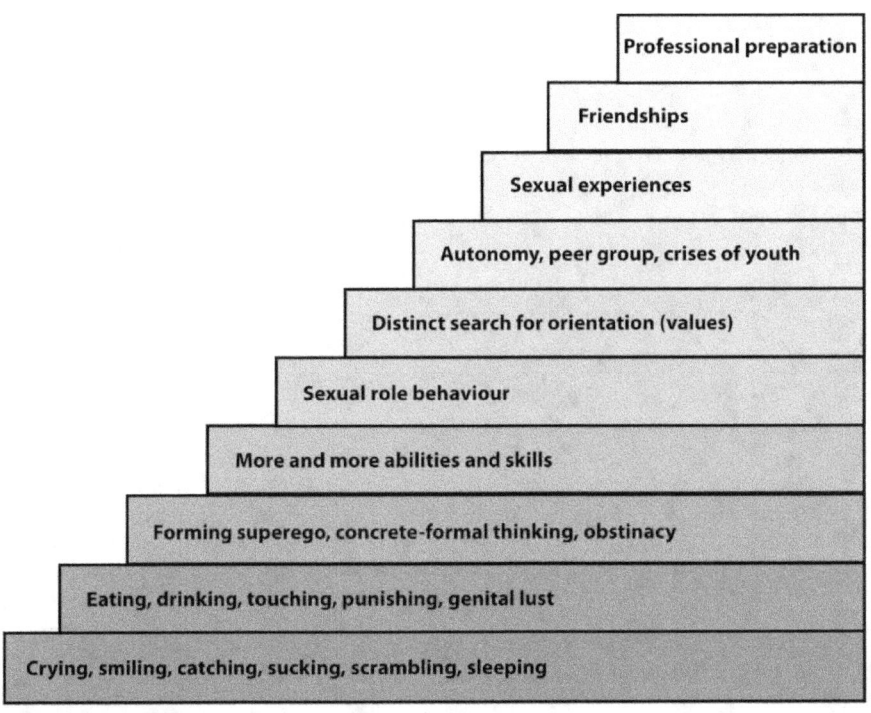

Professional preparation

Friendships

Sexual experiences

Autonomy, peer group, crises of youth

Distinct search for orientation (values)

Sexual role behaviour

More and more abilities and skills

Forming superego, concrete-formal thinking, obstinacy

Eating, drinking, touching, punishing, genital lust

Crying, smiling, catching, sucking, scrambling, sleeping

Humanistic Development:

Self-determination and autonomy
Process-being and inner deepening
Self-identity and self-confidence
Spontaneity and creativity
Experiences of transcendency

El curso de la vida y los aspectos del desarrollo psíquico

La auto-reflexión biográfica es importante, también en el contexto de las fases del crecimiento psíquico. La Señora Irmgard Bock escribe en su libro "Una niñez perdida no sólo carga la fase de la juventud, sino también toda la vida de un adulto, la vida humana en general. Lo mismo podemos decir de la pubertad, la adolescencia y la virilidad. Se le ve al viejo si era 'joven' o no, y también la matrona puede tener el estigma de una pubertad no superada."

Irma Bock nos presenta tres artículos antropológicos sobre la auto-reflexión biográfica: 1) "La personalidad del hombre contiene su unicidad, así como su orientación hacia los demás." ...2) "Una persona siempre está en devenir..." ... 3) "Este devenir no es un desarrollo endógeno (intra-psíquico), sino un enfrentamiento con el medio ambiente."

S.Whitebourne y C. Weinstock describen el modelo medio de desarrollo de la vida de un adulto: "La edad anterior de un adulto está caracterizada por su disposición para probar y por su fuerza de vida. En la primera etapa de la fase media de la vida, los adultos adquieren más intensamente los roles de adultos y la responsabilidad. A esto sigue en la segunda etapa de esta fase, la puesta en tela de juicio de obligaciones y una reintegración. En cada fase existe un juego recíproco entre el desarrollo personal, familiar y profesional."

Lo que es un 'adulto', es por cierto relativo: "Hay por ejemplo suficientes adultos entre 20 y 30 años que según sus comportamientos no los caracterizamos como 'adultos' Tomamos la edad de 65 como fin de esta etapa, entramos en más dificultades ...

... Unos se retiran, otros llegan a ser incapaces para los negocios (para el trabajo), y algunos quedan tan capaces de rendir como con 55 años."

Resumimos algunas tesis de Martin Kohli: "Está probado que una estructura de la vida en fases varía considerablemente entre las culturas y en el proceso histórico. El desarrollo al modernismo es un proceso de organizar la vida dentro del tiempo ... alargando de una forma de vida estática y momentáneo ... Existe hoy en día, un curso de vida estandarte 'normal' ... Hay un proceso amplio de la individualización, es decir, de una liberación de ligaduras corporativas (de clases sociales) y locales ... El curso de vida está organizado alrededor de la vida profesional, en tres fases: preparación, trabajo, jubilación."

El profesor Leo Montada escribe en "Entwicklungspsychologie": "Cada sociedad tiene una organización de edades, tiene normas formales e informales para cada etapa de vida. El entorno reacciona valorando las desviaciones, con la sublevación, castigo o elogio." "Consideran al hombre como una persona creadora de su desarrollo. Entienden al hombre como una existencia que puede reconocer y reflexionar a sí mismo, que tiene una imagen sobre sí mismo y su entorno, y que modifica ambas evaluando sus experiencias anteriores."

El psicoanalista Wilhelm Reich escribe: "Al fondo de todas las reacciones (del hombre/del aparato psíquico) no está la oposición de amor y odio, tampoco el Eros y la pulsión mortal ('thanatos'), sino la oposición del yo (la persona, el ello, el placer del ego) y *el mundo exterior* ... Por eso, cada primer impulso de cada ser viviente tiene que ser una tendencia de contacto al mundo exterior." Es decir: el desarrollo humano - y con eso la biografía - está siempre entre el yo y sus ganas de contactar con el mundo exterior."

Una fuerza de impulso, es según Alfred Adler, el sentimiento de inferioridad: "Desde la inferioridad constitucional y de posiciones de actuación de la niñez crece un sentimiento de inferioridad que exige una compensación en el sentido de 'aumentar el sentimiento de la personalidad'."

Con eso, "la finalidad de la ambición de poder recibe una influencia enorme y atrae todas las fuerzas psíquicas en su dirección." En el libro 'Menschenkenntnis' Adler dice: "Al inicio de cada vida psíquica está un sentimiento de inferioridad más o menos profundo. Esto es la fuerza activa, el punto de donde salen todas las tendencias de un niño y se desarrollan para alcanzar un fin, el apaciguamiento y el aseguramiento de su vida para el futuro."

El modelo de las tres fases según Sigmund Freud parece dirigir la biografía de una persona: 1) la fase oral (1º año): incorporar, sujetar, morder, escupir, cerrar; 2) la fase anal (2º y 3º año): retener, limpiar, excretar, presentar, regalar y jugar con el excremento; 3) la fase fálica (año 3-6): explorar, penetrar y tomar en posesión.

C.G.Jung divide la biografía en dos tipos (fases) de individuación: Hasta la mitad de la vida está el proceso de 'la iniciación en la realidad exterior' y después de la mitad de la vida está 'la iniciación en la realidad interior'. Sobre el espíritu en el hombre escribe Jung:

"Conforma a la naturaleza genuina del viento del espíritu (en la filosofía antigua), el espíritu es la existencia, por un lado: activa, alada y movida, y, por otro lado: vivificando, estimulando, enardeciendo e inspirando (en sueños, en imágenes interiores, por arquetipos)." (Die Archetypen und das kollektive Unbewusste)

El psicoanalista Erik Erikson nos presenta su modelo del desarrollo, según el cual la biografía pasa interiormente: 1) (edad del bebé) confianza contra desconfianza; 2) (edad del niño pequeño) autonomía contra vergüenza, duda; 3) (edad del juego) iniciativa contra sentimientos de culpa; 4) (edad escolar) creación contra sentimientos de inferioridad; 5) (adolescencia) identidad y negación contra difusión de la identidad; 6) (edad anterior del adulto) intimidad y solidaridad contra aislamiento; 7) (edad media del adulto) afán de creador contra la absorción de sí mismo (vivir en comunidad, trabajar, criar); y 8) (edad madura del adulto) integridad contra la desesperanza.

Y más: "El bebé vive en un conjunto de ciclos de vida que dependen de él, y él depende de ellos."

Profesor Richard Olechowski escribe sobre las etapas y fases del desarrollo: "El hombre nunca procede de un desarrollo psíquico que sólo está condicionado por procesos biológicos. El desarrollo psíquico siempre está determinado por procesos de aprendizaje y pensamientos ... El desarrollo entonces no es un proceso que se termina con la niñez o la juventud; Continua ... toda la vida ... El desarrollo psíquico lo podemos describir con las siguientes cuatro características:

1) Diferenciación (perfeccionamiento);

2) Centralización (construcción de instancias primeras que actúan como funciones gobernando);

3) Fortalecimiento, canalización... (restricción aumentando las posibilidades);

4) Actividades creativas (el hombre se determina por sus decisiones en situaciones presentes, en cierto modo, también sus decisiones en el futuro ... En principio el hombre puede disponer libremente de este instrumento de autodeterminación)."

"Los problemas de aprendizaje y del desarrollo están formados ... por el enfrentamiento con las situaciones básicas siguientes:

1) situación de la competencia profesional y económica;

2) situación de la familia;

3) darse cuenta del ser imperfecto como existencia individual;

4) tensiones por la monotonía de la propia existencia;

5) percatarse de los límites de la propia suerte;

6) confrontación con lo finito de la vida."

Notas y perspectivas

1. ¿Para qué sirve una reflexión sobre el desarrollo psicológico del curso de vida?

2. Anota los términos esenciales de este subcapítulo:

3. ¿Qué es el hombre que no reflexiona sobre los factores que determinan y forman su curso de vida?

4. Explica: El desarrollo humanista es muy importante para mí, porque:

5. ¿Qué has aprendido en tu casa paternal, en la escuela y en la Iglesia sobre las fuerzas psíquicas que influyen fuertemente en el curso de vida?

6. ¿Qué importancia tiene el desarrollo humanista en la discusión entre parejas?

7. ¿Cómo entienden los políticos y los economistas el desarrollo humanista de los seres humanos?

8. ¿Qué transmite la publicidad sobre los factores que forman nuestro medio ambiente?

9. Apunta una pregunta importante para ti sobre el desarrollo humanista:

7.3. La propia historia de la formación de valores y actitudes

La vida social está influida también por normas, como costumbres, leyes o prescripciones.

Toda la vida - contactos, relaciones, actividades, compras y ventas etc. - está llena de normas que expresan juicios, por ejemplo:

"Esto es bueno", o "esto es malo" y así: "¡No debes hacer esto!", es decir "¡Tienes que hacer eso!"

No podemos vivir sin normas sociales. Cada persona adopta tales normas durante su primera fase de vida.

Desde más o menos la edad de 10 años empuja la autonomía, empezando con la pregunta sobre el sentido de una norma.

Las normas reflejan valores y éstas, a su vez, están incorporadas en argumentos, en un sistema filosófico y/o religioso de actitudes y creencias.

La biografía de una persona está determinada considerablemente por su sistema de valores incorporados. Y esto no es por casualidad.

Puede ser accidental que Fritz (o Juan) haya nacido en una familia católica, Ana en una familia protestante y Omar en una familia musulmana.

Las actitudes básales siempre están de cualquier forma presentes en el padre y la madre, cuando un bebé toma su espacio.

Cada persona se evalúa a sí mismo y a los demás, la vida y la transcendencia (la religión), si quiere o no, primeramente, a través de sus experiencias biográficas.

De verdad, los sistemas de valores son muy variados en una sociedad pluralista.

Pero cada joven no puede elegir su entorno de valores y normas, como un juguete.

En la formación de valores de un joven adulto la creación de la consciencia por los padres, el colegio y el entorno influye grandemente.

La reflexión biográfica exige una elaboración sólida de esta formación.

Al inicio está la autoridad, según Sigmund Freud, la relación con el padre (obediencia y castigo), después vienen las necesidades (los deseos), luego las personas en el entorno, seguidamente el estado y la religión, y por último las consideraciones utilitarias: La justicia y la dignidad deben recibir un sentido.

Sólo poca gente se ocupa de ir más allá, de argumentaciones filosóficas profundas sobre los valores y las creencias.

Y mucho menos, están dispuestos para emplearse a fondo en los valores mayores como la dignidad del ser humano y la justicia.

La biografía individual siempre determina decisivamente como una persona valora y juzga, también como vive, sean asuntos diarios como hablar y tratar a los otros, o sean temas centrales como la sexualidad, el matrimonio, el medio ambiente, la pena capital, la interrupción, la violencia, la guerra o creencias religiosas.

Si "Dios" o "el placer y la alegría" sirven de metas mayores, es muy raro un resultado del pensar racional. Además, unos tienen 'el Dios verdadero', mientras dicen que los otros pueden tener cuanto más 'una parte de la verdad sobre Dios'.

Al final encontramos la violencia y la guerra, o, si está la libertad de dogmas: la humanidad y la sabiduría.

Reflexiones y discusiones

■ Hay varias posibilidades para fundamentar los valores y las normas, por ejemplo: El placer y la alegría, la responsabilidad sobre las consecuencias, la felicidad y la beatitud, la libertad como el mayor bien, los talentos naturales como argumento, la voluntad buena y mala (con razón), la voluntad libre con su responsabilidad, los intereses propios y colectivos, la vida buena, las leyes divinas; realizar la vida psíquica, los principios de la individuación.

■ Hay combinaciones de palabras que se pueden construir con la palabra 'valor': Bienes, religioso, humanista, cambio, el bueno, realista, ideológico, espiritual, estético, económico, de comparación, libertad de uso, intrínseco, del placer, transcendental, el mundo de, absoluto.

■ Los términos de valores son: Bueno, malo, malvado, horrible, hermoso, bello, feo, asqueroso, sublime, armónico, astuto, santo, negativo, positivo, ideal, falso, correcto, tonto, admirable, digno, diabólico.

■ Es útil, ser capaz de reconocer en juicios las diferentes formas:

a) Juicios de obligación moral:
* No debes hacer coito antes de casarte.
* El amor es una obligación para todo el mundo.
* Tienes que hacer autoconocimiento.

b) Juicios de valor moral:
* Tienes un carácter de valor mayor.
* Mi padre es un hombre malo.
* Tenía motivos miserables para su acto.

c) Juicios de valor fuera de la moral:
* Éste es un coche bonito.
* Mis padres no tenían una buena vida.
* El Cristianismo es la mejor religión.

Diagrama 18: La educación moral y sus aspectos críticos

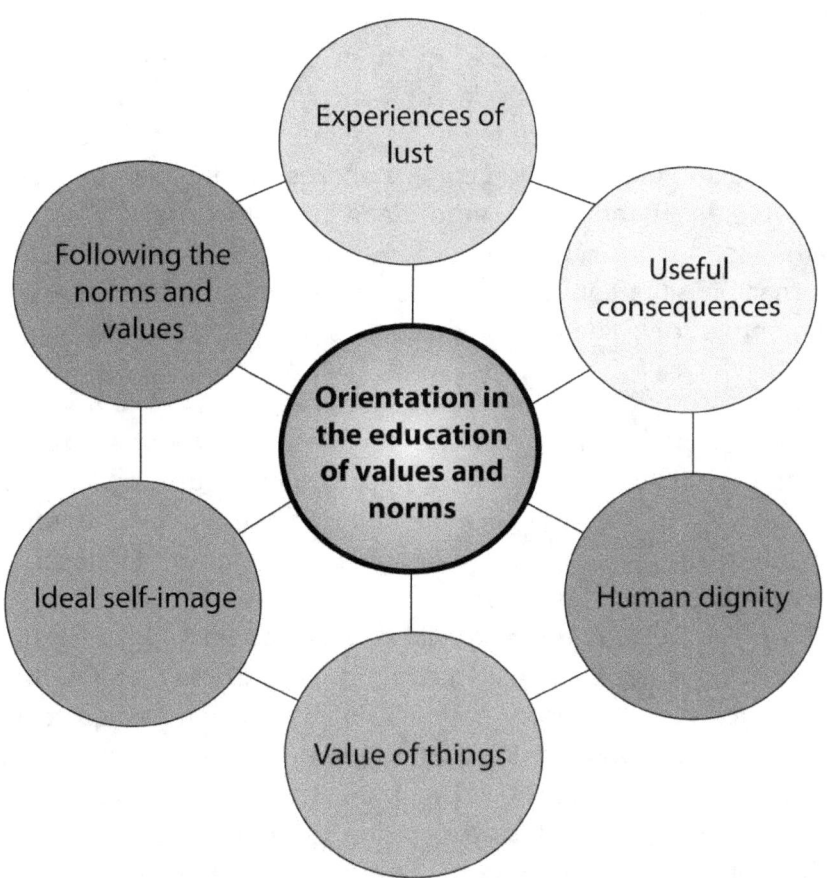

For critical orientation in self-reflection:
- Formulation of values and norms
- Relativity of values against indoctrination
- Highest values of human beings and daily values
- Preconditions of developmental psychology
- Values and the effects of values
- Moral hipocrisy
- Hidden values in the unconscious

La moral como resultado biográfico

1923 Sigmund Freud escribió sobre el 'super-yo'. Resumimos algunos pensamientos básicos: El super-yo representa las normas sociales, por un lado, desde la conciencia, por otro lado, desde el ideal del yo. Este incluye los dictados de los padres (la representación de la relación con los padres), sobre todo del padre, pero también de modelos y autoridades (religión, moral y el sentir social). El superyó sirve de norma muy severa. Con otras palabras: la formación de la consciencia y los valores se construyen desde el nacimiento a través de la relación con los padres.

El profesor de pedagogía Wolfgang Brezinka relativiza el poder del súper-yo: "Tanto hablar de 'autodeterminación', 'autorrealización', 'autonomía', 'madurez' y 'emancipación' no puede engañarnos a que la mayoría de las personas en las sociedades altamente industrializadas sucumban a un gobierno externo. El deseo de reconocimiento por los otros tiene como consecuencia un sentimiento fuerte de dependencia y una disposición extraordinaria de recepción y sucesión para las acciones y deseos de los otros, sobre todo para la opinión pública. En este estado psíquico casi nadie se arriesga poner principios de juicio (valores) y normas para sí mismo y como proposición para otros, que exceden las comunidades vagas con los otros o que están acaso en oposición a estos." (en: Metatheorie der Erziehung. München 1978, página 217).

Otro aspecto lo tomamos de Maier K.E.: "Los valores se convierten en normas, que tienen la tendencia para su realización. Empujan a que se transformen de un estado primeramente impersonal a un estado de posesión individual."

Dieter J. Löwisch relativiza también la formación del severo súper-yo: "La palabra de Kant de que estamos cultivados y civilizados (...), pero que estamos muy lejos de una formación moral, se confirma plenamente en este siglo XX: guerras civiles, guerras de tribus, guerras de expansión, guerras de razas, fanatismo de razas, guerras ideológicas y por prestigio, desestimación de derechos humanos, millones de tormentos, cien millones de muertos por guerras, huidas, hambre, miseria y muerte por el fanatismo ideológico. ¿Qué vale la vida humana hoy?"

El profesor de pedagogía Fritz Oser toma esta cara oscura y la comenta brevemente: "Nadie puede contar cuantas personas durante el curso de la historia fueron maltratadas, heridas o asesinadas."

Además, tomamos de su obra la reclamación central: "Aprender las virtudes y desarrollar la moral puede hacerlo sólo él que intenta transformar sus argumentos en acciones según su mejor conocimiento, y de esta creencia crece la integridad de una persona: Necesitamos hoy personas con principios y con coraje moral."

Y sigue: "La educación moral debe desembocar en un programa holístico de desarrollo de la personalidad y de competencias sociales; la educación moral no puede reducirse a 'entrenamiento mental' (del pensar), sino que tiene que promover también una sensibilidad moral y una capacidad de acción moral."

También las características de la 'post-modernidad' influyen en el curso de vida de todos. El sociólogo Heinz-Günter Vester describe este 'ambiente'. Sacamos del libro 'Soziologie der Postmoderne' algunas palabras claves: "La mezcla de objetos e ideas, hechos y ficciones sin límites entre la cultura, el comercio, el consumo y la producción."

Y: "Los valores culturales no están simplemente integrados (por cada uno), sino que deben ser llevados al varón y a la mujer por el marketing y la promoción." Y: "Un desplazamiento de la importancia del contenido al embalaje."

Augusto Blasi escribe: "Cuando faltan el estar afectado y la obligación personal, resulta el riesgo de que la moral queda al final abstracta y estéril. Cuando los sentimientos y los valores reciben una importancia exagerada, o más precisamente, cuando no dependen del conocimiento y de la razón, y cuando no están dirigidos por estos, la naturaleza colectiva de la moral y el sentimiento de una obligación real se pierden." Y más: "La base de lo inmoral consiste en el no-querer-saber, en el hacerse el ciego contra el conocimiento propio y en pasarlo por alto en la propia acción."

Para descubrir la propia biografía Herbert Gudjons, Marianne Pieper y Birgit Wagner han compuesto un espectro de programa amplio. Tomamos de este espectro algunas sugerencias dentro del tema 'religión e ideologías políticas':

"Meta: Aclarar las ideologías y los prejuicios con los cuales estábamos confrontados, y reflexionar sobre la influencia de tales ideologías en nuestras actitudes y nuestro comportamiento. El inicio de las frases es:

- La política es...
- Alguien está educado cuando...
- El dinero y los bienes son...
- Lo más importante en la vida es...
- Enfrente de sus padres hay que...
- Las niñas deben...
- Enfrente de desconocidos hay que

- Los comunistas son...
- Quien hace un buen trabajo...
- Como un buen cristiano...
- La vida es...
- Los jóvenes tienen que...
- Enfrente del jefe tienes que...
- Mujeres tienen que cuidar...

Meta: Presentación y figuración de su propia religiosidad y del desarrollo de la relación con la iglesia: Ejercicio: Con imaginación entrar en situaciones pasadas.

Meta: Ocuparse de sus propias ideas sobre Dios, desde la niñez hasta hoy." El ejercicio es, otra vez, una imaginación: "Piensa en Dios. Recuerda cómo te lo has imaginado cuando eras niño; piensa en experiencias, fantasías, problemas que tenías durante el transcurso de tu vida con Dios."

"Meta: Clarificar las condiciones de influencia en el nacimiento y la transformación de actitudes políticas en la propia biografía." Confrontación racional mirando hacia el pasado en aspectos como: "Actitudes de los padres, de los parientes, experiencias con acontecimientos políticos, influencia de películas, televisión, escuela, grupos políticos, influencia de coetáneos, amigos/amigas, periódicos."

Ronald Inglehart, profesor de ciencia política escribe: "La gente vive mucho más en el pasado de lo que somos conscientes. Pues interpretamos la realidad con conceptos e ideologías que se basan en experiencias pasadas ... Durante el curso del crecimiento construimos nuestra interpretación de la realidad alrededor de ciertos términos. Por eso nos orientamos según mapas antiguos".

El profesor de educación Werner Lenz nos ofrece algunas tesis sobre la educación. Sacamos algunos elementos: "El hombre crea el mundo ... y está creado por él ... La educación es una parte del desarrollo humano ... El modo humano de vivir se muestra como resultado de la formación cultural ... El desarrollo hacia la humanidad y el acercamiento a condiciones humanas no sigue el curso de la evolución natural ... La educación está establecida entre la reflexión y la acción ... La educación se basa en la responsabilidad de cada uno."

La biografía empieza ya en el tiempo prenatal. El médico Thomas Verny escribe: "Una persona tiene una mayor oportunidad de llegar a ser un adulto estable, cuando su madre se alegre de su nacimiento."

Considera: *Cada moral contiene componentes emocionales.*

Notas y perspectivas

1. ¿Para qué sirve una reflexión sobre la propia educación moral?

2. Anota los términos esenciales de este subcapítulo:

3. ¿Qué es el hombre que no reflexiona sobre su educación moral?

4. Explica: Doy mucha importancia a la reflexión sobre mi educación moral que ha resultado de mi medio ambiente, porque:

5. ¿Qué has aprendido en tu casa paternal, en la escuela y en la Iglesia sobre la subjetividad y relatividad de la educación moral?

6. ¿Qué importancia tiene la educación de valores y normas en la comunicación entre parejas?

7. ¿Cómo promueven los políticos y los economistas la reflexión crítica sobre la educación de valores y normas?

8. ¿Qué tipo de educación de valores y moral transmite la publicidad?

9. Apunta una pregunta importante para ti sobre la reflexión de la educación de valores y moral:

7.4. Resumen – Tesis

❑ Cada persona tiene una historia de vida propia e inconfundible con las siguientes ramificaciones centrales:

- la escuela/el colegio
- los juegos de niños
- las actitudes
- el conocimiento
- la sexualidad
- la familia/los parientes
- el estilo de la educación
- la formación profesional
- la sensualidad corporal

❑ Cada biografía forma al hombre y queda viva en él; mucho de lo que una persona vive en el presente está construido en su historia de vida.

❑ Los procesos del desarrollo psíquico desde el tiempo prenatal forman parte de la reflexión biográfica.

❑ El trato de los instintos, de las necesidades y del comportamiento diario se forma decisivamente ya desde los primeros diez años.

❑ La formación de los valores y de las actitudes, incluido las creencias ideológicas y religiosas, tienen sus primeros fundamentos ya en la niñez y la juventud.

❑ La auto-reflexión biográfica facilita un entendimiento mejor de su propia identidad, de conflictos consigo mismo y la vida. A través de una elaboración imaginativa y racional de la propia biografía la persona puede liberarse de las 'cargas' del pasado y así 'redimir' también experiencias difíciles. Esto es una condición previa decisiva para la autonomía y la libertad.

7.5. Unidad de trabajo

1. ¿Cuáles son tus actitudes sobre tu vida vivida hasta hoy?

2. ¿Qué fases de tu vida ves por primero, mirando un poco atrás?

3. ¿Qué recuerdos puedes manejar difícilmente?

4. Describe para cada campo de tema 1 característica destacada, en la primera línea algo agradable y positiva y en la segunda línea algo cargado y negativo. Luego marca:

Puntos: 1 = fuerte   2 = medio   3 = regular

1. Familia: Padres, padrastros, hermanos, parientes, estilo de educación, educación, trabajo, condiciones sociales, ausencias (separación, muerte)
....P:...
....P:...

2. Relaciones fuera de la familia: Conocidos, vecinos, colegas en el trabajo, cura, médico, asesor, profesor, grupos étnicos
....P:...
....P:...

3. Amistades, relaciones amorosas, matrimonio
....P:...
....P:...

4. La propia familia, niños, familia del partenaire, muestras de relación
....P:...
....P:...

5. El vivir en el hogar, ambiente del hogar, la calidad de la vivienda, la calidad del entorno, mudanzas

....P:...

....P:...

6. Cuerpo, sexualidad, iniciación sexual, el ser mujer/hombre, la cultura del aseo, embarazos (procedimiento, interrupción), menstruación

....P:...

....P:...

7. La cultura de nutrirse, hábitos de comer y beber

....P:...

....P:...

8. Enfermedades, trastornos, sufrimiento, operaciones, terapias, adicciones (por ejemplo alcohol, tabaco, remedios, drogas, comida, juego

....P:...

....P:...

9. Escuela primaria y secundaria, formación continua, aprender, ramas, diplomas, cambio de colegios, carrera escolar

....P:...

....P:...

10. Formación profesional, trabajos, actividades laborales, puesto laboral, paro

....P:...

....P:...

11. Lugares del ocio, actividades, hobbies, juegos, vacaciones, fin de semana, movilidad (local, nacional, internacional)

....P:...

....P:...

12. Prácticas religiosas, la fe, filosofía de vida, esoterismo, sectas, movimientos psico-religiosos

....P:...

....P:...

13. Socialización política, incidentes políticos, actividades, movimientos ecológicos

....P:...

....P:...

14. Vida cultural, lectura, (periódicos, revistas, libros), música, arte, teatro, cine, televisión

....P:...

....P:...

15. Objetos, bienes de consumo, ropas, dinero, objetos de valor

....P:...

....P:...

16. Instituciones psico-sociales: Seguridad social, ayuda social, Asesoramiento, refugios, locales sociales, asilo, servicios de seguros

....P:...

....P:...

17. Quehaceres domésticos, gestión de la vida (hacienda, seguros etc.)

....P:...

....P:...

18. Dormir (entorno, hábitos, soñar)
....P:...
....P:...

19. Criminalidad (víctima, actor)
....P:...
....P:...

20. Entorno ecológico: Contaminación del aire y del agua, tráfico, ruido, superpoblación, pobreza, basura, maltrato de los animales, consumo de energía, catástrofes, violencias, agitaciones, guerra
....P:...
....P:...

Suma puntos positivos: ...

Suma puntos negativos: ...

De experiencias malas tomo la consecuencia:

....

....

De experiencias positivas tomo la consecuencia:

....

....

Imaginación

Tema: *"Así trato mi vida vivida hasta hoy."*

Imágenes: Diarios y álbum de foros se hallan en un cuarto.

¿Qué idea básica de esta unidad consideras como *la central para la autoeducación?*

Anote un conocimiento básico (un pensamiento, un hecho) de esta unidad que *cada uno tendría que saber:*

Test de elección múltiple

Elige las 4 respuestas correctas y ponga una cruz, así: ☒ a) placer

6.1. ¿Cuáles son las dimensiones biográficas centrales para la auto-reflexión?

☐a) el entorno ☐b) la salud/las enfermedades
☐c) los vecinos ☐d) los juegos de niños
☐e) los acontecimientos críticos ☐f) el arte de cocinar del padre

6.2. Las siguientes fuerzas (factores) son decisivamente importantes para la biografía de una persona:

☐a) la fase anal ☐b) ser un buen alumno
☐c) el placer del descubrimiento ☐d) los tiempos tranquilos
☐e) la construcción de la identidad ☐f) las pruebas de la fuerza
física/vital

6.3. El tema 'formación moral en el curso de la vida' nos permite decir:

☐a) La formación moral empieza aproximadamente con el tiempo de los primeros recuerdos.
☐b) La formación moral es, cada vez más, en el curso del crecimiento al adulto un acto del pensar.
☐c) Cada persona experimenta a través de su educación y formación los valores verdaderos del ser humano.
☐d) "Esto es una buena aspiradora" es un juicio 'fuera de la moral'
☐e) Poca gente reflexiona sobre su sistema de valores y creencias.
☐f) Los procesos de transformación y las etapas de la individuación, como las podemos experimentar, son una orientación constructiva para los valores básicos de la vida.

8ª Unidad: La salud y el bienestar mental

8.1.   La sensación corporal y el cuidado de la sensualidad

El término "salud"

Los aspectos de la salud psíquica

8.2.   El estilo de vivir para la salud y el bienestar

El estrés y las reacciones del estrés

El comportamiento para la prevención y la descarga del estrés

8.3.   La 'fitness' mental (el bienestar mental)

Las formas de superación sistemática de problemas

Un ejemplo: crear el ocio con el bienestar mental

8.4.   Resumen – Tesis

8.5.   Unidad de trabajo

Lema:

La salud y el bienestar mental se manifiestan en un estilo de vivir, y en el modo de cómo alguien elabora los problemas. Por eso: El bienestar mental sirve para el bienestar físico, psíquico y social.

Brainstorming (= recoger ideas espontáneas)

Ten presente el título de este capítulo y los tres subtítulos. Haz unas notas sobre los siguientes puntos de vista antes de leer este capítulo, y antes de hacer los ejercicios de cada unidad.

a) Cuestiones que te planteas con cada título y subtítulo:

b) Palabras claves que te afectan a ti con este título y estos subtítulos:

c) Asociaciones (es decir: ideas, sentimientos, recuerdos etc.) que tienes con estos títulos y subtítulos:

8.1. La sensación corporal y el cuidado de la sensualidad

Nada funciona sin el cuerpo y sin los sentidos. Sabemos que la psique influye en el cuerpo; y al revés: El estado del cuerpo influye en la vida psíquica. Quién tiene hambre, a menudo está caprichoso, está nervioso y descontento. Comer demasiado retarda la vitalidad. La represión del placer sexual provoca muchas enfermedades psicosomáticas y conflictos sociales. Comer demasiada grasa engorda; beber demasiado alcohol daña al hígado; la falta de fibra causa un intestino inerte; demasiado azúcar estorba la flora del intestino; la falta de movimientos debilita el corazón, ... demasiada sal ... demasiado humo ... demasiado ruido ... etc.

Cada uno experimenta de cualquier modo su cuerpo, unos más positivamente y otros con sentimientos más negativos.

Hay que cuidar el cuerpo, necesita nutrición y ropas y movimientos. Si una persona no lo hace de una forma adecuada, tiene consecuencias que todos nosotros pagamos solidariamente. Los gastos son muy altos.

Podemos aprender cómo se construye una forma correcta de vivir para el cuerpo. La responsabilidad sobre sí mismo es imprescindible.

Vivimos con los cinco sentidos:

Comemos con los ojos; nos gusta ver los colores; los sonidos pueden movernos; reaccionamos a contactos físicos, ya sean la ternura o las ropas; experimentamos la naturaleza con los sentidos; comemos con el olor, el sabor y en un ambiente determinado; exploramos el mundo con los movimientos físicos; no sólo olemos aromas, sino situaciones completas; trabajamos con la postura; hablamos y reñimos con el cuerpo completo etc.

Parece que una cierta autoeducación podría tener mucho de provecho. Cada persona incorpora con su biografía también numerosos hábitos de su entorno. Una persona come con rutina como lo aprendió cuando era niño, o cuida su experiencia sensual como lo aprendió por la educación.

Poca gente aprende que la experiencia sensual es muy importante. Hoy sabemos más sobre esto por los medios, estamos bastante influidos por la publicidad;

Pero ¿qué hacemos para nuestra formación sobre la salud - salud sensual, física, psíquica, social y ecológica?

Podemos aprender a reflexionar y a mejorar nuestra forma de vivir en el interés del cuerpo, también buscando a reconocer las grabaciones biográficas. Así como muchas enfermedades psíquicas y físicas están causadas por la biografía, así una forma correcta de vivir para el cuerpo es el resultado de la educación y de las influencias externas.

Podemos formar nuestra percepción para las necesidades físicas. Podemos aprender a gozar con los sentidos. El bienestar es una fuente de la fuerza vital.

De la postura reconocemos la vida psíquica. Los movimientos son lentos o dinámicos, tenaces o fluidos, armónicos o entrecortados, cargados gravemente o muy ágiles, agresivos o tranquilos y amables, vacilantes o impulsivos.

Experimentamos los movimientos de un cuerpo y las formas de un cuerpo hermoso y armónico o feo y desmañado. Las ropas contribuyen al bienestar y a los movimientos: estrechan, liberan o estimulan el placer, por coacción o por una forma ritual. La educación para el cuidado de los sentidos es decisiva para la salud.

Reflexiones y discusiones

■ El estado del propio cuerpo y la relación con su propio cuerpo contribuyen decisivamente al bienestar psíquico, por ejemplo, en los aspectos siguientes: Las fuerzas creativas, las metas realistas, los valores humanos, el cumplimiento de las necesidades básicas, la adaptación al estrés, la aceptación positiva de sí mismo, la autonomía, la estabilidad, el equilibrio, el interés por la vida, la apertura social, el trato de las agresiones.

■ Cada persona experimenta su cuerpo, sano o enfermo, con placer o desganas: La piel, las tensiones, la fuerza de los músculos, las manos, las piedras, el estómago, los genitales, la boca, el pelo, los riñones, el corazón, el pulmón, la nariz, los dedos

■ Cada persona experimenta su cuerpo en su totalidad como: Perezoso, hermoso, feo, vital, robusto, armónico, crispado, tenso, relajado, nervioso, pesado, leve, fresco, cansado, agotado, agradable, desagradable, repugnante, cómodo, con gozo, asqueroso, con antipatía, frío, ácido, apurado, grosero, tenaz, sin alegría, molesto, intenso.

■ Una buena experiencia sensual del cuerpo se puede desarrollar paso por paso: La naturaleza, el deporte ligero (por ejemplo excursiones), una nutrición correcta, la medida en todo, el entrenamiento de relajación, la meditación, el masaje, el amor sexual, las actitudes sanas, la cultura en el comer, una cultura de vivir/habitar, una cultura de vestirse, las hierbas/el aceite, el interés en la vida biológica, un ambiente sano, el cocinar, un aseo positivo y con placer, la autoestima positiva, el control del estrés, la auto-responsabilidad, la reducción de conflictos, el control de los sentimientos, la elaboración de las crisis en vez de reprimirlas, el entrenamiento mental.

■ Muchas personas están forzadas a vivir con hábitos de riesgos por sus biografías y su entorno vital, por ejemplo, por negación de: amor, lealtad, veracidad, solidaridad, valores mayores... etc. Por presión social: deber imitar, condiciones de reconocimientos sociales, lealtad, populares... etc.

El término 'Salud'

En el libro científico de Laaser, U. y otros encontramos unos nuevos aspectos sobre la definición de 'salud':

"La salud es la cultura de todos los víveres; la salud es la adaptación del cuerpo y del medio ambiente a través de acciones sociales; la salud es un camino que se forma viviéndola" ... "Los factores de la salud son también principios metódicos como 'aspirar a la adecuación', 'abordar el mundo de los sentimientos', 'junto a la vida' ... Siete acciones para la salud fomentan la salud, y evitan la enfermedad: 'no fumar', 'alcohol con medida', 'grasa con medida y con los componentes correctos', 'calcular la necesidad de calorías', 'sal con medida' (5-6 gramos), 'manejar el estrés' y 'equilibrar la falta de movimientos'."

El profesor para la ciencia de la salud, Klaus Hurrelmann describe la salud: "La autorresponsabilidad y la autodeterminación están valoradas como partes importantes del desarrollo sano de la personalidad ... La salud está entendida como una parte del desarrollo biográfico individual, como un proceso, que sólo es posible cuando una persona supera flexible y voluntariosamente el estado a alcanzar óptimamente de la coordinación de exigencias interiores y exteriores. Y con eso se garantiza una continuidad satisfactoria de la auto-experiencia (de la auto-identidad)."

Y más: "La salud está entendida como una capacidad alta de adaptarse a cargas físicas, psíquicas y sociales y relacionada con la forma entera de vivir."

Hans Günther Homfeldt y los co-autores nos ofrecen sugerencias prácticas y reflexiones sobre el tema. Sacamos de ellos unas tesis:

"La formación de la percepción o sensibilización significa 'desarrollar una sensibilidad mayor, una precisión y diferenciación para procesos internos y externos'." Y más: "La percepción y la creación, la impresión y la expresión forman un círculo. Se causan mutuamente. La intensidad y la multitud de percepciones y de sus elaboraciones individuales forman parte de las condiciones del formar de modo creativo." Y: "La percepción holística resulta del enlace armónico de las fuerzas sensuales y espirituales"

El profesor Hans Günter Homfeldt describe la salud práctica en los ámbitos de la nutrición, de los movimientos, del vestirse y de la experiencia de la naturaleza:

"Entendemos la formación de la salud como un esfuerzo de construir una forma de vivir sana individualmente correcta, que incluye puntos de vista sociales, económicos y ecológicos del actuar humano ... Un comportamiento con autorresponsabilidad en el sentido de la formación de la salud apunta a una ampliación de las competencias personales del actuar en una situación sociocultural concreta con sus exigencias, hechos y espacios libres."

Y más: "Podemos decir algo similar sobre las enfermedades, sobre el nutrirse, el moverse y el vestirse. Están también condicionadas biográficamente." Y: "El hacer consciente es la condición previa para crear un programa, para un actuar individual correcto en el sentido de la salud."

Ejemplo: Las preguntas básicas de un protocolo sobre el comer son: ¿Cuándo? ¿Qué? ¿Cuánto? ¿Dónde? ¿Cómo? ¿Cuánto tiempo? ¿Por qué? ¿Con quién? ¿Quién ha preparado la comida?"

Preguntas similares podemos hacerlas dentro de un protocolo o de una reflexión biográfica sobre el moverse, el vestirse y el experimentar la naturaleza.

Ulrich Wemmer y Dieter Korczak definen la salud como la organización WHO: "Como la presencia de un bienestar físico, psíquico y social, y no sólo como la ausencia de enfermedad y de defecto físico." El organismo y la psique están en un enlace activo con el mundo social y material.

Los aspectos de la salud psíquica

El profesor de psicología Peter Becker investigó la psicología de la salud psíquica. Tomamos una lista de factores de las teorías psicológicas y psicoanalíticas sobre la salud psíquica, expresadas en la siguiente lista con palabras propias:

- la productividad, la creatividad, el actuar, el crear
- el contacto objetivo y racional con la realidad
- la capacidad de adaptarse
- el equilibrio interno, la integración del yo
- la capacidad de satisfacer sus necesidades
- la sexualidad genital
- el ser libre, el uso limitado de los mecanismos de defensa
- la tolerancia de frustración, el control del ímpetu
- la resistencia contra el estrés
- la capacidad de resistencia contra enfermedades psíquicas
- estar libre de síntomas
- determinarse metas realistas
- el equilibrio entre dependencia e independencia
- el equilibrio entre estabilidad y flexibilidad
- una confianza básica
- la identidad del yo
- realizar sus propios potenciales
- la autonomía y la resistencia contra la aculturación
- la autorresponsabilidad
- la moral autónoma
- la auto-reflexión
- una imagen sobre sí mismo realista
- la auto-aceptación, la autoestima y la autoconfianza
- la naturalidad, el estar libre de ataduras
- la espontaneidad, la imparcialidad, la autenticidad
- la apertura para experiencias y sentimientos
- las experiencias transcendentales, los sentimientos 'positivos'
- la ampliación de la consciencia
- la aceptación del cuerpo
- el afán por lo bueno, la verdad, la belleza

- el humor
- una estructura del carácter democrática
- un deseo de espacio privado
- el encontrar sentido en la vida y una orientación de valores
- la capacidad de abordar constructivamente un sufrimiento
- una voluntad fuerte

Esta lista nos demuestra evidentemente, que la salud es mucho más que "la ausencia de enfermedad". Profesor A. Sommer escribe sobre esto: "La salud no es algo que una persona 'posee', o que unos poseen y otros no, lo que se puede 'perder' o 'ganar de nuevo'. La salud tampoco es algo que añadimos a la vida para hacerla más agradable y más alegre.

La salud es el modo de los procesos de vivir, la realización de la vida misma, la forma de superar la vida.

Knörzer, W. nos dice: "Normal y conocido es ... el sistema de los factores de riesgos." Enfrente de estos, el profesor Sommer pone los "factores de construcción" (para la salud):

"Ellos ... permiten experimentar la salud en cada fase y momento como un bienestar, que motiva a uno mismo para más esfuerzos por la salud y con el que se fortalece la iniciativa propia y la autorresponsabilidad."

Entre otros se trata aquí de la nutrición, la respiración, los movimientos, el sueño, la temperatura, la simpatía, el amor, el estar a salvo, la seguridad, las experiencias agradables, la razón, la inteligencia, un entendimiento satisfactorio, una confirmación social, las actividades creativas, las reflexiones, el autocontrol, la contemplación, la meditación, las experiencias transcendentales, un ritmo de vida adecuado.

Notas y perspectivas

1. ¿Para qué sirve la salud integradora?

2. Anota los términos esenciales de este subcapítulo:

3. ¿Qué es el hombre sin salud psíquica?

4. Explica: La salud psíquica es muy importante para mí, porque:

5. ¿Qué has aprendido en tu casa paternal, en la escuela y en la Iglesia sobre la salud integradora?

6. ¿Qué importancia tiene la salud psíquica entre parejas?

7. ¿Qué importancia dan la política y la economía a la salud integradora?

8. ¿Qué nos enseña la publicidad sobre la salud integradora?

9. Apunta una pregunta importante para ti sobre la salud integradora:

8.2. Una forma de vivir para la salud y el bienestar

Vivimos en un tiempo difícil con desafíos nuevos: el consumo, la prosperidad (la pobreza al lado), la comodidad y una multitud inmensa de experiencias para vivir. Tenemos una amplia visión desde el sofá. El hombre está mimado.

¿Podemos reprochar a cada uno? Generalmente seguro que no.

La presión externa es inmensa: ya pequeños estímulos activan el instinto sexual, algunas fantasías románticas, un sentimiento agresivo, las ganas de comer, el deseo de beber, y mucho más. El individuo se sumerge en la multitud inmensa de informaciones y de ofertas de consumo.

Con menos esfuerzo podemos recibir siempre más. Con dinero podemos comprar todo. ¿O qué no?

La vida en el mundo industrializado es para aquellos que no la "sienten" ni dura, ni penosa, ni ardua, ni con escasez.

"El placer sin esfuerzo" es el lema. Pero así el individuo pierde su identidad original, su ser individual, su autonomía interna, su integridad, su madurez psíquica-espiritual y su "estar a salvo".

Sólo con una amplia autoeducación podemos crear un estilo de vida creativa, abierto para el crecimiento interno; es decir: una cultura propia consigo mismo, en su casa y en el ocio.

Forman parte del estilo de vida: la cultura de la nutrición (del comer y del beber), modelos y modalidades de moverse (falta de movimientos), la autenticidad del experimentar (la experiencia de la naturaleza), el autocontrol en todas las situaciones diarias, el estilo de comunicación y la forma de crear las relaciones, etc.

La salud implica el 'estar físico', y el 'estar psíquico'.

Forman parte también: una identidad muy personal, la autenticidad interna, la realización (la expresión) de las posibilidades internas, la capacidad de controlar y satisfacer el instinto sexual, la capacidad de amar también.

La salud implica con eso una forma de existencia y de vivir. Esto es siempre un producto de la historia de vida propia y de su reflexión sobre ella.

Las metas esenciales de la autoeducación no es el cálculo de calorías, la cantidad de sal diaria, la cantidad de grasa o de alcohol, etc.

Todo esto es contribuciones al complejo junto de con vida humana.

En la individuación el estilo de vivir y la cultura del vivir llegan a ser una expresión del crecimiento propio. Aquí la salud no es sólo una 'adición'.

Unas preguntas de auto-reflexión son, por ejemplo:

¿Cómo? ¿Cómo me muevo con y sin coche? ¿Cómo hablo (al teléfono y en todos sitios)? ¿Cómo elijo mis ropas y zapatos? ¿Cómo experimento mi casa? ¿Cómo creo el amor y el placer sexual? ¿Cómo hago mi trabajo de casa? ¿Cómo utilizo mi dinero? ¿Cómo elijo y creo el estar junto con los otros? ¿Cómo trato mi basura? ¿Cómo manejo las informaciones? ¿Cómo tomo en serio mis necesidades?

La necesidad de crear su vida recibe una importancia primordial en el ser humano considerando las conexiones entre la persona, la biografía y el entorno. Esto exige una auto-reflexión crítica. Aquí tenemos la fundación de la felicidad y del bienestar.

Reflexiones y discusiones

■ Es difícil de crear un estilo propio de vivir para la salud y el bienestar, puesto que hay muchas influencias externas, y también grabaciones biográficas que ponen límites: La multitud de información; un inmenso mercado de libros; el espíritu de la época; las imágenes de la publicidad; la presión social del entorno; las ofertas del mercado; los modelos de carrera clásicos; las ofertas en el ocio; las tendencias de la moda; los ideales de los padres; las habilidades de la juventud; los teatros y los bastidores en todos los lugares.

■ Forman parte de la salud básicamente: El bienestar físico; las habilidades de rendimiento; la auto-reflexión; el funcionamiento psíquico; la biografía elaborada; estar libre de síntomas; la habilidad de relación; la autonomía y la libertad; el equilibrio; la tolerancia de la frustración; la capacidad de la voluntad; la integridad; el experimentar el sentido existencial; las capacidades creativas; la nivelación del estrés; la autorrealización; la satisfacción de las necesidades; la esperanza.

■ Las auto-reflexiones críticas sobre el propio estilo de vivir son: ¿Me siento bien/agradable con mi cuerpo? ¿Puedo permitirme experiencias físicas, el placer y el 'juego' sexual? ¿Qué opino del trabajo de la casa y cómo lo arreglo yo? ¿Con qué consciencia me visto y compro mis ropas? ¿Cómo y con qué metas creo mi hogar/casa donde vivo? ¿Cómo y con qué actitud cuido mi cuerpo? ¿Cómo trato las posibilidades de los medios y cómo me comporto enfrente de la tele? ¿Cómo creo y cómo experimento mi habitación, donde duermo, y mi cocina? ¿Cómo trato los alimentos y cómo los elijo? ¿Qué me permito a mí mismo? ¿Cuándo? ¿Por qué? ¿Cómo? ¿Cómo cultivo mis amistades/el contacto con los otros?

■ No hay autonomía y libertad sin decidirse a ciertos valores y formas de vivir: ¿Qué es lo más importante para mí, muy personalmente, en mi vida diaria? ¿En qué valores vivo concentrado, enérgico y decisivo? ¿Cómo pongo límites frente a los otros (duración de visitas, temas de charla, etc.)?

Diagrama 23: El estrés y sus contramedidas

Stressors:
Noise, odors, emissions, acid rain, poisons
Dense population, narrow places, crowds
Pressure of prestige and success, performance ambition
Frustration, worries, conflicts, anxiety, anger, rage
Wrong nutrition, lack of movement, few nature experiences
Lie, cheat, distrust, living masks

Stress Reactions:
Body, organs, senses, sleep, calm
Sexuality, relationships, experience of needs
Communication, learning, actions
Eating, drinking, movements, nature experience

Health
Being Safe

Measures to deal with:
To train the capacity of burden
To increase the working through
To train the self-management
Relaxation and meditation
Working thorugh the biography
Decide for values of life
Life philosphy and wisdom
Life style with creativity

El estrés y las reacciones del estrés

El investigador sobre el estrés Hans Selye define el 'estrés' no como esencialmente negativo: "El estrés es la reacción no específica del cuerpo sobre cada exigencia que se le impone."

Por eso es correcto decir: "El estrés no es sólo una tensión nerviosa ... no siempre el resultado específico de un daño ... no es algo que hay que evitar." Y más: "El estrés es la especia de la vida." Y: "El estrés significa con eso 'carga', mientras el 'distrés' actúa como desarmonía y disonancia negativamente. De la misma forma distingue el profesor Frederic Vester entre 'estrés' y 'estrés de conflicto'. En su análisis prepondera la utilización de la formula 'estrés = distrés'. El estrés es la reacción del cuerpo - y junto con esto también de la psique - frente a todo tipo de cargas.

Sacamos algunos elementos de la obra de Vester:

💣 **El estrés está causado por (= "factores estresantes"):**

💣 el ruido
💣 la publicidad
💣 las preocupaciones
💣 la vida sedentaria
💣 la presión para el éxito
💣 la multitud
💣 conducir
💣 el prestigio
💣 el trabajo al ordenador
💣 la ambición
💣 los venenos
💣 la ansiedad difusa
💣 las frustraciones
💣 los sitios estrechos
💣 las nuevas tecnologías
💣 las mentiras

💣 el tráfico
💣 el aire malo
💣 los conflictos
💣 la falta de movimientos
💣 la prisa
💣 los desafíos
💣 el gas de escape
💣 la mala nutrición
💣 la violencia
💣 las normas religiosas
💣 la autoridad falsa
💣 las actitudes morales
💣 los problemas con el dinero
💣 la desconfianza
💣 el engaño
💣 las vacaciones artificiales

Vester dice: "Lo que nos produce el estrés del medio ambiente, pero también el estrés social, se produce porque nuestra capacidad de adaptación, tanto física como psíquica, está aplicada de forma falsa y no puede con esto." Y más: "A parte de este miedo del 'aprender y cambiar' hay una incapacidad de aprender algo nuevo, una pereza enfrente de todo lo nuevo, que puede tener grados diferentes. También esta característica depende otra vez e indirectamente del estrés."

Además, Vester dice: "En el fenómeno del estrés tenemos no solo los estímulos externos, los 'estresores primeros', y no sólo las reacciones biológicas del estrés en el organismo (y sus consecuencias), sino también las reacciones segundarias provocadas por las asociaciones del pensar (mental)."

Las reacciones físicas del estrés son:
- una respiración estrechada
- la cardialgia excesiva
- los nervios
- la adicción al comer/beber
- la diarrea
- la irritación
- las alergias
- el temblor
- el cáncer
- la gana de orinar
- fumar/beber mucho
- el tartamudeo
- la úlcera gástrica
- el estado de miedo difuso
- presión en el estómago
- una transpiración
- la falta de apetito
- el estreñimiento
- la migraña
- la depresión
- el asma
- el tiritar
- el vértigo
- el insomnio
- el dolor de vientre
- el trastorno circulatorio
- la adicción al consumo

Selye: "Los efectos del estrés pueden durar mucho más, aunque el factor estresante interrumpa (suspenda/pare) su actividad."

Nuestra tesis: El estrés, es decir la reacción emocional-vegetativa de una sobrecarga, surge también de una biografía no clarificada, que está activada diariamente por estimulaciones externas.

Comportamiento para prevención y descarga del estrés

Anita Klupp ha compuesto unas listas para un comportamiento sano. Extraemos ejemplos y ampliamos *con elementos propios.*

Las disposiciones sanas son:

- Por regla general estoy consciente de lo que siento
- Puedo sostener mis opiniones e intereses
- Puedo hablar de mi fastidio, mi rabia y mi cólera
- Puedo aceptar sentimientos fuertes e inestables
- Me gustan las ideas nuevas e inusitadas
- A veces no me da pena hacer nada, y no pierdo mi estabilidad
- A veces me gusta estar solo y puedo ocuparme bien
- Puedo ensimismarme cuándo me parece razonable
- No debo resolver todos los problemas lo más pronto posible
- Puedo vivir bien, también cuando hay cosas sin desarrollo
- En ocasiones voy a pie (en vez de tomar ascensor o coche etc.)
- Me gusta salir para tomar un poco de aire fresco
- Aireo mi casa/piso/habitación regularmente
- Evito conscientemente el ruido, aire malo (cuando es posible)
- No necesito permanentemente una música de fondo
- Apago la televisión, cuando la emisión me aburre
- Me concentro en un ritmo de vida regular
- Tomo la medida con tabaco, alcohol, café, dulces, comida, etc.
- Estimo el tiempo y la tranquilidad cuando estoy comiendo
- Mi trabajo me da bastante gusto a veces
- Puedo manejar una premura de tiempo, sin llegar a 'resbalar'
- Doy sentido a mi trabajo y también a mis actividades en el ocio
- Estoy contento con mis condiciones de habitar, me siento seguro
- La urbanización donde vivo me gusta
- Tomo medida en consumo: luz, gasolina, detergentes, medicinas

- Vivo conscientemente en el interés ecológico (reduzco la basura)
- Conduciendo tomo en consideración mi responsabilidad
- Me interesan las biografías de los otros
- Participo en actos culturales, sociales o políticos
- Cuando es necesario me impongo por mis intereses
- Mi vida tiene sentido y valor
- Los valores básicos del ser humano tienen importancia alta
- Puedo aceptar los sufrimientos de la vida
- No me parece que haya perdido oportunidades esenciales
- Puedo aceptar hoy las fases de mi vida del pasado difícil
- Tengo confianza en mi modo de creer y superar mi vida

Nuestras tesis básicas:

1) El estrés (como una reacción de sobrecarga) es un fenómeno complejo, que tenemos que mirar y valorar dentro de una imagen humana holística.

2) El comportamiento sano, como profilaxis y superación del estrés, hay que desarrollarlo y practicarlo también dentro de una imagen holística.

3) El comportamiento sano es, de verdad, simplemente una práctica de vivir, considerando la autoeducación permanente y amplia de toda la personalidad.

4) Hay que dar un fundamento filosófico-práctico a la forma propia de vivir, con valores y actitudes que aceptan al ser humano en su totalidad física y psico-espiritual.

Notas y perspectivas

1. ¿Qué es el provecho de una reflexión consciente sobre los factores estresantes?

2. Anota los términos esenciales de este subcapítulo:

3. ¿De qué modo está expuesto el hombre a los factores estresantes durante decenios?

4. Explica: Las 'disposiciones sanas' tienen importancia para mí, porque:

5. ¿Qué has aprendido en tu casa paternal, en la escuela y en la Iglesia sobre el estrés y las reacciones al estrés?

6. ¿Qué importancia tienen las 'disposiciones sanas' en la comunicación entre parejas?

7. ¿De qué modo promueven la política y la economía las 'disposiciones sanas'?

8. ¿Qué transmite la publicidad sobre el estilo de vivir para la salud y el bienestar?

9. Apunta una pregunta importante para ti sobre la reducción del estrés:

8.3. El bienestar mental ('fitness mental')

'Mental' implica: el pensar, los pensamientos, la razón y todo lo que pasa en la 'cabeza'. Estar en forma (= 'fit') mentalmente quiere decir que el pensar funciona fresco y eficientemente.

Podemos no sólo estar en forma buena física, sino también entrenar las capacidades mentales. La atención, la concentración y la percepción forman parte de esto. Tiene sentido formar estas fuerzas mentales.

Un pensar perezoso, una memoria débil, un aprender racional tenaz, una percepción vaga tienen consecuencias graves con el paso de los años. Por otro lado: cuando hemos entrenado bien las fuerzas mentales, podemos superar con mucha más eficacia los desafíos de la vida y también las cosas 'normales' de cada día.

Así podemos ver las cosas como son, podemos analizarlas más objetivamente y descubrimos con más claridad las soluciones razonables.

La imaginación también forma parte de la mente. Esto contiene: el sueño diurno, la fantasía, la intuición y en general, las imágenes que fluyen en la mente. Cuando una persona no puede formar razonablemente esta realidad interna, se encuentra cargada de esto e inhibida en la realización de sus potencialidades.

Cada uno se hace imágenes negativas y positivas sobre sí mismo y su vida. Muchas experiencias en la vida las ligamos con imágenes emocionantes. Aquí también podemos entrenarnos; ejemplos son: la imaginación positiva, la psico-higiene mental y el entrenamiento autógeno 2ª fase.

Con imágenes internas en nuestra mente influimos sobre nuestro bienestar, nuestro comportamiento y nuestras actitudes sobre la vida. Esto tiene efectos en la vida diaria, en la auto-experiencia, en las relaciones y el ocio. El bienestar siempre se basa en imágenes internas.

Cuando una persona no tiene orden aquí, y quedan estas imágenes sin elaboración, domina el caos en el mundo de los sentimientos y en la interpretación de todas las experiencias. Esto no lo quiere nadie, ¿o sí?

Estar en forma mentalmente significa que las funciones del cerebro trabajan bien. El hemisferio derecho contiene las imágenes emocionales. Aquí están las fuerzas artísticas, espirituales e intuitivas.

El hemisferio izquierdo trabaja lógicamente como el lenguaje, analítica y linealmente, además controla. La 'fitness mental' se puede entrenar en ambas partes del cerebro.

Mantenemos en forma los rendimientos cognitivos con: leer, analizar, ejercicios de memoria (memorizar apellidos/nombres), definir claramente las metas, desarrollar un planteamiento etc. Las capacidades imaginativas las entrenamos por ejemplo con:

Contemplar imágenes (visitar museos), escuchar música, expresar sentimientos, considerar los impulsos intuitivos y ciertamente, con la imaginación metódica (por ejemplo, para la psico-higiene, para elaborar el contenido del inconsciente) y además trabajando con los sueños.

El entrenamiento mental es mucho más que 'el pensar y el imaginar positivo'.

Hay que entrenar las fuerzas singulares en sus capacidades, hay que tenerlas frescas para superar la vida, para resolver los problemas eficazmente y para las innovaciones en la vida diaria.

¡Esto es positivo y constructivo!

Reflexiones y discusiones

■ Estar en forma (= 'fit') mentalmente significa en el aspecto "cognoscitivo": Una percepción clara, palabras elegidas, un pensar preciso, las metas reflexionadas, una orden objetiva, un pensar lógico, unos hechos detallados, una planificación razonable, la sugestión correcta, una buena organización del tiempo, una concentración alta, una memoria fresca.

■ Estar en forma mentalmente significa 'emocional-imaginativo': Un interés en imágenes, retener los sueños, la sensibilidad para los colores, ideas espontáneas, formar imágenes internas, sensibilidad para las formas, ver experiencias interiormente, un experimentar físico claro (del cuerpo), sensibilidad para la belleza, un buen sentir del tiempo, un sentimiento para el equilibrio, la experiencia de la totalidad, un interés de formar/crear, un buen don de observación, aplicar la intuición.

■ Podemos entrenar la 'fitness mental' con el aprendizaje. Ejercicios clásicos son: Los crucigramas, trabajar con cifras (calcular), combinar en geometría, memorizar cosas, la concentración en un punto, componer elementos.

■ Podemos entrenar la 'fitness mental' en la vida. Nuestras sugerencias son: Después de una llamada anotar lo que has dicho y lo que la otra persona ha dicho; repasar el día anterior y experimentar situaciones mentalmente; prever con la imaginación el día siguiente y planificar con imágenes y pensamientos; decorar la sala de estar/la casa/el piso con cuadros y cambiarlos a veces; crear el ocio con: imágenes, colores, formas, música, movimientos, naturaleza; repasar las situaciones difíciles reflexionando y después anotarlo todo; tener un diario sobre experiencias, los demás, temas etc.; anotar los sueños, elaborarlos, esbozar recuerdos, jugar con las escenas; informar los sentimientos, expresar físicamente y con acciones constructivas; crear conscientemente las visitas, las fiestas, los regalos, las reuniones etc.

■ El 'entrenamiento mental' ayuda para enfrentarse en la vida a: Elaborar los conflictos diferencialmente y llegar a soluciones; formular en palabras claras los valores (actitudes) y revisarlos si es necesario; descubrir críticamente las máscaras con una visión clara y profunda; ver y contemplar todo en sus redes complejas, y no simplificar cándidamente;

siempre aprender de nuevo con la lectura sistemática con intenciones claras; tratar su tiempo de vida y sus fuerzas propias conscientemente

Diagrama 24: El concepto de la 'fitness mental'

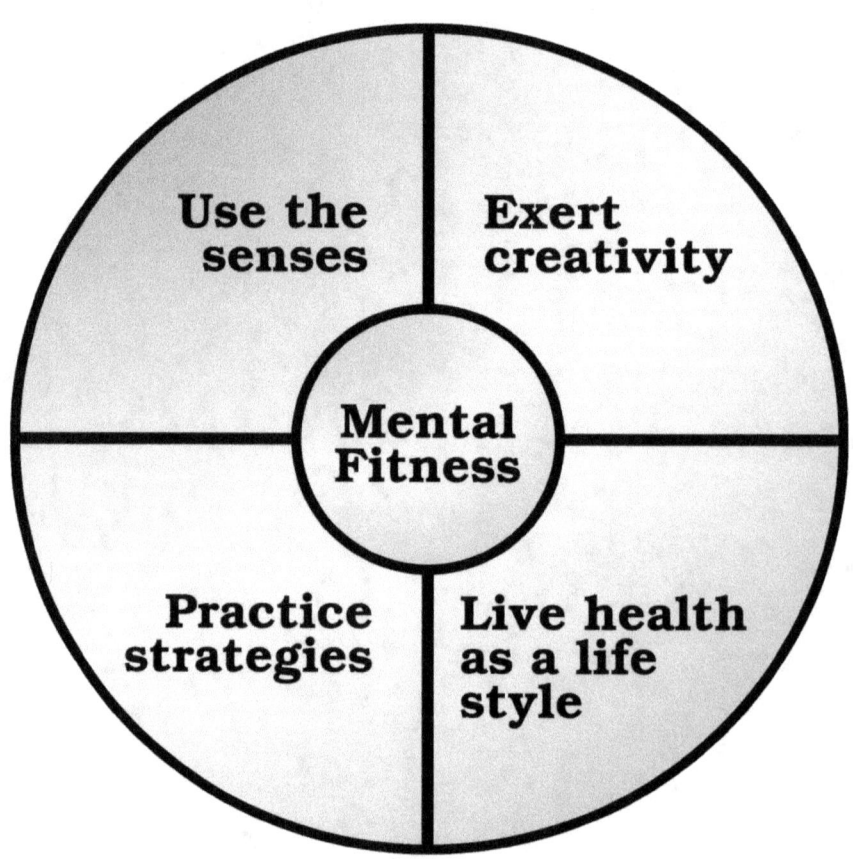

Las formas de superación sistemática de problemas

Si no queremos superar casualmente y sin plan los problemas y las dificultades de la vida, tenemos que aplicar estrategias, es decir, una planificación de caminos para soluciones sistemáticas, abiertas y transparentes. Esto lo hace poca gente. Se ven las consecuencias: soluciones malas, en fin, ninguna solución, unos intentos sin éxito y con muchas preocupaciones en cadenas de problemas sin fin. Bernhard Geue nos aconseja cinco pasos de estrategias para la solución de problemas:

1º Paso: Precisión y clasificación del problema. ¿Cómo está el problema? ¿Cómo se ha desarrollado? ¿Qué importancia tiene? ¿Quién participa en el problema indirecta/directamente? ¿Hay instituciones que están afectadas? ¿Cuál es mi pensamiento ideal? ¿Qué posibilidades existen?

2º Paso: Localizar el déficit de información, de conocimientos, de teorías e ideas. ¿Faltan elementos, conocimiento de vida, teorías, ideas, sugerencias? ¿Qué conexiones hay que no comprendo? Estructurar las ideas y los hechos; Luego definir de nuevo el problema.

3º Paso: Construir teorías y procurar el material necesario (informaciones etc.). Buscar las conexiones y explicaciones (causas-efectos; redes, enlace). Construir un esqueleto de la solución (esbozo, diagrama, 'mind-mapping' (*1). Resolver un problema es siempre un proceso de aprendizaje para todos

4º Paso: Dibujo sobre soluciones que basan en las teorías (hay X a causa de Y). Examinar la posibilidad de solución. Determinar las exigencias. Preparar las decisiones. Analizar los fenómenos secundarios y las consecuencias.

5º Paso: Realizar el plan de solución.

6º Paso: (Añadimos): Evaluación, es decir, examinar y valorar el resultado. En caso necesario: corregir las medidas/los caminos e intentarlo de nuevo.

Cada uno tiene su capacidad individual para resolver sus problemas, sus impedimentos y sus habilidades específicas. La creatividad es importante. La motivación es imprescindible. La 'fitness mental' es una condición previa. La pregunta básica es: ¿Quieres resolver el problema o quieres vivir con el problema durante los próximos años hasta que tal vez desparezca casualmente - o que crezca?

● ¿Es apropiada la forma de terapia para resolver con estrategias una situación? ¿Puedo resolver con estos métodos y estas teorías mi situación de vida?

● ¿Ofrece el que imparte el curso, también caminos constructivos para resolver problemas y ayudas concretas para mis dificultades y preguntas, o sólo fanfarronea?

● En muchos seminarios es posible articular problemas, expresar problemas gritando fuertemente, y hacer experiencias 'transcendentales'. ¿Se puede elaborar los sentimientos y problemas evocados después de este seminario?

● Con imaginación podemos hacer 'viajes maravillosos'. Por supuesto puede ser una fuente para ampliar las ideas y el camino para soluciones. Pero en muchos seminarios la imaginación activa más la ilusión que una aplicación sistemática, construida con estrategias. Quien está mentalmente 'fit', trabaja sistemáticamente y con creatividad.

● Cuando cuentas a tus conocidos tus dificultades, corres peligro que te exploten y humillen. ¡Es inteligente examinar a quien hablas de tu vida!

*1) Mind-Mapping significa: Dibujo como el diagrama 16

Un ejemplo: Crear el ocio con la 'fitness' mental

Para muchos el fin de trabajo y los fines de semana son 'tiempos de problemas'. No tienen ninguna tarea, no saben qué hacer, sufren de aburrimiento, de vacío y de aislamiento interior. El ocio se convierte en un 'pasar el tiempo deprimido'. Muchas formas de distracción sirven sólo para distraer de las insuficiencias propias. La mayoría de la gente no piensa que pasan su tiempo libre con su biografía, con su vida interior y con sus conflictos de relaciones. Componemos algunas sugerencias que podrían contribuir al éxito en la forma de vivir el ocio. Nuestro lema: *¡También en el tiempo libre, en el ocio, es favorable estar en forma mentalmente!*

● Es favorable tomarse el tiempo para crear una imagen ideal sobre el ocio. Esto sirve como base para determinar metas concretas. Cuantas más informaciones recojamos, tantas más claras estarán las ideas sobre los caminos y los medios. Así la planificación es eficaz porque es realista. Esto es la base para las decisiones sobre una organización del tiempo y de las actividades. La realización debe ser controlada cada año una o dos veces. Así podemos relacionar la situación con el pensamiento ideal y tal vez, introducir algunas revisiones.

● Un ritmo diario reglado, también durante el fin de semana, en los días libres y durante las vacaciones, facilita un ocio satisfecho. El cuerpo reacciona con trastornos cuando no respetamos el ritmo reglado entre movimientos y tranquilidad. Cultivar la sensualidad con una nutrición razonable, con suficientes movimientos y ropas agradables forma parte de un estilo de vivir sano. El ocio no significa 'holgazanear', o 'pasarlo bien', o 'consumo'. El tiempo libre está para realizar sus potencialidades.

● El ocio también está para discutir con la pareja sobre las tensiones actuales y los problemas, para clarificarlos y resolverlos. Así podemos evitar que se estanquen los conflictos interiores con la pareja y estallen posteriormente. Discusiones eficaces se pueden organizar: el tiempo, el contexto y el contenido.

● Tomarse regularmente el tiempo para reglar su vida interior, no sólo es importante para sí mismo. Es ciertamente también favorable para las relaciones personales y para una orientación hacia el futuro. En general estar en forma mentalmente significa, que uno está abierto para la vida psíquica de los otros y percibe como los otros se comportan. Así se puede evitar varios conflictos.

● También durante las vacaciones se puede estar en forma mentalmente: anotar sus sueños cada día, relajarse metódicamente, meditar sistemáticamente, tener un diario, elaborar paso a paso su vida, leer algo constructivo. Comer mucho diariamente, beber para hacerse perezoso, 'tostarse' al sol y pegarse la noche en el bar no tiene nada que ver con el descanso y la edificación. El autocontrol: ¡Casi cero! Los tiempos de vacaciones que no contribuyen nada para la autoeducación, son, en su mayoría 'tiempos de vida perdidos'.

● "Aprender durante toda su vida" es una idea no sólo para la vida profesional, sino para la vida personal. Hablar idiomas, por ejemplo, sirve en la 'casa de Europa'. Podemos completarlo con una formación general: conocer otros países y costumbres amplían el horizonte. Por eso entendemos mejor la variedad de seres humanos y sus desarrollos (psíquicos, políticos, religiosos) bajo diferentes condiciones culturales.

● Las visitas de amigos, conocidos y parientes causan a muchos, bastante estrés. Hablan demasiado. Él que está en forma mentalmente, puede incorporar sus conocimientos de vida en las discusiones. Es un enriquecimiento para todos.

● Hay que cultivar el trato de los sentimientos propios, si queremos una profundidad en las charlas. Ese es el camino para crear un bienestar y aprovechar esta fuente interna. Hay muchas ocasiones pequeñas para cultivar la belleza de formas.

Notas y perspectivas

1. ¿Cómo se muestra la vida diaria de los hombres con el bienestar mental?

2. Anota los términos esenciales de este subcapítulo:

3. ¿Qué es el hombre sin bienestar mental?

4. Explica: El bienestar mental es esencial para mí, porque:

5. ¿Qué has aprendido en tu casa paternal, en la escuela y en la Iglesia sobre el bienestar mental?

6. ¿Qué importancia tiene la superación sistemática de los problemas en la discusión entre parejas?

7. ¿Cómo se muestra la falta de bienestar mental de los políticos y economistas?

8. ¿Qué transmite la publicidad sobre los modos de superar los problemas?

9. Apunta una pregunta importante para ti sobre el bienestar mental:

8.4. Resumen – Tesis

❑ Una buena experiencia del cuerpo se puede desarrollar paso a paso, por:

● vivir la naturaleza   ● una nutrición correcta   ● un equilibrio del estrés   ● el control de los sentimientos   ● actitudes sanas● la relajación   ● la medida en todo   ● la autorresponsabilidad ● la sexualidad

❑ La relación entre el propio cuerpo y el estado físico se desarrolla también por la biografía propia. Experimentar conscientemente y cuidar el cuerpo favorece la salud.

❑ Cada persona puede formarse y vivir un estilo de vida para la salud y el bienestar.

❑ 'La salud' implica más que un 'funcionamiento bueno' del cuerpo; la persona entera está relacionada enteramente con su vida psíquica-espiritual y social.

❑ A un estilo de vivir propio forman parte: los movimientos, la nutrición, el vivir la naturaleza, el crear del entorno personal en la propia casa/piso, el trato a los demás, el ocio etc.

❑ La 'fitness' (el bienestar) mental significa por un lado el pensar incluido la percepción y la atención. Por otro lado, forman parte también la intuición, la imaginación y la capacidad de experimentar el mundo espiritual.

❑ La 'fitness' mental tiene una función decisiva en todos los ámbitos de vida personales (y profesionales) para la satisfacción, el éxito, el cumplimiento y la felicidad. La 'fitness' mental está abierta para todo tipo de desafío, del mundo interior y del mundo exterior.

8.5. Unidad de trabajo

1. ¿Cuáles son tus actitudes ante el bienestar mental (= la 'fitness mental') y el cuidado de un estilo de vida muy personal?

2. Mire atrás en tu vida con la pregunta: ¿Quién te ha enseñado, de qué modo la 'fitness mental' podría contribuir a una vida afortunada?

3. ¿Qué te crea muchas dificultades con el concepto de una 'salud holística'?

4. Mis disposiciones sanas son:

Considera la lista en el capítulo 8.2. (El comportamiento para la prevención y la descarga del estrés) y elabora lo siguiente:

4.1. ¿Cuáles son tus vigores, tus disposiciones sanas?

4.2. ¿Cuáles son tus puntos débiles?

4.3. ¿Qué consecuencias salen de 4.2. para tu trabajo (laboral, profesión)?

4.4. ¿Qué consecuencias salen de 4.2. para tu calidad de vida?

4.5. ¿Qué concluyes de 4.2., 4.3. y 4.4. para tu crecimiento en la individuación?

5. Factores estresantes ('factores estresantes').

5.1. Mira atrás un periodo de un mes, y pregunta: ¿Cuáles son tus factores estresantes?

5.2. ¿Qué factores estresantes puedes reducir con qué medidas?

6. Fitness mental (mentalmente bien entrenado, en buena forma).

Apunta: 4 = muy   3 = preponderante   2 = medio   1 = poco

6.a) Me siento bien entrenado ("fit") ("cognoscitivo"):

... Percepción clara   ... Palabras diferenciadas
... Pensar preciso   ... Metas reflexionadas
... Orden objetivo   ... Pensar lógico
... Hechos detallados   ... Planificación razonable
... Sucesión correcta   ... Buen organización de tiempo
... Concentración alta   ... Memoria fresca

Puntos totales: ....

Consecuencias:

6.b) Me siento bien entrenado ('fit') ('emocional-imaginativo'):
... Interés en imágenes   ... Recordar los sueños
... Sentir colores   ... Vivencia de formas
... Ideas espontáneas   ... Crear imágenes interiores
... Vivencia de belleza   ... Ver vivencias interiormente
... Vivencia física clara   ... Sentimiento para equilibrio
... Vivencia de la totalidad ... Buena vivencia de la hora ...
... Interés de creación   ... habilidad de observar
... Aprovechar la intuición

Puntos totales: ....

Consecuencias:

6.c) Bien entrenado en la vida:
... Después de una llamada yo sé lo que hemos discutido (hablado).
... Puedo repasar fácilmente en una meditación el día pasado.
... No me da pena vivir alguna situación experimentada.
... Puedo imaginar un día posterior.
... Puedo planificar con imaginación y reflexión.
... Decoro conscientemente mi vivienda y a veces cambio algo
... Me ocupo pintura, formas, música, movimientos, naturaleza.
... Puedo elaborar mentalmente una situación difícil.
... Llevo un diario sobre vivencias, otras personas y temas varios.
... Escribo mis sueños y los elaboro.
... Puedo comunicar mis sentimientos y expresarlos.
... Planifico y creo conscientemente visitas y el estar reunido.

Puntos totales: ....

Consecuencias:

6.d) El entrenamiento mental procede enfrentándose a la vida:
... Elaborar dificultades; Desarrollar soluciones con competencia.
... Determinar los valores (actitudes) y en su caso renovarlos.
... Mirar las máscaras y fajadas críticamente.
... Ver todo en su enlace complejo y sin simplificar.
... Aprender continuamente por la lectura sistemática.
... Gestionar tu tiempo de vida y tus fuerzas conscientemente.

Puntos totales: ....

Consecuencias:

En general mis fuerzas son:

En general mis debilidades son:

Imaginación

Tema: *"Así práctico mi fitness mental en mi vida personal."*

Imágenes: Escenas de sala deportiva, estadio deportivo, deporte y naturaleza etc.

¿Qué idea básica de esta unidad consideras como *la central para la autoeducación?*

Anote un conocimiento básico (un pensamiento, un hecho) de esta unidad que *cada uno tendría que saber:*

Test de elección múltiple:
Elige las cuatro respuestas correctas y pon una cruz, así: ☒ a) placer

8.1. ¿Qué fortalece una experiencia holística del cuerpo propio?
☐a) reducir conflictos ☐b) el aseo físico con placer
☐c) la meditación ☐d) las fiestas
☐e) las actitudes abiertas ☐f) la marca de coche correcta

8.2. Forman parte de una salud holística:
☐a) la renuncia completa a un estimulante
☐b) el experimentar el sentido de vida
☐c) la integridad moral
☐d) un cuerpo endurecido
☐e) estar libre de cargas biográficas
☐f) la tolerancia en la frustración

8.3. El concepto de la 'fitness mental' nos permite declaraciones como, por ejemplo:
☐a) La 'fitness mental' es un concepto elaborado sobre todo para el trabajo.
☐b) La 'fitness mental' llega a una vida libre de problemas y conflictos.
☐c) El que utiliza poco o nunca los sueños, la meditación y la intuición, puede alcanzar sólo un estado de 'fitness mental' reducido.
☐d) El que está en forma mentalmente, tiene una experiencia diferenciada de los colores, las formas, la totalidad, el tiempo y los sentimientos.
☐e) La 'fitness mental' contiene unos potenciales enormes para el ocio y la vida social.
☐f) La 'fitness mental' da también a las vacaciones una relajación extraordinaria, un descanso profundo, un enriquecimiento especial y una satisfacción en general.

9ª Unidad: La cooperación ('partnership') entre varón y mujer

9.1.   La autorrealización por una relación

        La cooperación de pareja satisfactoria

        Las características de la cooperación

9.2.   El dinamismo psíquico de la interacción

        La capacidad de amar en la cooperación

        La comunicación constructiva en la cooperación

9.3.   Descubrir de nuevo el ser varón y el ser mujer

        Los aspectos masculinos y femeninos

        La relación entre hombre y mujer en cambio

9.4.   Resumen – Tesis

9.5.   Unidad de trabajo

Lema:

La relación entre el varón y la mujer es una forma de existencia con valores muy altos y con posibilidades muy especiales para la individuación propia.

Brainstorming (= recoger ideas espontáneas)

Ten presente el título de este capítulo y los tres subtítulos. Haz unas notas sobre los siguientes puntos de vista antes de leer este capítulo, y antes de hacer los ejercicios de cada unidad.

a) Cuestiones que te planteas con cada título y subtítulo:

b) Palabras claves que te afectan a tú con este título y estos subtítulos:

c) Asociaciones (es decir: ideas, sentimientos, recuerdos etc.) que tienes con estos títulos y subtítulos:

9.1. La auto-realización dentro de una relación

Las expectativas en una relación son grandes. Por otro lado, los sufrimientos y dificultades en muchas relaciones lo dicen todo. Cada uno espera armonía, amor, felicidad, ternura, satisfacción y paz en la vida de pareja, de matrimonio. El deseo de amor, de ser amado, de erotismo y de experiencias excitantes produce una multitud de ilusiones y esperanzas, que casi todo se desmenuce en el curso de los años.

Muchas relaciones 'sólidas' fracasan. Sería mejor no juzgar. En la mayoría de los casos no es adecuado hablar de 'culpa'. Tomamos el fracaso como una categoría crítica, hay gente en todas partes que fracasan con consecuencias mucho más graves. Y se puede fracasar también en una vida de 'soltero', y esto no pasa raramente.

Reducimos la intensidad de los sentimientos excitantes, sea del deseo o de la experiencia de un 'tú', nos quedan dos individuos que sienten mutuamente una simpatía y estimación profunda. Ambos tienen una vida psíquica compleja.

Ambos tienen una biografía con casi innumerables grabaciones de imágenes y experiencias. La historia de vida de ambos contiene mucho desorden, no elaborado y ligado a todas las direcciones.

Ambos viven en un sistema social - la familia propia, los conocidos, los amigos, los compañeros en el trabajo etc. -, en un entorno cultural específico y en un mundo de trabajo diferente.

Ambos tienen sus hábitos, sus muestras de actuar, sus talentos, sus antipatías, a personas y a actitudes.

Ambos tienen una relación propia con su cuerpo, una forma propia de sentir el placer, un estilo de nutrirse y de vestirse, tienen también hábitos de movimientos diferentes, una forma de cuidar su cuerpo y actitudes (sentimientos) sobre la naturaleza y el mundo de los animales.

Una gran multitud de creencias, actitudes y valores pequeños están juntos en oposición. También los sentimientos, el psico-dinamismo y el biorritmo son diferentes. Y finalmente hay unas diferencias específicas no indisolubles entre varón y mujer.

Mucho está programado: Las desilusiones, las colusiones, un desarrollo neurótico, las riñas, los conflictos y ciertamente también el tipo de reacciones psicosomáticas.

Unos intentan mantener su 'bastión' con actitudes religiosas o con un autoengaño astuto. Hay muchos arreglos que parecen, a veces, como la única solución. ¡La respuesta a conflictos en la relación no es la psicoterapia!

Excepto si el uno o el otro están realmente enfermo psíquicamente. Nuestra tesis es: *La educación es necesaria: el auto-conocimiento, los conocimientos humanos y la formación de la personalidad.*

Podemos ver sólo lo que conocemos respectivamente a lo que damos la atención; por ejemplo, los efectos inconscientes de la biografía o la multitud de las necesidades psíquicas, o la capacidad de la fuerza del amor.

El que no toma en serio las fuerzas psíquicas, no forma conscientemente su autocontrol o apenas entrena la 'fitness' mental, no puede reconocer esta realidad en su pareja, y tampoco puede ofrecer la comunicación y las soluciones con respeto a todo esto.

La calidad de una relación depende de la autorrealización; así se determinan las oportunidades.

Reflexiones y discusiones

■ Con una relación entre mujer y varón se asocia mucha esperanza: Paz, felicidad, alegría, armonía, placer, ternura, amor, estar contento, estar cuidado, discusiones, fidelidad, seguridad, estar juntos, estar unidos, los proyectos, una casa/un hogar, intimidad, gozar, ser para el otro, distribuir el trabajo en casa.

■ La realidad de las relaciones nos demuestra sobre todo otra imagen: Los divorcios, las riñas, la violencia, las desilusiones, falta de fidelidad, las tensiones, los asexuales, las violaciones, las 'reuniones', las agresiones, el aburrimiento, la mentira, la insinceridad, callar, reprimir, los juegos de poder, el miedo, las depresiones, la dominancia, el sadismo, las regresiones.

■ En cada relación sin educación psíquica se repiten las experiencias de la niñez: Imitar a la madre (como mujer), imitar al padre (como varón), la repetición de las riñas de los padres, renacer de las formas de castigar paternales, los efectos del superyó infantil, la ligazón a valores familiares, la repetición del modelo de la vida diaria, la imitación de la forma de hablar, la reactivación de la relación paternal, recuperar el intento de desligarse, satisfacer los déficits de la niñez, recuperar vivir la pubertad pendiente, el miedo a la separación de los padres, los conflictos sobre el trabajo en casa, el estilo de discutir durante la comida, el deseo de protección.

■ La autorrealización a través de la educación de la personalidad y la individuación es una condición previa para tener éxito en una relación. Una relación cooperativa es una forma de vivir, comprendiendo y dividiéndose mutuamente, para realizar el desarrollo humano juntos. La procreación y la educación de los niños, crear y vivir una familia, puede ser una oportunidad para reflexionar y elaborar sus experiencias propias, creando la vida con la autoeducación, por ejemplo: Incluir a la pareja en la autoeducación (por comunicación y prácticas comunes), realizarse a sí mismo y hacer lo necesario para la autorrealización de la pareja, formar su masculinidad/feminidad en la psique por su pareja formar la fuerza de amar, para encontrar juntos 'los misterios de la vida'

Diagrama 25: Las dimensiones de vivir juntos y de forma cooperativa

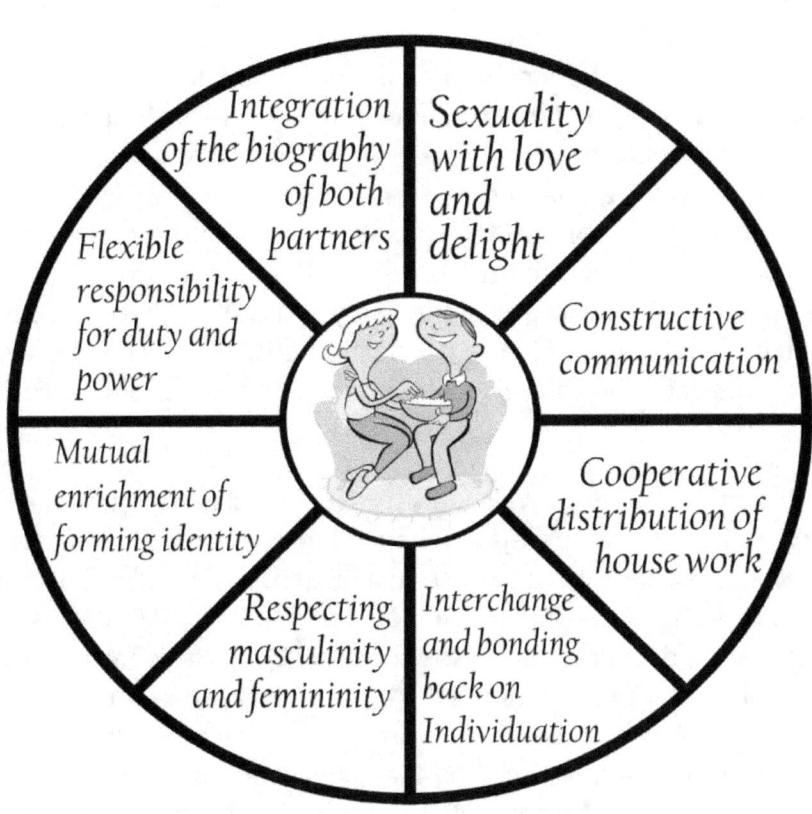

La cooperación satisfactoria de pareja

Anita Mandel y Karl Herbert Mandel nos dan algunas orientaciones sobre las condiciones de un matrimonio satisfactorio: "Una cooperación equivalente como principio más importante...", "Una comunicación lo más abierta posible...", "La continuidad (del cambio de informaciones) durante todo el matrimonio..." Y más:

"Todo lo que es importante para una relación cooperativa, por ejemplo: los deseos, también los que parecen que no nos satisfacen o crean un sentimiento de pena; los sentimientos positivos para la pareja; el sentir del cuerpo propio y el del otro; el miedo de la dependencia; las experiencias de culpa; las debilidades propias y las reacciones de la ansiedad; las percepciones positivas y negativas de la pareja; ambas partes con los sentimientos mixtos; el fastidio y las reacciones agresivas; las preguntas penosas, etc." Y: "Las parejas que comunican de forma efectiva saben que una discusión abierta no es posible en cada momento y sin cesar."... Esto produce: "La liberación de mitología e ilusiones sobre la pareja, hace visible su realidad, fortalece también la percepción crítica de sí mismo y con esto la capacidad de sobrellevar a la pareja con su ser diferente y su problemática."

El psicoterapeuta Jürg Willi identifica como clave central de una buena relación: "Las parejas deben delimitarse mutuamente más claramente, actuar con auto-responsabilidad, no impedir al otro (y a sí mismo) en el despliegue individual, deben ser capaces de resolver conflictos, de decidir en procesos cooperativos y de repartir entre sí los privilegios simétricamente." A eso anota tres principios de funcionamiento: "primero, el principio de la delimitación: una relación de pareja que funciona bien, tiene que definirse contra el mundo externo e internamente. El principio segundo dice que: el comportamiento regresivo-infantil y el comportamiento progresivo-adulto no debe ser distribuido como roles polares entre parejas. Un tercer principio hace referencia: al equilibrio de la autoestima, es decir, que, en un matrimonio, capaz de funcionar, hay que tener un balance entre ambos". El matrimonio sano tiene que considerar las siguientes delimitaciones (según Willi): "1º La relación de pareja tiene que ser claramente distinta de cada otra relación; 2º Dentro de la pareja ambos tienen que ser claramente distintos y hay que respetar las delimitaciones entre ambos." Y: "En una relación feliz (por ambas partes) las parejas tienen un sentimiento de equivalencia." Willi amplía las condiciones de una buena relación: "Las formas más egoístas se caracterizan por un cálculo permanente del 'dar y tomar', del 'ganar y perder' y por exigir mutuamente un equilibrio inmediato." Y: "En una relación satisfactoria las parejas no se dedican expresivamente a la contabilidad de ganancia y deuda." ... "Hacer feliz a la pareja es para muchas personas una forma de ser feliz por amor. En este sentido el 'dar y tomar' se compensa porque dar puede ser una forma de tomar y tomar una forma de dar." ... "Una imagen del amor altruista puro es peligrosa." ... "No hay nada de gratuito en una relación".

Al balance de la *equivalencia* hay que añadir, según Willi, el *balance de justicia* como condición de un buen matrimonio.

La definición del matrimonio según una filosofía cristiana (Walter Brugger) es: "El individuo se encuentra, como varón o mujer, en su diferencia que no está limitada físicamente, sino que se caracteriza por su experiencia psíquica total. Sólo en la polaridad de los sexos equivalentes la plenitud del ser humano puede desplegarse enteramente."

Y: "En la forma esencial del amor, como se abre entre el varón y la mujer, ambos se consideran llamados a una decisión libre de pertenecer al otro mutuamente, y de crear una comunidad de vida entera, que se expresa también por dedicarse física y sexualmente, y que es más origen, más íntima y más profunda que las otras formas de comunidades humanas."

Las características de la cooperación

La cooperación es la idea directiva de una relación moderna entre la mujer y el varón. Le presentamos una visión general en los libros actuales sobre este tema y algunas tesis propias:

- La cooperación no es igual que una relación, sino contiene características específicas.
- El interés en la realidad diaria de las parejas es importante.
- La apertura para la vida real de ambos contiene también conflictos.
- Las parejas se respetan mutuamente en su ser diferente (carácter, sexo).
- La reciprocidad (=la reversibilidad) y la misma categoría son principios básicos.
- Estar próximo y a distancia en fases regulares forma parte de la convivencia.
- La biografía propia y aquella de la pareja son tan importantes como la identidad.
- El amor favorece la individuación, y con eso, el llegar a ser una persona.
- Las parejas se informan mutuamente sobre sus diferencias y comuniones.
- La cooperación no es un estado estático según un contrato, sino un proceso.
- Las parejas respetan los límites del otro y el 'mundo' del otro.
- Las parejas saben que no pueden atravesar los límites en cualquier momento.
- En el centro está la vida diaria y está organizada en discusiones.
- El amor en una cooperación tiene que ser activado y formado permanentemente.
- La cooperación regla todas las cuestiones comunes del día por hablar/discutir.
- La situación del poder es equilibrada.
- En una relación cooperativa los propios errores y los del otro no se saldan.

- La autorrealización (la formación de una identidad) implica la devoción a sí mismo.
- La inteligencia y la razón son funciones básicas, pero no garantizan el amor.
- El erotismo y el estar enamorado tienen su lugar en la normalidad de una vida diaria.
- Vivir la cooperación es laborioso y exige un auto-control intenso.
- Unos momentos de simbiosis pueden tener su lugar dentro de una autonomía clara.
- No hay un amor cooperativo sin tensiones y riesgos.
- Las parejas no se poseen mutuamente en la totalidad de su existencia.
- La seducción y el placer son fuerzas dinámicas, equivalentes a la objetividad.
- La dependencia mutua de una sexualidad satisfecha no está en contra de la autonomía.
- La capacidad de comprender al otro es una forma de amar; y es laboriosa.
- Las parejas pueden tratar al 'niño interno' propio y al del otro.
- El desarrollo de la identidad paralelo es un dinamismo mutuo.
- Las parejas saben: en periodos de unos años se transforma la identidad.
- En la cooperación se fortalecen el sentir de sí mismo y la sensualidad sexual.
- Las parejas forman mutuamente su feminidad y su masculinidad.
- También en el planteamiento de cuestiones objetivas ambos forman un 'equipo'.
- La elaboración del inconsciente (de la biografía) es parcialmente una obra común.
- Parejas se orientan en común en sus sueños, intuiciones y meditaciones.
- Las parejas se enriquecen mutuamente con actividades creativas en el ocio.
- En una cooperación ambos aceptan una división de roles.

Notas y perspectivas

1. ¿Qué es el provecho de la cooperación en una relación de pareja?

2. Anota los términos esenciales de este subcapítulo:

3. ¿Qué es el hombre en una relación de pareja sin cooperación?

4. Explica: La cooperación entre parejas es esencial, porque:

5. ¿Qué has aprendido en tu casa parental, en la escuela y en la Iglesia sobre la cooperación entre varón y mujer?

6. ¿Qué importancia tiene la cooperación en la comunicación entre parejas?

7. ¿Cómo practican los políticos y los economistas las características de la cooperación?

8. ¿Qué transmite la publicidad sobre la cooperación en la relación entre hombre y mujer?

9. Apunta una pregunta importante para ti sobre la convivencia cooperativa:

9.2. El dinamismo psíquico de la interacción

La unión conyugal no es la panacea de todo. Cada uno guarda su carácter, su personalidad, sus sombras e ideales. La mayoría tiene además pequeños tics, coacciones, miedos y reacciones 'histéricas' y 'anales'.

Si 'un trastorno neurótico' significa que lo reprimido (experiencias, ligaduras, instintos) se pone en juego indirectamente (de modo desfigurado) y repetitivamente, pues casi todos tienen 'una pieza' de esto. Casi todos juegan al 'defensor': reprimir, remover, cambiar en el contrario, aislar, identificarse, proyectar, denegar, etc.

"El carácter" significa siempre un dinamismo de forma específica, por ejemplo: el introvertido, el colérico, el adicionado, el que siempre se está quejando, el tipo superficial. Estas formaciones no desaparecen con el inicio de una vida junta.

El estar enamorado puede cubrir realidades, las 'sombras' siempre rompen, muchas veces por una enfermedad psico-somática. O ambos consiguen una identificación con una ideología o dogmas, que debe mantener 'el bastión de la armonía'.

Todos estos aspectos psíquicos producen en cada relación un dinamismo decisivo. Quien lo sabe, puede formarse, transformar estas fuerzas y aprender a gobernarlas.

Sólo funciona con amor y mucha comunicación.

Después están los 'complejos' que son los temas no elaborados de la biografía. Damos unos ejemplos:

El apego a la madre o al padre actúa desde el inconsciente en la vida, a menudo dramáticamente. Las experiencias molestas, sobre todo con sentimientos de culpa graves, tienen un eco a largo plazo en el futuro. Las dificultades sexuales, las experiencias humillantes y penosas, un fracaso y las experiencias de inferioridad minan la experiencia (y el acto) sexual.

Las amistades no elaboradas, pendiente en el inconsciente, o un divorcio anterior todavía está presente en una relación nueva, aunque tal vez reprimido. Estos complejos forman decisivamente la interacción.

Las trampas difíciles son: "Te quiero, aunque tú no me quieras", o "Te quiero sólo cuando tú también me quieres sin reserva."

Añadimos: la adición del deseo de ser siempre amado, o los miedos de separación y unión. Finalmente, la armonía y la felicidad se convierten en una ilusión.

Si las parejas no consiguen liberar estos temas, dominarán de modo subliminal desde el inconsciente cada día más y más.

Hombre y mujer en una relación se influyen en el desarrollo de la personalidad enormemente, en sentido positivo y negativo.

El proceso está además empotrado en un entorno: el trabajo, los suegros, los hermanos, los amigos, la iglesia, la publicidad etc.

Estos factores del mundo exterior contribuyen al psico-dinamismo de una relación.

Un desarrollo evolutivo de una relación presupone ocuparse profundamente con estos temas de la vida.

A veces hay que reducir las influencias externas para tener éxito, por ejemplo, tomar más distancia.

Reflexiones y discusiones

■ En una relación actúa siempre la persona entera, incluido su biografía hasta su niñez anterior. Los atributos del carácter y los hábitos se pueden raramente cubrir durante muchos años. Unos ejemplos: Ser introvertido/extrovertido, el afán de poder y la dominancia, los sentimientos de inferioridad, la ansiedad y la depresión, los tics y las pequeñas coacciones, la actitud del orden perfecto, los mecanismos de represión, el egoísmo, el narciso, el humor, el estado de ánimo, la pereza, la indiferencia, el criticarlo todo, el juzgar condenando, la defensa del placer/de la pasión.

■ Muchos acontecimientos en la biografía de Las parejas 'juegan' en la relación, también cuando han pasado muchos años, hasta que están elaborados: La pobreza/la riqueza de los padres, el divorcio de los padres, ser rechazado por los padres, los déficits de amor en la niñez, las enfermedades en la familia, las desilusiones sexuales, las relaciones fracasadas, las adicciones en la casa/la familia, el estilo de castigar de los padres, los fracasos escolares, la ausencia del padre/de la madre, la carga psíquica de los padres, las experiencias penosas, el fracaso profesional, la educación religiosa, el entorno ideológico de los padres, la interrupción del embarazo.

■ El sistema de los valores internos de ambos, también si está escondido durante mucho tiempo, empuja siempre a una realización en la vida diaria. Añadimos a esto también las ideas ideológicas, filosóficas y religiosas. Si estos valores no se pueden discutir, reflexionar y revisar, se forman tensiones y conflictos graves; y más: El orden en la casa, la distribución del trabajo en casa, vivir la sexualidad, crear los contactos y visitas, la fidelidad y cometer adulterio, la emancipación masculina y femenina, juzgar las agresiones, adaptarse y crear algo nuevo, la interrupción del embarazo, el deseo de autonomía y libertad, las prácticas religiosas/espirituales * la importancia de la autoeducación.

■ Cuanto más se forma cada uno a través de la individuación, e incluye al otro en estos procesos de modo activo, tanto más se puede desarrollar la relación de forma evolutiva. De esto crece un dinamismo óptimo para una relación satisfecha.

Diagrama 26: El inter-juego psico-espiritual y social

La capacidad de amar en la relación cooperativa

Hans Goldbrunner, terapeuta de familia y profesor de psicología, escribe: "El amor es ... una síntesis, un encadenarse de experimentar y actuar. Esto significa también que la suerte de una relación depende de cómo ambos tratan la polaridad, es decir, que espacio dan al experimentar, al gozar pasivamente y a la actividad, quien toma un papel más activo y quien uno más pasivo, qué modo de experimentar y actuar permiten y suprimen, etc."

Cuando el modelo de una relación (de pareja) se forma, es algo que solo nuevamente están investigando.

Goldbrunner apunta: "Los psicoanalistas jóvenes se vuelven...a la opinión de que un niño percibe inconscientemente ya en su primer año de vida la forma de vivir una relación de pareja de los padres, aun cuando esta percepción sea todavía muy vaga."

K.H.Mandel ofrece un cuestionario con muchas sugerencias para una terapia de comunicación. Nosotros llamamos a esto: "formación en la comunicación".

Sacamos de este libro algunos elementos, añadimos *las ideas propias*, y apuntamos algunos aspectos:

- las dificultades por la falta de tiempo para cada uno
- los problemas típicos durante el fin de semana
- la forma de insatisfacción por la falta de tiempo común
- un comportamiento del otro que (no) gusta
- los temas que no son discutidos (o insuficientemente)
- las interdependencias de estas dificultades con la niñez
- las interdependencias de estas dificultades con la niñez del otro
- los efectos/las consecuencias de estas dificultades
- el comportamiento deseado de la pareja (novio/novia)

- los hechos positivos sobre sí mismo/sobre la pareja
- ¿Qué hay que cambiar en sí mismo y en el otro?
- las riñas con la pareja
- las enfermedades, los trastornos
- las características singulares
- la sexualidad
- la forma de pasar el ocio/las vacaciones
- las preguntas sobre los valores y el sentido de la existencia
- los problemas con el dinero, los deseos de consumo
- las condiciones del habitar (para vivir juntos)
- los conflictos causados por la situación laboral
- el curso de las comunicaciones (disputas)

Desde las experiencias profesionales propias podemos añadir algunas tesis propias:

☺ Hablar es un proceso de aprendizaje; reflexionar sobre el hablar
☺ No hay una cooperación sin disputas vehementes ocasionales
☺ Algunas riñas cubren sentimientos profundos, amor, confianza
☺ Hay que confrontarse con su pareja a veces fuertemente
☺ Con la duración de la relación se experimentan diferencias
☺ Las riñas sobre todo tipo de trivialidades son 'normales'
☺ No existe la 'armonía total'; es una 'mentira de vida'
☺ Quien procrea un niño debe saber las consecuencias
☺ Una crítica humillante en el trabajo se transmite en la casa
☺ Una frustración llega a ser una frustración en la relación
☺ Los 'buenos amigos' pueden cargar las dificultades de la relación
☺ El dogma y la ideología son un veneno para la individuación'
☺ Hay que reflexionar: "¿Quiero destruir esta relación o no?"

La comunicación constructiva en la relación cooperativa

Hemos seleccionado de diversas publicaciones científicas y de experiencias profesionales propias algunas condiciones y reglas que pueden ser importantes para un vivir y superar la vida junta y constructivamente:

a) 15 reglas para la comunicación cooperativa:

1. No humillar, no herir, no devaluar, no burlarse del otro

2. No meter baza, no exagerar, no quitar importancia, no perder el 'tono'

3. Hablar de forma cooperativa, mutua, añadiendo uno con otro

4. Hablar unívoco, claro, objetivo, diferenciado, abierto y directamente

5. Escuchar, comprender, dar importancia, seleccionar, dejar hablar

6. Expresar adecuadamente los problemas, los deseos, las preguntas y los sentimientos

7. Mantener los límites y la autonomía, facilitar y permitirlo al otro

8. Respeto claro a la pareja como una persona autónoma

9. Una fundación espiritual (sueños), considerar la intuición y la resonancia interna

10. La responsabilidad sobre el lugar, el espacio, el tiempo, el curso, la duración, la meta, la selección, el fin de una conversación/una diputa

11. Tener lejos (a distancia) las influencias externas (ejemplo: la televisión, los demás)

12. Considerar el estado físico propio y el del otro

13. Ser persistente y flexible; controlar el curso atentamente

14. Entender la vida pasada como un desafío y no como reproches

15. Reflexionar sobre los valores, las normas y las actitudes

b) Algunas tesis que pueden ayudar a mejorar la comunicación:

● En una conversación hay más realidades de la que todos piensan.

● Un acuerdo (una unidad) completa es raramente posible.

● Un malentendido es normal.

● Los conflictos y las riñas forman parte de la vida.

● Hablar sobre la forma del hablar mejora la comunicación.

● No se puede hablar mejor que una persona percibe y piensa.

● Hablar es también una expresión del pensar y sentir anterior.

● Hablar es una forma muy importante de superar la realidad.

● La comunicación es más relacionada a la persona que al objetivo.

● Atentar a las reglas es humano.

c) Aspectos humanos en la comunicación son:

● el dinamismo de la proyección
● el miedo a la vida
● la capacidad de percibir prejuicios
● las inhibiciones
● un deseo de seguridad
● los sentimientos de culpa

- una presión interior
- el 'código' individual del hablar
- la situación del papel actual
- el egoísmo
- el sentimiento de inferioridad
- la defensa, la resistencia

- el miedo al castigo
- la veracidad
- los enigmáticos
- la autoconfianza
- el deseo de poder
- la atracción de la persona

d) Una buena comunicación favorece a largo plazo:

- una disposición de aprender
- el desarrollo, el despliegue
- la clarificación, la solución
- la aplicación
- el respeto
- la autonomía
- el aumento de conocimientos
- el estar juntos
- la holística
- unas nuevas formas de vivir
- el respeto
- la apertura
- los procesos de aprendizaje

- la lealtad
- el amor
- la cooperación
- la confianza
- la paz
- la responsabilidad
- el liberarse de la mitología
- la motivación
- la comprensión
- la transparencia
- la mutualidad
- los valores nuevos
- la iniciativa

Notas y perspectivas

1. ¿Para qué sirve la comunicación constructiva en la vida diaria?

2. Anota los términos esenciales de este subcapítulo:

3. ¿Qué es el hombre que no integra el organismo psíquico?

4. Explica: La habilidad de amar es importante para mí, porque:

5. ¿Qué has aprendido en tu casa paternal, en la escuela y en la Iglesia sobre la comunicación cooperativa y constructiva?

6. ¿Qué importancia tiene la consideración consciente de las "15 reglas de una comunicación constructiva" en la discusión entre parejas?

7. ¿Cómo manejan los políticos y los economistas la comunicación constructiva?

8. ¿Qué transmite la publicidad sobre la habilidad de amar?

9. Apunta una pregunta importante para ti sobre la comunicación constructiva:

9.3. Descubrir de nuevo el ser varón y el ser mujer

El vivir junto de forma 'cooperativa' entre la mujer y el varón, decidido como camino de vida común, es una de las más valiosas posibilidades de vivir. La institución del 'matrimonio' está hecha para esto como forma cultural.

No es lo mismo que una cooperación homosexual, es decir lesbia. El varón y la mujer no sólo se distinguen biológicamente (genital) y por los efectos de la educación. La vida psíquica como una totalidad no funciona del mismo modo.

Los papeles femeninos y masculinos no son todo un producto del aprendizaje. La feminidad y la masculinidad existen como una calidad, ligada psíquicamente y biológicamente, pero también deformable de muchas formas y mutuamente.

El hecho de que muchos matrimonios fracasen y no pocos estén bastante 'enfermos', porque están profundamente destruidos y viven con máscaras (=mentiras), no dice nada contra la institución del matrimonio, del vivir juntos, varón y mujer, de forma cooperativa. Falta mucho de autoeducación.

Esto lo tiene que saber el varón: ¡Un varón no es una mujer! Y la mujer tiene que tener presente: ¡Él es un varón! Buscar esto, descubrirlo y considerarlo dentro de la vida psico-espiritual, es un tema de la vida, y no sólo una experiencia sexual.

Hay que disolver el símbolo matriarcal y patriarcal. Hay que buscar y encontrar los arquetipos verdaderos escondidos.

Opinamos que el arquetipo femenino básico es el principio de vida creativo, la donadora y la guardiana de la vida. Las imágenes mayores de la feminidad son la madre divina y el Amor.

Hoy en día, el hombre está socializado para la violencia, la fuerza, la destrucción, la pobreza de sentimientos, el conquistador, el hombre de acción etc.

¿Cuál podría ser su nueva imagen? También él puede cuidar (paternalmente), como la mujer puede pensar de forma racional. También él debe tener sus sentimientos como la mujer.

Sin decaer en clichés, pensamos que la procreación de vida, el planteamiento de 'proyectos', y la gestión de todo esto son aspectos de la masculinidad.

Tal vez es así: El espíritu es la imagen original masculina y la vida es la imagen original femenina.

Ciertamente el varón y la mujer tienen ambas fuerzas en ellos. Las fuerzas masculinas y femeninas son diferentes, por cierto, pero no en su valor.

Ambos pueden vivir solos por y con el otro aspecto. Todo lo que hacemos, en la vida personal y social o espiritual, podemos hacerlo considerando los intereses masculinos y femeninos, en cooperación e integrando las tendencias.

También una mujer puede tomar posesión del cargo del sacerdocio, de la dirección general o del jefe de estado. ¡Para esto la mujer no tiene que volverse en un varón! Por otro lado, el varón puede trabajar de forma creativa en la casa, en la educación y en la forma de vivir sin ser una mujer.

La esencia: El varón y la mujer pueden adelantar en la evolución terrestre sólo con la solidaridad y la cooperación, cuando ambos realizan interiormente la evolución.

Lo mismo tiene importancia para el matrimonio, la vida política-económica y social.

Reflexiones y discusiones

■ Sobre el ser varón y el ser mujer hay distintas opiniones e ideas en la sociedad y en la psicología. Todavía la mujer no tiene su lugar y valor a lo que tiene derecho. Los prejuicios son, por ejemplo:

a) el varón: rígido, violento, disputador, combativo, autoritario, imperioso, dominante

b) la mujer: desconsiderada, caprichosa, irracional, sensible, histérica, seductora

■ En las relaciones, en el vivir junto de forma cooperativa, todavía existe una distribución del trabajo según el modelo tradicional:

a) el varón: trabajo, ganar dinero, conduciendo el coche, el organizador, el castigador, el 'señor' en la casa. b) la mujer: el trabajo en casa, la limpieza, la lavandera, cocinar, los niños, controlar los deberes de los niños

■ Ya es hora de revisar ciertos prejuicios (imágenes) sobre la feminidad y la masculinidad, de desarrollar nuevas imágenes constructivas y cooperativas, ejemplo:

a) el varón: él que piensa, el fuerte, él que toma la iniciativa, que sólo quiere sexo alternativo. b) la mujer: la madre que siempre ama, la santa, la prostituta, la atractiva alternativa.

■ El varón y la mujer no son dos existencias polares; realizan ambos cada uno una parte que llega a ser una nueva totalidad por el otro. El matrimonio es una oportunidad de crearse esta nueva totalidad. Por eso tiene como forma de vivir un valor muy alto tanto en la sociedad, como en la vida individual. En todos los sectores de la vida social podemos vivir partes de estos aspectos integrándose mutuamente, y formar con esto un estilo de vivir nuevo. Filosófica y transcendentemente la vida llega a ser una realización verdadera de la vida por la unión de la feminidad y la masculinidad.

■ En la vida diaria de una relación tenemos muchos enriquecimientos mutuos de la feminidad y la masculinidad; algunas diferencias las encontramos en los sectores: Las asociaciones sobre los temas de la vida, dar importancia a la lógica, experimentar momentos existenciales importantes, la comprensión holística, la creación del entorno emocional, los principios y la exigencia a la vida, cuidar lo que es sensible.

Diagrama 27: La creación de masculinidad y la feminidad

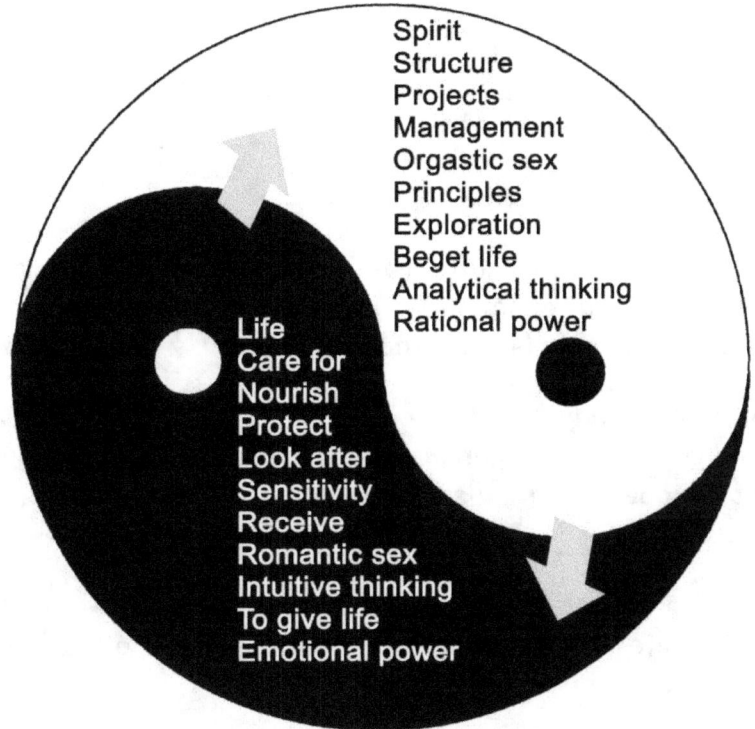

Spirit
Structure
Projects
Management
Orgastic sex
Principles
Exploration
Beget life
Analytical thinking
Rational power

Life
Care for
Nourish
Protect
Look after
Sensitivity
Receive
Romantic sex
Intuitive thinking
To give life
Emotional power

Thesis for the man:

If a man cannot form his masculine principles in a balance and orientation with feminine principles, so he is a destructive man and not a really developed man.

Thesis for the woman:

If a woman cannot form her feminine principles in a balance and orientation with masculine principles, so she is a destructive woman and not a really developed woman.

Los aspectos masculinos y femeninos

Una mujer en el 'complejo de Cinderella' ('Cenicienta') encuentra su auto-identidad verdadera por la liberación.

La autora describe el problema así:

"No es la naturaleza la que regala al varón la independencia, se adquiere por el entrenamiento. Desde el nacimiento, los varones están preparados para la independencia."

Y: "Del mismo modo enseñan a las mujeres que algún día pueden esperar algo diferente: algún día estarán salvadas. Este es el cuento, el mensaje, que nosotros (las mujeres) hemos bebido con la leche de la madre."

Y más: "La dependencia personal y psicológica - el deseo profundamente arraigado de estar mantenida por otros - (es) la fuerza más fuerte que oprime hoy las mujeres."

Y: "Lo llamo el 'complejo de Cinderella' - una red de actitudes y miedos mayormente reprimidos, que mantiene a las mujeres en un ambiente 'semi-oscuro'. Esto impide el despliegue de sus fuerzas espirituales y creativas."

Desde una visión feminista la psicología de C.G.Jung es 'patriarcado'.

Tomamos algunas frases para reflexionar sobre el ser varón y el ser mujer (en: C.G.Jung und die feministische Kritik):

"Las características preponderantes de la feminidad son según Jung el estado de humor ilógico, el resentimiento y la irracionalidad, la vanidad y la sensibilidad."

... La 'anima' es excesiva, caprichosa, que no sabe dominarse, emocional, demoníaca, intuitiva, desconsiderada, mística, la Señora del alma, el ángel de la luz, demuestra una independencia insoportable, está llena de lazos y trampas ... el pensar femenino no es estimado por Jung, sino que queda inferior, ilógico, no razonable.

... La ideología de una imagen mundial masculina son sus ideas de autonomía de la feminidad, de la disminución y de la aniquilación de la feminidad es significativo.

... La característica del patriarcado, según el análisis de Erich Fromm es:

La 'necrofilia', la pasión de la muerte y la violencia de la manía de poder de la masculinidad patriarcal, que se refleja en la mitología y la historia de las religiones ...

... En imágenes patriarcales la feminidad está muchas veces dividida en contradicciones: la santa y la prostituta, María y Eva, la Diosa erótica, joven y seductora y la vieja sin sexo y despreciando todo."

Michael Mary analiza en muchos ejemplos que "el varón y la mujer experimentan el amor de forma diferente ... Viven en un mundo de amor masculino y femenino."

El varón está requerido a: "desarrollar los sentimientos, ... de demostrarlos, de mantenerlos."; y la mujer: "... de dedicarse enteramente a sus necesidades; de ganar la seguridad de sí misma." Esta seguridad de mujer encuentra por su formación de la identidad femenina, en la relación con el varón.

La relación entre hombre y mujer en cambio

Helga Bilden nos da una visión general sobre la relación de los sexos en nuestro tiempo. Recogemos unos hechos y tesis, basados en los resultados de las investigaciones sobre la socialización específicamente sexual:

1. El sexo como característica de la personalidad, abstraído del contexto, no da sentido a la investigación.

2. El cuerpo masculino es socializado 'de motriz grueso' e 'intenso en movimientos', dentro de actividades de exploración (material, espacio), relacionado a rendimientos y funciones; el cuerpo femenino es más 'de motriz fino' y favoreciendo la atracción y la estética.

3. Lo más importante de los estereotipos de los sexos: las mujeres son emocionales, más miedosas y se sienten más tristes y desamparadas que los varones; los varones son racionales, es decir menos emocionales, tienen tal vez problemas con agresiones.

4. La masculinidad y la feminidad son productos de procesos que se construyen permanentemente. Esta realidad está hecha; se forma por la acción social.

5. La relación entre los sexos está negociada y reñida. Las posibilidades de cambios son también una cuestión del poder y de las fuentes materiales.

6. La división del trabajo provee para los varones el trabajo fuera de la casa. Las mujeres son competentes para el trabajo en la casa.

Todavía solo pocos varones están preparados para participar en el trabajo de la casa y la educación de los niños.

7. La jerarquía de los sexos: Todavía los varones ocupan casi exclusivamente las posiciones más altas y con más poder, por ejemplo, en: la profesión, la vida política, la ciencia, la cultura.

8. Los varones tienen una tendencia, una disposición presente para la violencia. Enfrente de esto está el poder de las mujeres sobre sus niños, a veces emocionalmente sobre los varones.

9. Existe una clasificación casi coactiva de los deseos sexuales de mujeres y varones.

10. La masculinidad se forma en la interacción de poder, la división del trabajo y la organización de la sexualidad.

11. El sistema bisexual estructura básicamente la sociedad, la interacción y el dinamismo psico-energético.

12. La formación de la identidad del chico es un proceso duro y forzado del exterior, de tomar distancia de la madre, de desvalorar y negar la feminidad en sí mismo, que está formada por la relación a la madre, y de la feminidad en el mundo.

13. La identidad de una chica se cumple por la identificación y el diálogo con la madre, quedando en la relación con ella, pero con eso también incompleta, y con opresión del deseo de autonomía.

14. Las mujeres que alcanzan un nivel alto de autonomía personal, desarrollan un equilibrio entre autonomía y ligaduras.

15. La biografía femenina no existe más. Las mujeres hoy tienen más interés en la independencia material, los contactos con

colegas, participar en otros sectores de la vida, el reconocimiento de su rendimiento etc. La grieta entre los intereses y las oportunidades profesionales aún subsisten.

16. Nunca las exigencias a 'una buena madre' han sido tan altas. La culpa y los sentimientos de fracaso son programados ya anteriormente.

17. Las mujeres amplían sus opciones; sus conflictos se agravan.

18. Hoy podemos elegir y revisar las formas de vivir. Así tenemos espacio libre para acciones y posibilidades de negociar para ambos sexos.

19. El desequilibrio de poder en la realidad y en las 'cabezas' influye en las oportunidades de negociar en adelante a favor de los varones, aunque las mujeres están claramente en la ofensiva y exigen otras formas de relaciones y de distribución del trabajo.

20. Las mujeres, y con menos extensión también los varones pueden/deben cambiar varias veces en su vida su auto-identidad (el 'Self'-concepto) y el conjunto de los papeles...Las identidades fijas, masculinas y sobre todo femeninas tienen poco futuro.

21. Hay una multitud de posibilidades de vivir la masculinidad y la feminidad.

Notas y perspectivas

1. ¿Para qué sirve concretamente en la vida diaria la creación de la masculinidad y la femineidad?

2. Anota los términos esenciales de este subcapítulo:

3. ¿Qué es el hombre que no crea (forma) la masculinidad y la feminidad?

4. Explica: Descubrir el ser mujer y el ser varón es esencial para mí, porque:

5. ¿Qué has aprendido en tu casa paternal, en la escuela y en la Iglesia sobre el ser mujer y el ser varón?

6. ¿Qué importancia tiene la creación (formación) de la masculinidad y la femineidad entre parejas?

7. ¿Cómo se muestra en general la relación entre los hombres y las mujeres?

8. ¿Qué imágenes transmite la publicidad sobre a) la masculinidad, y b) sobre la femineidad?

9. Apunta una pregunta importante para ti sobre la relación entre los hombres y las mujeres:

9.4. Resumen – Tesis

❑ La autorrealización por una relación es un desafío especial porque los ejemplos de la niñez se repiten automáticamente en cada adulto: La comunicación de los padres, la forma de castigar en la casa paternal, imitar el comportamiento, recuperar la pubertad todavía pendiente, satisfacer los déficits de la niñez, la reactivación de la relación con los padres, estar ligado a los valores familiares, el sentir educado en su cuerpo propio

❑ En una relación cooperativa muchas fuerzas actúan mutuamente, por ejemplo: El psico-dinamismo, la forma del pensar, el dinamismo de sentimientos, la indiferencia, el rechazo del placer, la capacidad de 'digerir', la biografía, las creencias, la capacidad de comunicar, la educación, la creatividad, el miedo a la separación/a las ligaduras

❑ Las parejas se influyen mutua y enormemente en el desarrollo de la personalidad. La interacción inconsciente es decisiva para el vivir junto, que se percibe y que actúa en la superficie.

❑ La masculinidad y la feminidad son 'productos' de procesos de desarrollo permanente que están formados básicamente por la vida social. Hay muchas formas de vivir la feminidad y la masculinidad.

❑ La vida es femenina y el espíritu es masculino, y cada persona tiene ambos en sí. Las formas de experiencia y de expresión distintas facilitan a las parejas de formar su identidad como varón y mujer en una relación. Este proceso caracteriza en su centro lo que es un matrimonio.

❑ Sin aceptación de la vida y del cuerpo, y sin el despliegue del amor no se puede realizar este proceso hasta 'el fondo' de la vida psíquica.

9.5. Unidad de trabajo

1. ¿Cuáles son tus actitudes sobre el matrimonio como una 'cooperación'?
2. ¿Qué es lo que hasta hoy no has experimentado de una cooperación?
3. ¿Con qué tipo de 'juego' en la relación (poder, mentira, rechazo) tienes dificultades para manejarlo?
4. La relación entre mujer y hombre es una parte elemental de nuestra vida. ¿Qué has experimentado y podido vivir de los siguientes aspectos positivos?

Marca: poca experiencia = 1 / a menudo = 2 / mucho = 3

☐ La cooperación („partnership") como algo muy valioso.
☐ Interés mutuo en la realidad diaria.
☐ Apertura para conflictos y su superación.
☐ Respeto a las diferencias del partenaire (carácter, sexo).
☐ Reciprocidad (reversibilidad) y posición igual.
☐ Variación de proximidad y distancia en el vivir junto.
☐ La biografía de ambos como parte de la auto-identidad.
☐ Comprensión en las diferencias y lo común.
☐ Respeto de los límites del otro y del 'mundo' del otro.
☐ La vida diaria cuidada como tema central en la comunicación.
☐ La estimulación y formación del amor siempre de nuevo.
☐ Discusión de todas las preguntas diarias comunes.
☐ No saldar uno y otro los errores del otro.
☐ Autorrealización como sacrificio de sí mismo.
☐ La mente y la razón son funciones básicas.
☐ Erotismo y estar enamorado tienen su sitio en la vida diaria.
☐ Nivel alto de autocontrol de ambos miembros de la pareja.
☐ Pueden aceptar momentos de sentimientos simbióticos.
☐ Aceptar las tensiones y los riesgos.

- Afirmación y satisfacción mutua del placer sexual.
- No tener derecho mutuo de poseer al otro en su ser.
- Seducción y placer como fuerzas estimulantes.
- Satisfacción sexual mutua sin limitar la autonomía.
- Comprender capacidades y esfuerzo.
- Cuidar mutuamente el 'niño' (la niña) interior.
- En periodos de unos años hay cambios de la auto-identidad.
- Promover el sentimiento del autoestimo y de la vivencia sexual.
- Desarrollar mutuamente la femineidad y la masculinidad.
- Solucionar juntos las cuestiones actuales.
- Elaboración del inconsciente (la biografía de ambos) en común.
- Orientación común en los sueños, la intuición y la meditación.
- Enriquecimiento mutuo con un uso creativo del tiempo común.
- La división de los papeles es discutida y aceptada.

5. Así estoy creando mi comunicación (procedimiento, venta, cuidado, asesoramiento, dirección; y las discusiones en la familia, en la relación personal, en el ocio):

Elige una persona y marca una cruz donde té afecta:

☐ objetivo	☐ original	☐ lento/pesado
☐ honesto	☐ transparente	☐ inconstante
☐ esmerado	☐ abierto	☐ impulsivo
☐ eficaz con el tiempo	☐ organizado	☐ preciso
☐ profundo	☐ preguntas dirigidas	☐ en firme
☐ mesurado	☐ cooperativo	☐ caótico
☐ escuchando bien	☐ con constancia	☐ intranquilo
☐ rutinario	☐ espabilado	☐ conciso
☐ concentrado	☐ astuto	☐ bien dividido
☐ informativo	☐ flexible en metas	☐ angustiado

□ con control consciente □ adaptándose □ muy directivo

□ sin compromiso interior □ imaginativo □ competente

□ planificado □ preparado □ armonizando

□ sencillo (simple) □ estimulante □ indeciso

□ al tiempo adecuado □ serio □ con emoción

¿Cómo valoras tu resultado, tu forma de tratar tu comunicación?
6. ¿Cómo es tu estilo de trato con el partenaire (de pareja), con conocidos, clientes, colaboradores, pacientes (etc.)?

Para este ejercicio elige una persona y marca una cruz donde té afecta:

□ amable □ dominante □ diplomático

□ directivo □ comunicativo □ agresivo

□ complaciente □ cortés □ objetivo

□ limitándose del otro □ impaciente □ sin distancia

□ con clara distancia □ con respecto □ alegre

□ flexible en estilo/asunto □ estimando □ con estilo

□ rompiendo defensa □ tono emocional □ sirviendo

□ flojo de contacto □ enmascarándose □ engañando

□ adaptado a la persona □ egocéntrico □ ayudante

□ colegial □ afirmando □ esperando

□ justo □ auténtico □ confiado

□ recíproco □ atento □ provocativo

□ dinámico □ informal

Interpreta tu resultado:

....

Imaginación
Tema: "Así trato mi ser varón/mujer en mi vida diaria."

Imágenes: Figuras masculinas y femeninas de todo tipo y edad.

¿Qué idea básica de esta unidad consideras como *la central para la autoeducación?*

Anota un conocimiento básico (un pensamiento, un hecho) de esta unidad que *cada uno tendría que saber:*

Test de elección múltiple:

Elige las cuatro respuestas correctas y pon una cruz, así: ☒ a) placer

9.1. ¿Cuáles son las características centrales de una cooperación?

☐a) permanecer siempre igual para la pareja
☐b) vivir en una armonía constante
☐c) un desarrollo de la identidad que ocurre paralelamente
☐d) un equilibrio entre distancia y proximidad
☐e) participar en el proceso de la individuación de cada uno
☐f) una comunicación, sobre todo

Sobre la cooperación podemos decir básicamente:

☐a) En una relación siempre actúa la persona entera, incluido su biografía.
☐b) Es importante que las parejas lean los mismos periódicos, revistas, libros.
☐c) En una cooperación ambos informan sobre los deseos y experiencias sexuales.
☐d) El adulterio es una regla normal en un matrimonio para promover la emancipación.
☐e) Ambos discuten y planifican sus proyectos comunes.
☐f) Hay que entrenar las reglas de una comunicación constructiva durante años.

Los siguientes aspectos se pueden discutir y vivir de forma 'masculina' o 'femenina':

☐a) la importancia de lo lógico en la vida diaria
☐b) el trabajo físico (con fuerzas)
☐c) crear un entorno emocional
☐d) el trato del dinero
☐e) distribuir el trabajo en casa
☐f) firmar contratos

10ª Unidad: El experimentar y el vivir la sexualidad

Lema:

Vivir la sexualidad con placer y amor es importante y a veces difícil; porque esto es una oportunidad psíquico-espiritual de descubrirse a sí mismo y a la pareja y de formar su auto-identidad.

Brainstorming (= recoger ideas espontáneas)

Ten presente el título de este capítulo y los tres subtítulos. Haz unas notas sobre los siguientes puntos de vista antes de leer este capítulo, y antes de hacer los ejercicios de cada unidad.

a) Cuestiones que te planteas con cada título y subtítulo:

b) Palabras claves que te afectan a ti con este título y estos subtítulos:

c) Asociaciones (es decir: ideas, sentimientos, recuerdos etc.) que tienes con estos títulos y subtítulos:

10.1. Gustar la sexualidad

El placer sexual es hoy en día ciertamente más aceptado que hace 20 años. Mucha gente puede vivir las ternuras, el coito y la masturbación libre de actitudes moralizadoras y ajenas a la vida.

Pero más: El supermercado del sexo y los servicios sexuales están en expansión. Unas ofertas podrían ser útiles y ayudan a aprender; pero mucho puede bloquear al varón y a la mujer, de querer profundamente la sexualidad.

"Todo está permitido en la vida sexual", dicen unos; otros experimentan la sexualidad con vulnerabilidad, con una sensibilidad muy íntima, con valores y límites. La procreación es un aspecto.

Experimentar a sí mismo, el placer, la relajación y el sentir íntimamente a la pareja del otro sexo favorece un interés en la vida muy profundamente.

El consumo y 'el amor libre' parecen querer romper todos los límites, lo que es una reacción a una hostilidad sexual del cristianismo durante muchos siglos.

Era encargado el placer sexual en tiempos anteriores con culpa y vergüenza, hoy es el gozo del placer en una expansión sin límites. ¿Es 'malo' esto?

El hombre se siente satisfecho con la comida y la bebida, con el chocolate, con los coches, con las ropas, con las diversiones, con un baño relajante y mucho más.

La experiencia sensual extensa ha llegado a ser una meta hoy en día.

Experimentar el cuerpo y la sensualidad son partes centrales de nuestra vida.

La pregunta básica no es "¿Cuánta satisfacción sexual solo y con otros es aún 'sana' y 'no-neurótica'?".

Pero: "¿Cómo puede una persona vivir su sexualidad se forma constructiva y satisfactoria?"

En la experiencia sexual la persona está sensible, tocada íntimamente y vulnerable, sea con un tú o sea deseando una pareja.

Está invitado a aceptar a sí mismo con su experimentar y vivir la sexualidad, a integrar su deseo en su identidad y a crear su alegría con placer. Esto es mucho más que una 'relajación sexual'.

Esto es un autodescubrimiento, una confrontación de un 'yo' con un 'tú', una dedicación y una auto-relación. Esto se puede hacer mecánicamente, de forma creativa y con amor.

Sin la capacidad de vivir el gozo, el placer sexual no llega a ser satisfecho.

Pero ¿cómo hay una alegría, si en la sexualidad sólo el estímulo con el placer y no el hombre está en el centro de la experiencia y de la acción?

La consecución rápida de una sensación sexual debajo de la colcha no es una práctica amable; a lo sumo comparable con el enlazar rápido de una 'hamburguesa' seca y fría.

El contacto con ternura es más que una experiencia del sentido del tacto o de la piel. La ternura es una actividad simbólica. Contiene un mensaje al tú y contiene la experiencia de una respuesta.

Es así con todo tipo de juego sexual. Dicen algo a la pareja, y son una experiencia de las reacciones, físicas, psíquicas y espirituales. Gustar la sexualidad significa por eso: Amarse a sí mismo y al otro.

Reflexiones y discusiones

■ Vivir y experimentar la sexualidad no son libres de valores: Uno puede humillar, desvalorar y degradar al otro; el hombre está vulnerable en su experiencia sexual, sensible y vulnerable; se puede causar dolor a la pareja durante el acto sexual; hay juegos de amor que unos experimentan desagradables, molestos e inconvenientes; el encuentro sexual puede ser acompañado de miedo, vergüenza, inferioridad; expectativas de rendimiento en técnicas e intensidad del orgasmo evocan presión; el hombre nunca está libre de su biografía sexual; cada uno es más que un aparato de instinto, es una existencia psico-espiritual; el preludio es más que aumentar el placer, es un encuentro humano.

■ El hombre con su totalidad psico-espiritual siempre pone más que una acción para gozar el sexo en su juego sexual: Unos bloqueos inconscientes, las preocupaciones del día, el control del yo, retenerse, las expectativas románticas, la aceptación/la negación del cuerpo propio, una cohibición de moverse en ritmo, las experiencias anteriores con otra persona, el control paternal (en el inconsciente, las fachadas entrenadas, la autoexpresión bloqueada, las expectativas en la vida/la pareja, el rechazo de sentimientos, las experiencias de amor y de déficit, una sexualidad no desarrollada.

■ La experiencia y la acción sexual implican la comunicación: ¿Cómo lo experimentas tú? ¿Qué te gusta más? ¿Te gusta hacerlo ahora? ¿Cómo te gustaría ahora? ¿De qué te preocupas? ¿Te molesta esto? ¡Enséñame lo que gusta! ¡Tómate tu tiempo! Quisiera probar algo nuevo. ¿Qué es lo que te gusta más en mí? Ven, hagamos un buen fin de semana. Estoy triste; ¿Qué tengo...? Quisiera procrear un niño contigo ahora. ¿Tienes una enfermedad contagiosa?

■ La sexualidad con una personalidad formada es mucho más que crear un placer y el orgasmo. La aceptación de la sexualidad es una aceptación del ser humano con todas las posibilidades de la experiencia sensual. Quien quiere realmente la sexualidad, lo hace con auto-reflexión y en comunicación con la pareja. La sexualidad y el erotismo necesitan regularmente formas creativas, la reflexión y la busca de sí mismo y de la pareja.

Diagrama 28: La sexualidad y el encuentro humano

The sexual experience and acting in interplay with the human encounter in numerous versions:

Interest
Curiosity
Approach
Discovering the "you"
Dedication
Acceptance
Share
Participating

Encouragement
Eroticism
Falling in Love
Security
Confidence
Open for renewal
Experimenting

Nearness
Peace
Relaxation
Accepting lust
Excitement
Well being
Sensual experiences
Smooching

KEYNOTE:

We cannot and we must not always expect or demand, that sexual experiences and actions must take effect extensively in all components of sexual and human encounter.

It may be and it can be, depending on the situation, that one or the other component is at the center, while other components are in the background.

La sexualidad y el amor

El psicoanalista Erich Fromm escribe sobre el amor erótico: "Porque el deseo sexual está ligado según la opinión de la mayoría, vienen rápidamente a la conclusión engañosa, que dos se aman cuando quieren poseerse físicamente ... La atracción sexual produce, en el momento, la ilusión de la unión, pero sin amor, que queda después del encuentro dos desconocidos ... La ternura es la expresión inmediata del amor al prójimo ... realmente se trata del amor, el amor erótico tiene una condición previa: Que amo del centro de mi existencia - y que experimento al otro en la esencia de su ser ... Amar a otro, no solo es un sentimiento fuerte - es una decisión, un juicio, una promesa." Además, Fromm escribe: "...la idea de una ligadura que se puede romper fácilmente cuando uno no tiene éxito, es tan errónea como la idea de que esta relación en ningún modo está permitida disolverla."

Wolfgang Bartholomäus se ocupa a fondo con la variedad de la experiencia sexual. Tomamos de su libro unos pensamientos: "La ligadura de la sexualidad con el placer emocionante y su integración en la relación amorosa ... es en la historia cultural una apariencia joven." Y: "El placer sexual incluye la alegría sensual: en el otro en su totalidad, en la belleza de su cara, en la atracción de su cuerpo, en el ser prójimo excitante, en la impetuosidad de sus movimientos, en la seguridad dentro de sus brazos, en sus ternuras."

"Las personas que se encuentran en el placer se respetan como varón y como mujer, y fortalecen así su identidad sexual. Se encuentran con el medio de su cuerpo y experimentan la proximidad y un ser salvado. Se dejan cada uno mutuamente y experimentan juntos el placer excitante. Y se regalan a su comunidad - si es responsable, también a los niños - la vida fértil ... La felicidad tiene algo que ver con el meterse en otros, con el placer y afectuosamente. Esto incluye siempre un sufrimiento."

Y: "Para la mayoría de las personas el amor es el centro de sus proyectos de vida. ¿Quién no siente ganas de amor? ¿Quién no desea profundamente el placer por el amor?"

Alexander Lowen, médico y psicoterapeuta, escribe en su libro: "La sexualidad es una expresión biológica del amor." Y: "Sólo se puede separar la parte espiritual de la vida de la parte física con el peligro de destruir la unidad y la integridad del ser humano entero."

Y más: "Muchas mujeres rechazan consciente o inconscientemente su naturaleza sexual, porque opinan que esto les impone una actitud sumisa. Ni una mujer quiere tener el sentimiento de ser un objeto, ni sexual y de ningún otro tipo." Y: "La búsqueda del placer es una expresión de la fuerza de vida de un organismo."

Y: "La excitación y el movimiento son fenómenos energéticos. El instinto sexual es también un fenómeno energético."... "El amor y la sexualidad forman parte de la esencia más interna de cada organismo vivo. Dan un sentido a su vida y procuran la más fuerte motivación animada para su comportamiento." Y más: "La capacidad de alcanzar satisfacción es la característica de una personalidad madura, integrada y realista."

Ute York describe la experiencia del placer sexual de un bebé: "...para cada niño nada es tan interesante como el sexo desde el nacimiento y durante mucho tiempo de su desarrollo ... ya desde la primera hora de su vida un bebé puede sentir un placer sensual. Ciertamente no sólo por los órganos sexuales, pero sin duda también por esto ... La forma como tratan durante toda la niñez la sexualidad, tiene una influencia decisiva en la vida posterior de un niño."

En el mismo libro Cornelia von Schelling escribe: "La vida real, las amistades de los jóvenes, el trato de los padres uno con otro, su relación con sus niños, el entorno emocional en la familia - todo esto tiene al final más importancia (en el comportamiento sexual) que todo lo que un joven puede ver en la televisión (por ejemplo, la pornografía, los juegos amorosos, etc.)."

Alberoni F. opina: "Hay también una forma de amor que surge poco a poco del erotismo y de la amistad. Un amor que no se expresa como una explosión extraordinaria entre dos desconocidos, sino que primero, dos personas se encuentran dentro del ámbito sensible de la estimación mutua y de la confidencia. Luego entra en juego un deseo erótico."

Con 'sexo y amor' se ocupa Christine Useld-Baumanns: "La falta de amor a sí mismo..., pensamientos pesimistas y un criticismo de sí mismo exagerado hacen daño a la salud y con eso a la belleza. Quien está triste y desanimado, permanentemente refunfuña a sí mismo, deja los hombros bajos al azar, o recibe una cara rígida y forzada. Quien se acepta y tiene placer consigo, señala este sentir bello y animado ya por su postura física. Esta postura del cuerpo, leve y radiando alegría, influye otra vez en el estado de ánimo. El sentimiento de autoestimo y la belleza del interior irradian hacia fuera." Otras tesis de la autora son: "el conocimiento sobre el cuerpo hace capaz el orgasmo" y "la creatividad produce la sensualidad", y "el amor a sí mismo crea la capacidad de amar".

Arthur Janov escriba: "En el fondo el amor significa, estar abierto para el sentir y ser libre y admitir esta libertad para los otros. Esto significa que los otros pueden crecer naturalmente y pueden expresarse originalmente ... La 'teoría primaria' define el amor del siguiente modo: Dejar todos lo que son. Esto solo es posible, cuando todas las necesidades están satisfechas.

La sexualidad y el amor están en una red con toda la persona. Sobre eso dice el profesor Aaron T.Beck: "La presentación idealista del amor en los medios no prepara a las parejas, como manejar las desilusiones, las frustraciones y las fricciones ... Características muy específicas son decisivos para una relación feliz: El compromiso, la sensibilidad, la generosidad, el respeto, la lealtad, la responsabilidad, la confidencialidad." - Y aun un 40 % de las parejas casadas felices informan sobre una reducción en la actividad sexual. Las causas son según el autor A.T.Beck en diversos sectores de la vida: un cambio de papeles (asegurar los ingresos), el estrés laboral, los problemas de salud y el abuso de estimulantes.

Los factores más importantes son de naturaleza psíquica: la auto-duda, un sentimiento de insuficiencia, los ideales falsos sobre el propio cuerpo, un miedo de rendimiento sexual, problemas interhumanos, las preferencias varias sobre el 'donde', el 'como', el 'cuanto tiempo' y el 'cuantas veces' (resumido)."

En el diccionario filosófico de Walter Brugger encontramos sobre la palabra "amor" lo siguiente:

"El amor es la aceptación de los valores y del espíritu que es la fuerza origen, creando los valores. Esencial y considerado en su sentir central el amor es una actitud de voluntad, y contemplado como un sentir holístico la actitud total de aceptación (buscando una unión creativa) del alma espiritual enfrente de otras personas como 'portadores' (reales o potenciales) de valores espirituales y enfrente de estos valores mismos. Así, el amor lleva la personalidad individual fuera de su singularidad hacia un estar 'juntos' ('nosotros') en muchas formas genuinas de comunidades humanas."

La visión de Karlfried Graf Dürckheim sobre el amor y el erotismo:

"El sentido personal de la sexualidad y del erotismo no es ni biológico, que se cumple procreando un niño, ni el placer desenfrenado. El sentido es mucho más la experiencia de una plenitud cósmica, y aún más la experiencia del divino 'Uno', en el llegar a estar unido con un 'tú'."

Notas y perspectivas

1. ¿Para qué sirve la sexualidad?

2. Anota los términos esenciales de este subcapítulo:

3. ¿Qué es el hombre que no integra de modo positivo la sexualidad **y** el amor?

4. Explica: La sexualidad es importante para mí, porque:

5. ¿Qué has aprendido en tu casa paternal, en la escuela y en la Iglesia sobre la sexualidad?

6. ¿Qué importancia tiene la sexualidad en la discusión entre parejas?

7. ¿Qué enlace indirecto existe entre "la sexualidad con amor" y "la política y la economía"?

8. ¿Qué transmite la publicidad sobre la unión de la sexualidad con el amor?

9. Apunta una pregunta importante para ti sobre la sexualidad:

10.2. El experimentar y el vivir la sexualidad

El coito en sí no necesita ningún proceso de aprendizaje, es nuestra opinión.

Pero eso está todavía muy lejos de la sexualidad. La emancipación sexual ha facilitado de entremeter el acto sexual en una totalidad múltiple del sentir y crear la sexualidad.

No tiene que avergonzar a nadie, cuando pensamos que cada uno puede aprender mucho para su sexualidad.

Las ternuras pueden ser groseras o finas, en grados o precipitadas, también desplazadas y frías. Las ternuras contienen en sus caricias un mensaje. Una persona puede besuquear como un niño con la madre o el padre.

Acariciarse es sentir al prójimo y una comunicación, muy directamente con palabras amorosas y claras.

¿Por qué no pensamos una vez lo que uno quiere decir al otro?

La proximidad física puede informar sobre importantes cosas de la vida:

"Quiero que sientas seguro, estando cerca de mí.", o "Té acepto plenamente tal como tú eres." Las ternuras íntimas se fijan en producir más placer en la experiencia y el actuar.

Existen muchas formas en el entremeterse, en el dosificar, con alegría participando la experiencia. Se puede descubrir paso por paso cómo reacciona la piel, los sentidos y también la psique.

Cada experiencia sensual toca al hombre entero, es una experiencia del existir y del ser 'así.' Eso exige: la concentración o la devoción, el comprender las reacciones físicas y mímicas de la pareja, de los motivos propios también.

Descubrir, jugando y formando con creatividad, eso crea alegría. ¡Pero hay que aprenderlo!

Hay muchas formas de unión sexual, objetivamente clasificada como 'técnicas'. Algunas se pueden descubrir con placer jugando.

Otras se pueden aprender en libros y revistas. Apenas puede ser una meta, hacer acrobacia con avidez y probar imprescindiblemente algo muy extravagante. Ciertamente una variación es favorable.

'Jugar' durante muchos años siempre de forma rutinaria y no creativa, destruye el erotismo, queda aburrido y reduce el placer y la alegría. Así la sexualidad no puede ser 'joven'.

El interés y la curiosidad son fuerzas de ímpetu variadas para experimentar a sí mismo y a la pareja en la vida siempre de nuevo.

Forma parte de eso evidentemente el crear del entorno. En el anonimato de las ciudades, del mundo laboral y del ocio bien organizado, y de las ofertas del consumo, la falta de actividades creativas en el experimentar la sexualidad efectúa paralizaciones.

No como un estimulante lo imaginamos, sino como un encuentro íntimo conscientemente cuidado, como una variedad creada conscientemente de las formas de actuar y sentir - como lo hacemos con la comida, las ropas, las actividades en el ocio, etc.

Es evidente que surgen problemas. Frente a la variedad de las posibilidades está el hombre. El aprender como compartir los sentimientos y como ponerse dentro del otro es imprescindible.

Reflexiones y discusiones

■ Una persona puede ampliar su consciente sobre su experiencia sexual y diferenciar la forma de experimentar: ¿Cómo reacciona la piel en diferentes sitios al acariciar? ¿Cómo siento el besuquearse y que es lo que me gusta más? ¿Cómo quiero experimentar y crea la caricia íntima? ¿Cómo beso y que importancia doy al besar? ¿Qué contactos íntimos me gustan especialmente? ¿Cómo puedo soltar interiormente lo que pasa en mi mente durante el acto de amar? ¿Qué hechos en mí y en el otro me molestan? ¿Qué es repugnante para mí, y no quiero en absoluto practicar?

■ El erotismo no es una apariencia por azar, dando ciertas presentaciones femeninas y masculinas. El erotismo es un ámbito creativo, en lo que toda la persona se expresa, por ejemplo por: El aceptar el cuerpo, sus formas y su sexo; la alegría e integración origen del placer con todas sus posibilidades de experimentarlo; los sentimientos y pensamientos positivos sobre sí como una totalidad psico-espiritual; el placer, la curiosidad y el interés en la seducción, también después de años de matrimonio; el liberarse de cosas diarias, del trabajo, del entorno; la autoconfianza, el autoestimo positivo, el placer en el vivir generalmente.

■ Se puede aprender mucho para crear las actividades sexuales:
* la decoración del dormitorio, del baño, de la sala de estar
* las ropas en el ocio, en que se siente sensualmente bien
* la música que puede activar asociaciones y ambientes relajantes
* las ropas de cama variadas en color, camisas de noche agradables
* expresiones verbales que son 'adultas' y expresan sentimientos
* las actividades en el ocio (salir el fin de semana con la pareja)
* el vivir el amor con formas variadas y diferenciadas

■ Los trastornos y las dificultades en la experiencia y la acción sexual son normales. Tienen prioridad y hay que discutirlos. A veces el tema tiene una componente biográfica, o está se amplía con los asuntos del día, o está localizado en las fuerzas psíquicas.

Diagrama 29: Una lista de control sobre la biografía sexual

The check list to look back on life:

Femininity of the mother/the sisters

Masculinity of the father/the brothers

One's own puberty

First love relationship

Separation, divorce

Lust and guilty feelings

Sexual difficulties

First sexual experiences

Most beautiful sexual experiences

Most painful sexual moments

Experiences with pornography

Failed love relationships

Dealing with masturbation

Religious sexual education

Education about femininity/masculinity

Sexual difficulties with the partner

First phase of menstruation/ejaculation

Self-experiences of virile power and inferiority

The one who elaborates his own sexual biography and reflects it yearly, can delight his sexuality in all life phases periodically. This is a path of being physically and psychically

La biografía del desarrollo de la sexualidad

Podemos hacer algunas preguntas para la auto-reflexión sobre la biografía sexual. En orientación al programa de ejercicios del profesor Gudjons las formulamos *con suplementos propios:*

1. ¿Qué parejas eran para mi especialmente importante en mi vida?
2. ¿Qué es lo que aprendí de mis novios/-as anteriores?
3. ¿Qué experiencias impresionantes están todavía en mi memoria?
4. ¿Qué conflictos tenía en mis relaciones anteriores?
5. ¿Cómo llegó a las separaciones?
6. ¿Cómo me enseñaron mis padres a verme como varón/mujer?
7. ¿Cuáles de mis aspectos masculinos/femeninos les gustaban más a mis padres?
8. ¿Cómo me informaron mis padres sobre la sexualidad?
9. ¿Cómo realicé la sexualidad de mis padres?
10. ¿Cómo actúan en la memoria mis experiencias sexuales primeras?
11. ¿Qué actitud tenían mis padres sobre la sexualidad extraconyugal?
12. ¿Qué era lo que me gustaba más en mis novios (novias)?
13. ¿Qué veo en mí como característica del otro sexo en un vistazo atrás general?
14. ¿Cómo reaccionaba a la prevención sexual y al 'tener niños'?
15. ¿Cómo experimentaba los celos de mi pareja y de mi pareja de hoy?
16. ¿Cómo experimentaba a mí mismo con celos?

17. ¿Qué me vulneraba más en las actividades y experiencias sexuales?
18. ¿Cómo experimentaba el esperma/la eyaculación?
19. ¿Qué importancia tenía la fidelidad y el estar para mi pareja en tiempos difíciles?
20. ¿Qué es lo que me gusta especialmente en el cuerpo femenino/masculino?
21. ¿Cómo experimentaba (como mujer) la menstruación? ¿Qué pensaba como varón?
22. ¿Sobre qué no me atrevo hablar con mi pareja?
23. ¿Qué esperaban mis novios / novias íntimos de mí?
24. ¿Cómo discutía con mi pareja nuestros conflictos?
25. ¿Qué actitudes, normas y prohibiciones sobre la sexualidad experimentaba?
26. ¿Qué sentimientos y experiencias especiales tenía sobre la masturbación?
27. ¿Cuál era la mejor experiencia sexual en mi vida?
28. En caso de una interrupción: ¿Cómo me he reconciliado con esto?
29. ¿Qué prejuicios sexuales tenía sobre varones/mujeres?
30. ¿Cuál es la imagen ideal del cuerpo del otro sexo?
31. ¿Cuáles eran las experiencias sexuales más embarazosas?
32. ¿Qué cualidades quisiera que tuviera mi pareja?
33. ¿Cuáles eran las más buenas experiencias no sexuales con una pareja?
34. ¿Cómo me sentía como joven/adulto físicamente?

Las funciones de la sexualidad

En 'Bioenergetik', Alexander Lowen escribe:

"Una persona es la suma de sus experiencias de vida, que todas están integradas y estructuradas en el cuerpo."

Y: "La vida tiene una orientación primordial: huye del dolor y aspira al placer."

Lowen continua: "Esta orientación es de naturaleza biológica, porque el placer, visto físicamente, fortalece la vida y el bienestar del organismo ... Cuando una situación promete placer, pero al mismo tiempo amenaza dolor, sentimos miedo."

Wilhelm Reich escribe en su obra 'Der Krebs' (el cáncer):

"La fórmula del orgasmo resulta ser la fórmula de vida sencillamente, en la procreación, en el trabajo, en el placer de vivir, en la producción espiritual, etc."

Sigmund Freud explora:

"Consideramos el hecho, que el instinto sexual de una persona originalmente no servía a la finalidad de la procreación, pero tenía como meta ciertos modos de ganar placer."

Y más: "El comportamiento sexual de una persona es a menudo modelo para su forma de reaccionar en general en el mundo."

Y: "Quien como varón conquista enérgicamente su objeto sexual, a él le creemos capaz de energías similares también en conseguir otras metas."

Y más: "El que renuncia a la satisfacción de su instinto sexual fuerte a causa da todo tipo de respeto, se comporta también en otras partes de la vida más bien adaptada y con resignación que enérgicamente."

Y: "Una aplicación especial de esta frase del modelo de la vida sexual para ejecutar otras funciones podemos constatarla en todo el género femenino."

Y más: "La educación les privan de la actividad intelectual con los problemas sexuales, para los que tienen el mayor deseo de saber ... La prohibición de pensar sobresale la esfera sexual..."

Frederic Vester escribe sobre la función de la sexualidad:

"Desgraciadamente hay hoy en el sector de la sexualidad y del erotismo una información intelectualizada, que desprecia los momentos de sentimientos tan importantes."

Y: "Tales 'semi-informaciones' que se agotan en un poco de anatomía y algunos ejercicios deportivos y técnicas, están ampliadas en la realidad sólo por el hecho que el amor y el erotismo en nuestra civilización forzada no están ligados con alegría y belleza, sino con el miedo, la violencia y la criminalidad, con un estrés muy alto entonces."

Y más: "La opresión de un comportamiento sexual armónico y lleno de placer destruye uno de los contrapesos mayores contra las influencias del estrés, cuya superación así va a ser más y más difícil."

Notas y perspectivas

1. ¿Qué cambiaría positivamente en la vida diaria, cuando los hombres reflexionarían profundamente sobre sus experiencias sexuales?

2. Anota los términos esenciales de este subcapítulo:

3. ¿Qué es el hombre sin reflexión sobre su biografía sexual?

4. Explica: Doy mucha importancia a mi biografía sexual, porque:

5. ¿Qué has aprendido en tu casa paternal, en la escuela y en la Iglesia sobre la experiencia y el actuar sexual?

6. ¿Qué importancia tiene la biografía sexual en la comunicación entre parejas?

7. ¿Cómo se muestra la biografía sexual de los políticos y los economistas?

8. ¿Qué transmite la publicidad sobre la experiencia y el actuar sexual?

9. Apunta una pregunta importante para ti sobre la biografía sexual:

10.3. La auto-identidad con la sexualidad

'La auto-identidad' es una palabra ambigua. E su sentido enseña la imagen que cada uno tiene de sí mismo. La identidad se refiere a aquellos aspectos que durante los años quedan constantes.

Parte de esto son: los sentimientos sobre uno mismo, la valoración de las capacidades propias, las características de las especialidades propias, etc.

Además, forman parte: las debilidades, la impotencia y las ideas sobre la actuación potencial propia. Básicamente la identidad está formada también por la experiencia de del cuerpo propio, lo que siempre implica valoraciones. La sexualidad forma parte de esto.

Hay que entender la sexualidad como parte de la auto-identidad de forma extensiva. Se trata en general del sentir físico: la fuerza, la resistencia, la sensibilidad, la 'plenitud' física y la predisposición para los trastornos.

La mujer y el varón se sienten en su sexo, con o sin erotismo, con o sin el estado de la excitación sexual y la satisfacción sexual. Los sentimientos de la intimidad, de la vergüenza, del estar cohibido, de la higiene y del autoestimo respeto a esto.

Probablemente siempre está el otro sexo en una comparación: la envidia del pene y el no-poder-dar a luz están mutuamente enfrente según la enseñanza psicoanalítica.

Lo que es diferente activa la curiosidad, el interés, el deseo, el placer o la aversión, depende de la educación y de los conflictos internos. Así la identidad recibe una tensión opositora: lo complementario está a buscar fuera, está a meter en una relación y a vivir dentro una cooperación.

La persona que puede vivir esto constructivamente, forma una identidad de sí mismo sana y estable.

La sexualidad masculina y femenina no es igual. La excitación sexual ocurre de forma diferente. En verdad pueden (y deben) ambas parejas encontrarse activamente, pero no obstante las formas de experiencia del estar junto sexualmente son distintas.

Penetrar y recibir se complementan. La mujer quiere ser deseada; el varón quiere tener permiso para desear. Esto forma el experimentar psíquico, la fuerza de la atracción y también el miedo de la dedicación mutua.

En los tiempos anteriores determinaban la sexualidad dentro de la procreación. Todo lo demás era 'malo' y pecador. La realidad hoy en día es que: de una a tres veces un varón procrea con una mujer un niño.

En total tienen más de 4000 coitos, suponiendo una buena relación. Esto amplia decisivamente las posibilidades de integrar la sexualidad en la auto-identidad.

La identidad sexual es una identidad de la relación, y: "Por el 'tú' una persona llega a ser sí mismo (un 'yo')."

Así el varón llega a ser sexualmente por la mujer un varón - y la mujer encuentra su identidad femenina plenamente por la relación de amor e íntima.

A través de eso ambos encuentran una aceptación y la seguridad en su masculinidad y feminidad.

Si la auto-identidad sexual está estable, la acción sexual ocurre en seguridad, y así la ternura y el amor llegan con placer sexual a una felicidad satisfecha.

Reflexiones y discusiones

■ Muchos elementos forman parte de la auto-identidad, con la imagen sobre los sistemas psíquicos, entre otros: La salud y los sufrimientos; el ser feliz/infeliz; el grado de autocontrol; la capacidad de tomar decisiones; la dedicación y la autoafirmación; la autonomía y la emancipación; las capacidades de tomar papeles; la capacidad de resolver problemas; la capacidad de ponerse en contacto; el autoestimo; la imagen ideal sobre sí mismo; la capacidad de tomar obligaciones; el experimentar de la acción propia; el control del entorno; la autodeterminación reflexiva; la identificación con su cuerpo.

■ Los aspectos del entorno sexual, que contribuyen en la auto-identidad, son: La sensibilidad, la capacidad de orgasmo, la fidelidad, la veracidad, la empatía, la excitabilidad, la relajación, la capacidad de gozar, la expresión, la fuerza vital, la aceptación del instinto, la satisfacción, la espontaneidad, superar las cohibiciones, la certitud

■ Podemos comprender muchos trastornos sexuales como 'problemas normales' dentro de la formación de identidad y de encontrar una relación. Es falso, cuando esperamos que la auto-identidad deba estar madura con el inicio del ser adulto. Tampoco debemos interpretar cada trastorno como 'enfermedad' y clasificarlo dentro de la psicoterapia. Cada proceso psíquico y psico-físico y social contiene sus fases de crisis, de dificultades y de sufrimiento. Las relaciones sexuales felices no están exentas de situaciones difíciles.

■ Los trastornos sexuales como la impotencia, la dificultad de orgasmo y la eyaculación precoz son raramente problemas físicos. En general las causas están dentro de los siguientes sectores: El inventario del súper-yo, los trastornos de relación, el miedo a la vida, la impaciencia, la prisa, la naturaleza propia no integrada, la ligadura paternal, la educación religiosa, el estrés (trabajo, ocio), el miedo de dedicarse, un sentimiento de inferioridad, la falta de conocimientos, las esperas falsas, el miedo a la separación.

Self-reflection about forming self-identity on sexuality, on lust and love as a woman/man.

How do I experience my being a man/woman

How do I experience myself during intercourse?

What do I think about fidelity?

Do I have fear of separation/divorce?

Do I avoid human bonds?

How relaxed do I experience myself after sex?

How can I accept my drive-nature?

What importance does sexual pleasure have for me?

How do I experience the body odour of my partner?

What kind of hindrance do I have during sexual actions?

How is my dynamism in active-passive sexual practise?

How is my confidence in my sexual partner?

How can I deal with my mind-control?

Which sexual norms/ideals determine my actions?

What importance does being tender, smooching and petting have?

How can I speak with my partner about sexuality?

How spontaneous and creative am I during sexual plays?

What comes into my mind about my sexual biography?

How can I deal with symbiotical feelings?

El orgasmo – Su experiencia y la teoría del instinto

Existen muchas teorías sobre el orgasmo y el instinto sexual. Parece que unos psicoanalistas, psicólogos y sexólogos no han superado su educación cristiana propia; escriben casi como los curas escriben según la muestra antigua sobre la moral sexual, solo en el vocabulario psicológico. ¿Cómo los varones opinan sobre el orgasmo femenino y qué saben las feministas sobre la experiencia del orgasmo de un varón? Presentamos a continuación unas tesis, compuestas de la literatura científica para estimular al varón y a la mujer a la reflexión, para motivar la comunicación con su pareja.

¿Cómo se experimenta el orgasmo? Los sexólogos tienen opiniones distintas. Pero la variedad está científicamente comprobada: una vez parcialmente satisfactorio, otra vez profundamente satisfecho, una vez como una descarga energética y que conlleva la relajación y otra vez sin satisfacción. Hay evidentemente distintos grados de intensidad: un sentimiento de fluido, de claridad, de alegría, de libertad, de calor y de distribución de una tensión liberada por todo el cuerpo, un contraerse con placer en todo el cuerpo o una disolución dentro la pelvis. El orgasmo es por un lado una experiencia biológica. Por otro lado, los sentimientos mueven decisivamente a la experiencia: una experiencia de unión con la novia / el novio, con la naturaleza y a veces con el universo. El orgasmo renueva y refresca el sentir físico, produce un sentimiento aún más profundo del 'formar parte de mi pareja'.

Los sentimientos felices acompañan el orgasmo, dicen. Pero, la mayoría parece no ser más feliz a pesar de una sexualidad más abierta y más libre. ¿Es la carga de la vida diaria más fuerte que este sentimiento de felicidad? ¿O es porque este sentimiento de felicidad no tiene profundidad? Es cierto, las reacciones físicas sean físicamente holísticas o no, no nos dicen nada sobre la experiencia psíquica. Los varones podían ser reducidos en su sentir y las mujeres apenas capaces de informar sobre su experimentar, ya sea que hagan el amor en un entorno romántico o en un 'ambiente rojo', siempre la persona entera está afectada de la experiencia del orgasmo. Tenemos por un lado el contacto muy íntimo, o un distanciamiento sin palabras o simplemente el placer sensual, por otro lado, siempre forma parte del acto el hombre con su biografía. El placer sexual al fin y al cabo no podemos separarlo de la biografía y de la vida psíquica. Así está claro: cuando la biografía no está clarificada, la vida psíquica no elaborada consciente y enteramente, la experiencia sexual queda dentro de las cadenas de la historia de vida propia y de las fuerzas psíquicas caóticas. Es ciertamente esto, que no logramos más paz y felicidad en la vida social a pesar de la 'emancipación sexual'.

Aceptamos las tesis de que el instinto sexual mismo activa una tensión energética, con pensamientos y fantasías, con estímulos externos y contactos físicos. La energía sexual aumentada (llamada 'libido') empuja al aumento del sentir el gusto y la descarga. Ambos procedimientos los experimenta la persona con placer y quiere alcanzarlos. No es 'peligrosa' esta energía (tampoco el deseo sexual); el peligro surge cuando una persona reprime este deseo. La energía se desplaza, se descarga de otra forma (ejemplo: por la violencia) o produce una enfermedad psico-somática. La relajación sexual, solo o con otra persona, puede realmente producir un bienestar, no tiene que ser ni 'neurótica', ni debemos devaluarla de cualquier forma. Es fuera de lugar si alguien llama a este modelo de instinto como 'vulgar'. Sería la misma actitud negativa como la de la iglesia cristiana. Nos parece también estúpido lo que unos pretenden que el deseo fuerte para una relajación sexual es solo 'una descarga de una presión', o 'el placer de hacer lo prohibido'. Es el cuerpo mismo el que facilita al hombre de crear el placer, y experimentar el placer, y así de participar deliciosamente con alegría en la naturaleza. Esto se puede ciertamente practicar de muchas formas, ciega e inconscientemente, con sentimientos embarazosos o de culpa, o con una aceptación de la propia naturaleza, con espíritu, con inteligencia y con el 'corazón'.

El ser humano dentro la sexualidad

En una sexualidad vivida 'sanamente' con una novia / un novio la persona se siente en su existencia entera; y siente de la misma forma su pareja. El placer sexual concede una experiencia social, la autoafirmación, la aceptación del 'tú'. Los varones fijan su sentir más cerca de los genitales. Las mujeres en cambio viven la sexualidad más integrada y dentro de la relación. Pero si el varón está bien educado en su personalidad, esta tesis no vale más. Ambos pueden perder su control en el orgasmo para un momento y dedicarse plenamente al sentir y a los movimientos, y olvidar todo en este momento. En el estar junto íntimamente la ternura, la seguridad y la proximidad juegan un papel importante para la calidad de la experiencia sexual (orgiástica) pura. Este sentir puede ser armónico solo cuando cada uno puede aceptar a sí mismo con su cuerpo y al otro con su cuerpo. Cada uno es para el otro atractivo, encantador y valioso para vivir. Todo esto no son categorías psicológicas de una experiencia. La persona con su existencia entera está afectada.

En esta forma de experimentar la existencia, el destino de una persona está activado y presente como un desafío. Todo el desarrollo psico-sexual desde la niñez anterior toma parte en el juego del amor, hasta que esta biografía está elaborada por el trabajo de la individuación. Seamos conscientes que cada persona vive desde su nacimiento, en fases breves regularmente: la proximidad y la distancia, la ternura y el comportamiento rudo, los contactos físicos y los movimientos del cuerpo (ejemplo: columpiar), los abrazos y el rechazo, el placer y las renuncias, el interés genital y las reacciones del entorno. Dentro de esto se forma la autoimagen, la imagen de una pareja deseada (por relación al padre y a la madre). "¿Me quieres?" Es la primera pregunta de un bebé a su madre y a su padre, ya presente vivamente en el tiempo prenatal. Eso no sólo toca la pregunta sobre el amor, sino también la pregunta sobre el 'a mí', es decir 'sobre todo a mí', y 'exclusivamente a mí como tu niño'. Esta pregunta la deniegan en realidad muchos padres y muchas madres. En una relación amorosa se repite esta pregunta muy decisivamente, y con eso a menudo también el drama de la niñez.

El juego sexual contiene una larga lista de comportamientos, desde el preludio a través de una fase de excitación aumentada hasta el orgasmo y la fase posterior. Cada forma de contacto y de movimiento contiene un mensaje, por ejemplo:

- "Te quiero mucho."
- "Me gusta el olor de tu cuerpo."
- "Quiero que esta caricia te gusta."
- "Confío en ti profundamente y me siento bien en abrirme a ti."
- "Relájate, deja pensar y los hechos del día, solo ¡siente ahora!"
- "Siento tu vitalidad, tu fuerza física y tu energía."
- "Té acepto plenamente."
- "Tú y solo tú me interesas."
- "Quiero que tú puedas participar en mi vida."
- "Gozo con una fuerte aceptación tu masculinidad/feminidad."
- "Déjame excitarte, me agrada experimentarte."
- "Té estoy descubriendo, tus sentimientos, tu sensibilidad."
- "Me siento bien y seguro contigo."

Quien puede participar su sexualidad con amor y placer, vive una felicidad verdadera Es ciertamente frágil y hay que nutrirla, cuidarla, animarla y protegerla. Quien quiere esta felicidad tiene que responder a la pregunta: *¿Qué quiero invertir para que pueda encontrar y vivir esta felicidad y esta forma de ser humano?* 'Ser humano' significa aquí: Llegar a ser sí mismo en su identidad, y transformarse en todas las fases de la vida regularmente de nuevo, pero también descubrirse a sí mismo a través de su pareja, y formar su personalidad psico-espiritual. Esto es una forma de vivir, no sólo 'un acto sexual'. El deseo y la decisión están al inicio.

Notas y perspectivas

1. ¿Cuál es el provecho de la auto-identidad sexual formada conscientemente?

2. Anota los términos esenciales de este subcapítulo:

3. ¿Qué es el hombre sin auto-identidad sexual?

4. Explica: Mi auto-identidad sexual es importante para mí, porque:

5. ¿Qué has aprendido en tu casa paternal, en la escuela y en la Iglesia sobre el ser humano con la sexualidad?

6. ¿Qué importancia tiene la formación de la auto-identidad sexual en la comunicación entre parejas?

7. ¿Qué función tiene la auto-identidad sexual en la política y la economía?

8. ¿Qué transmite la publicidad sobre la auto-identidad sexual?

9. Apunta una pregunta importante para ti sobre la auto-identidad sexual.

10.4. Resumen – Tesis

❑ Vivir y experimentar la sexualidad no está libre de valores. Pues el amor es más que un sentimiento, es decisivamente valor y sentido de vida. La sexualidad tiene en su práctica muy distintas cualidades humanas.

❑ La aceptación de la sexualidad es aceptar al ser humano masculino y femenino. Esto es mucho más que la aceptación de un placer sexual. Solo en esta aceptación una persona puede elaborarse enteramente la individuación.

❑ Hay que aprender a sentir y a actuar la sexualidad, cuando uno quiere realizar el ser humano y experimentar una felicidad muy profunda. Forma parte de esto, por ejemplo: Interpretar el juego de los contactos físicos, el mensaje de la ternura; construir un autoestimo con sexualidad; liberar la carga mental; elaborar las memorias; gobernar la excitación; controlar los trastornos emocionales; las actitudes abiertas.

❑ Con la sexualidad (experimentar, actuar) se forma la auto-identidad, entre otros: La capacidad de jugar papeles; el autoestimo; la autonomía; la autorreflexión; la aceptación del instinto natural; la capacidad de gozar.

❑ El varón y la mujer experimentan (y viven) de forma distinta el juego de las ternuras, los embarazos y el orgasmo, también cuando el aumento de la excitación y la tensión energética se pueden definir igualmente dentro los aspectos biológicos y psico-energéticos ('libido'). El juego del amor contiene en general muchos mensajes que el varón y la mujer practican y sienten de forma diferente.

❑ La sexualidad con placer y amor, como parte de la individuación de ambos tiene un valor muy alto en el ser humano. La pregunta la hace cada uno: ¿Qué debo invertir para que pueda vivir esto?

10.5. Unidad de trabajo

1. ¿Qué opinas sobre tu sexualidad vivida hasta hoy?

2. ¿Qué aspectos de la sexualidad y de la auto-identidad quisieras formar ahora especialmente (aprender)?

3. ¿Qué recuerdos sexuales te molestan lo más?

4. Comunicación sobre la sexualidad. Pon una cruz como tú hablas con su partenaire de vida cuando tienes una querella o un conflicto sobre algo sexual y quieres clarificar:

☐ convencer	☐ electrizar	☐ motivar
☐ animar	☐ valorar/juzgar	☐ manipular
☐ entusiasmar	☐ divertirse	☐ dominar
☐ rivalizar	☐ persuadir	☐ escuchar
☐ ofender	☐ vago, difuso	☐ un poco agresivo
☐ provocar	☐ conquistar	☐ armonizar
☐ dirigir	☐ producir ‚confort'	☐ crear orientación
☐ desviarse	☐ expectante	☐ escondiendo
☐ explorar	☐ comprender	☐ dar soporte
☐ entenderse	☐ mostrar interés	☐ activar cambio
☐ criticar	☐ criticarlo todo	☐ ruidoso y enfadado
☐ esforzar	☐ cooperar	☐ preguntar

5. Resolver un problema sexual. Menciona un problema que tienes, tenías, que otra persona tiene:

(a) ¿Cuáles son los intentos de solucionar este problema?
(b) ¿Por qué hay que solucionar este problema?

(c) ¿Está determinado correctamente el fin de la solución?

(d) ¿Qué va a pasar si el problema nunca va a ser resuelto?

(e) ¿Si cambiasen las condiciones que rodean el problema, cambiaría también el problema?

(f) ¿Qué se puede hacer para un arreglo?

(g) ¿Está bien valorada la importancia del problema?

(h) ¿Qué estás haciendo ahora para resolver este problema?

(i) ¿Hay otros problemas que quizá tienen más importancia y prioridad?

5. El desarrollo sexual biográfico. Considera la lista y elabora.

5.1. ¿Cuáles son para ti las preguntas especialmente sensibles?

5.2. ¿Por qué estas preguntas son para ti tan sensibles?

5.3. ¿En qué aspectos de la discusión en este capítulo tienes problemas serios?

5.4. ¿Qué quieres clarificar y cambiar con prioridad?

5.5. ¿Cómo piensas atacar el proceso de cambio?

5.6. ¿Sobre qué puedes no hablar con tu pareja, tu amigo (-a)?

5.7. ¿Sobre qué puedes hablar fácilmente con tu pareja de vida, su amigo (-a)?

5.8. Esboza tus "fuerzas" en el campo entero de actitudes, sentimientos, seguridad de sí mismo, autoconfianza, capacidades, muestras de comportamiento, habilidad de comunicar, apertura.

5.9. ¿Cómo acepta y responde tu partenaire de vida (amigo/-a) a sus fuerzas (ahora, en épocas anteriores)?

Imaginación

Tema: *"Así trato mis necesidades sexuales y mis vivencias sexuales."*

Imágenes: Escenas del día diario, de películas de tele y de imágenes de la publicidad etc.

¿Qué idea básica de esta unidad consideras como *la central para la autoeducación?*

Anota un conocimiento básico (un pensamiento, un hecho) de esta unidad que *cada uno tendría que saber:*

Test de elección múltiple:

Elige las cuatro respuestas correctas y pon una cruz, así: ⊠ a) placer

10.1. Los aspectos de valor en la acción sexual son:
☐a) el momento   ☐b) el lugar
☐c) la confianza   ☐d) la apertura
☐e) el encuentro humano ☐f) la experiencia en general

10.2. El tema del sentir y experimentar la sexualidad permite correctamente las siguientes tesis:
☐a) Cada persona tiene su modo propio de experimentar la sexualidad.
☐b) En el sentir la sexualidad la biografía de ambos juega un papel.
☐c) En la actividad sexual todo está permitido.
☐d) El erotismo es algo que automática y siempre accidentalmente se impone.
☐e) Se puede aprender mucho sobre la acción sexual, también después de años.
☐f) No todo trastorno sexual (comportamiento, sentir) es una 'enfermedad'.

10.3. En la auto-identidad sexual (masculina y femenina) contribuyen:
☐a) estar desenfrenado   ☐b) las técnicas excéntricas
☐c) la satisfacción   ☐d) el orgasmo
☐e) la espontaneidad   ☐f) la expresión creativa

La primera etapa de la individuación

Percibir detalladamente la vida psíquica

Construir el despliegue extenso y progresivo

Diferenciar y fortalecer la personalidad

Formar el carácter con autoconocimiento

Aplicar los métodos de autoanálisis

Clarificar y ordenar la biografía propia

Aprender el autocontrol para la vida personal

Crearse la salud y el bienestar mental

Elaborar una relación de pareja cooperativa

Vivir la sexualidad con amor y auto-identidad

LA FORMACIÓN BÁSICA:

Los conocimientos básicos, las tesis esenciales, las técnicas eficaces, las listas de control, 36 diagramas, y las unidades de trabajo.

TEORIA MODERNA
Conceptos de Interpretación de los Sueños

ISBN-13: 978-1537632117
ISBN-10: 1537632116

El proceso de la Individuación

Dr. Eduard Schellhammer

ISBN-13: 978-1542337977
ISBN-10: 1542337976

DESAROLLAR EL DESTINO PROPIO

Encuentra tu destino en tu interior

Dr. Eduard Schellhammer

ISBN-13: 978-1540315441
ISBN-10: 1540315444

EL DIÁLOGO CON EL INCONSCIENTE

Dr. Eduard Schellhammer

ISBN-13: 978-1542336604
ISBN-10: 1542336600

DICCIONARIO
DE LOS SUEÑOS

Dr. Eduard Schellhammer

ISBN-13: 978-1536972160
ISBN-10: 1536972169

www.ingramcontent.com/pod-product-compliance
Lightning Source LLC
Chambersburg PA
CBHW062122280526
45788CB00001B/24